유니 토픽 II 읽기

Univ. TOPIK II
Reading

저자 김지현, 김정, 나선혜, 윤진영, 박은경

한글파크

한국 대학에 유학을 오는 외국인 학습자가 꾸준히 증가하고 있습니다. 한국의 대학들이 국제 학생들을 유치하기 위해 다양한 프로그램과 지원을 제공하고 있으며, 학업을 목적으로 유학을 오는 학습자가 더 증가할 것으로 예상됩니다.

그러나, 현실적으로 유학생들은 대학 수업을 이해하는 데 많은 어려움을 겪고 있습니다. 동시에, 학업을 이유로 TOPIK 시험을 준비할 수 있는 여력이 충분하지 않아 학습자들의 부담이 가중되고 있는 상황입니다.

이 책은 이러한 학습자들의 요구를 충족시키기 위하여 대학에서 필요한 학문 목적 한국어 실력도 향상시키면서 TOPIK 시험도 준비할 수 있도록 구성하였습니다. 〈대학 한국어 TOPIK Ⅱ 읽기〉는 유학생들이 대학에서 학업 성취도를 향상시키기 위해 대학 교양이나 전공 수업에서 접할 수 있는 주제로 TOPIK 읽기 문제와 텍스트를 제시하였습니다. 대학생이라면 꼭 알아야 할 기본적인 교양, 전공 어휘들을 수록하였고, 해당 어휘를 바탕으로 TOPIK 읽기 문제를 풀어 보며 주제에 대한 배경지식을 쌓을 수 있도록 하였습니다.

이 책은 대학에서 제시하는 교양 영역에 맞추어 주제별로 엮어 두었기 때문에 학습자들이 익숙하지 않은 주제나 더 공부하고 싶은 주제를 선택할 수 있습니다. 그리고 본인의 전공과 관련된 주제에 포함된 '대학 읽기' 부분을 통해 읽기 능력을 향상시킬 수 있습니다. 또한, 대학 내 교양 한국어 수업을 담당하는 선생님들께서 수업 내 활용이 가능하도록 13단원으로 구성하였습니다.

이 책이 유학생들에게 학업과 TOPIK 성적, 두 마리 토끼를 다 잡을 수 있는 일석이조 책이 되길 바랍니다. 그리고 국내·국외 학문 목적 학습자를 망라하고 한국어 읽기 실력을 높이고 싶은 학습자들에게 발판 역할을 할 수 있게 되길 바랍니다.

국립순천대 한국어교육 연구진 올림

part **0** 들어가기

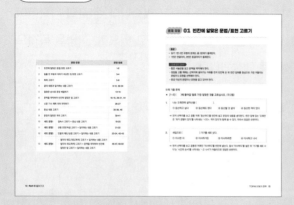

TOPIK Ⅱ 읽기 전략을 제시하였습니다. TOPIK Ⅱ 읽기 전략의 경우, 최신 기출문제(TOPIK Ⅱ 91회)를 분석하여 읽기 문제 유형을 13개로 나누었고, 각 유형별 읽기 전략과 기출문제를 풀어보고 실력을 점검할 수 있도록 하였습니다.

part **1~4** 주제별 읽기

part 1부터 4까지는 주제별 읽기 문제를 제공하였습니다.

어휘 학습

어휘 학습은 '어휘 목록에서 모국어로 번역하기', '어휘 퀴즈를 통한 어휘력 점검하기' 등으로 구성하였습니다.

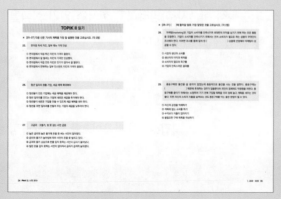

TOPIK Ⅱ 읽기

TOPIK Ⅱ 읽기는 part의 주제에 맞게 25번부터 38번의 문제를 출제하였습니다.

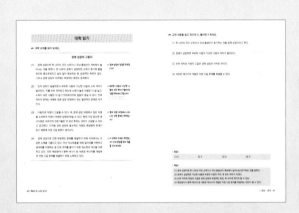

대학 읽기

앞서 학습한 어휘와 읽기 문제를 바탕으로 대학 교양 수준의 읽기에 도전합니다. 학습에 부담을 줄이기 위해 읽으면서 문제도 풀고 O/X 퀴즈도 할 수 있도록 구성하였습니다.

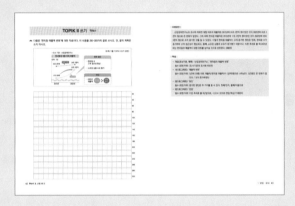

TOPIK II 쓰기 맛보기

관련 주제로 TOPIK II 쓰기를 접해볼 수 있도록 하였습니다.

part 5) TOPIK II 읽기 모의고사

앞서 학습한 내용을 토대로 자신의 실력을 점검할 수 있도록 읽기 모의고사 2회분을 수록하였습니다.

목차

TOPIK 소개

한국어능력시험 TOPIK(Test of Proficiency in Korean) 소개

1. TOPIK 시험 목적

- 한국어를 모국어로 하지 않는 재외동포, 외국인의 한국어 학습 방향 제시 및 한국어 보급 확대
- 한국어 사용 능력을 측정 · 평가하여 그 결과를 국내 대학 유학 및 취업 등에 활용

2. TOPIK 응시 대상

한국어를 모국어로 하지 않는 재외동포 및 외국인으로서
- 한국어 학습자 및 국내 대학 유학 희망자
- 국내외 한국 기업체 및 공공기관 취업 희망자
- 외국 학교에 재학중이거나 졸업한 재외국민

3. TOPIK 유효 기간

- 성적 발표일로부터 2년간 유효

4. TOPIK 시험의 주요 활용처

- 외국인 및 재외동포의 국내 대학(원) 입학 및 졸업
- 국내/외 기업체 및 공공기관 취업
- 영주권/취업 등 체류비자 취득
- 정부초청 외국인 장학생 프로그램 진학 및 학사관리
- 국외 대학의 한국어 관련 학과 학점 및 졸업요건

5. TOPIK 주관 기관

- 교육부 국립국제교육원

6. 시험 수준 및 등급

- 시험수준: 토픽 I, 토픽 II
- 평가등급: 6개 등급(1~6급)

획득한 종합점수를 기준으로 판정되며, 등급별 분할 점수는 아래와 같습니다.

구분	TOPIK I		TOPIK II			
	1급	2급	3급	4급	5급	6급
등급 결정	80~139	140~200	120~149	150~189	190~229	230~300

※ 35회 이후 시험기준으로 TOPIK I은 초급 TOPIK II는 중·고급 수준입니다.

7. 시험 시간표

시험 수준	교시	영역	한국			
			입실 완료 시간	시작	종료	시험 시간 (분)
TOPIK I	1교시	듣기, 읽기	09:20까지	10:00	11:40	100
TOPIK II	1교시	듣기, 쓰기	12:20까지	13:00	14:50	110
	2교시	읽기	15:10까지	15:20	16:30	70

8. 문항 구성

(1) 수준별 구성

구분	교시	영역	문제 유형	문항수	배점	총점
TOPIK I	1교시	듣기	선택형	30	100	200
		읽기	선택형	40	100	
TOPIK II	1교시	듣기	선택형	50	100	300
		쓰기	서답형	4	100	
	2교시	읽기	선택형	50	100	

(2) 문제 유형

- 선택형 문항 (4지선다형)
- 서답형 문항 (쓰기 영역)

9. 등급별 평가 기준

시험 수준	등급	평가 기준
TOPIK I	1급	• 자기 소개하기, 물건 사기, 음식 주문하기 등 생존에 필요한 기초적인 언어 기능을 수행할 수 있으며 자기 자신, 가족, 취미, 날씨 등 매우 사적이고 친숙한 화제에 관련된 내용을 이해하고 표현할 수 있다. • 약 800개의 기초 어휘와 기본 문법에 대한 이해를 바탕으로 간단한 문장을 생성할 수 있다. 또한 간단한 생활문과 실용문을 이해하고, 구성할 수 있다.
	2급	• 전화하기, 부탁하기 등의 일상생활에 필요한 기능과 우체국, 은행 등의 공공시설 이용에 필요한 기능을 수행할 수 있다. • 약 1,500~2,000개의 어휘를 이용하여 사적이고 친숙한 화제에 관해 문단 단위로 이해하고 사용할 수 있다. • 공식적 상황과 비공식적 상황에서의 언어를 구분해 사용할 수 있다.
TOPIK II	3급	• 일상생활을 영위하는 데 별 어려움을 느끼지 않으며 다양한 공공시설의 이용과 사회적 관계 유지에 필요한 기초적 언어 기능을 수행할 수 있다. • 친숙하고 구체적인 소재는 물론, 자신에게 친숙한 사회적 소재를 문단 단위로 표현하거나 이해할 수 있다. • 문어와 구어의 기본적인 특성을 구분해서 이해하고 사용할 수 있다.
	4급	• 공공시설 이용과 사회적 관계 유지에 필요한 언어 기능을 수행할 수 있으며, 일반적인 업무 수행에 필요한 기능을 어느 정도 수행할 수 있다. 또한 뉴스, 신문 기사 중 비교적 평이한 내용을 이해할 수 있다. • 일반적인 사회적ㆍ추상적 소재를 비교적 정확하고 유창하게 이해하고 사용할 수 있다. • 자주 사용되는 관용적 표현과 대표적인 한국 문화에 대한 이해를 바탕으로 사회ㆍ문화적인 내용을 이해하고 사용할 수 있다.
	5급	• 전문 분야에서의 연구나 업무 수행에 필요한 언어 기능을 어느 정도 수행할 수 있으며 정치, 경제, 사회, 문화 전반에 걸쳐 친숙하지 않은 소재에 관해서도 이해하고 사용할 수 있다. • 공식적ㆍ비공식적 맥락과 구어적ㆍ문어적 맥락에 따라 언어를 적절히 구분해 사용할 수 있다.
	6급	• 전문 분야에서의 연구나 업무 수행에 필요한 언어 기능을 비교적 정확하고 유창하게 수행할 수 있으며 정치, 경제, 사회, 문화 전반에 걸쳐 친숙하지 않은 주제에 관해서도 이해하고 사용할 수 있다. • 원어민 화자의 수준에는 이르지 못하나 기능 수행이나 의미 표현에는 어려움을 겪지 않는다.

10. TOPIK Ⅱ 응시자 유의사항

– 시험실에 입실시간 내 반드시 입실. 입실시간이 지났을 경우 입실 불가

– 입실 지체로 인한 불이익에 대한 책임은 응시자에게 있음

시간	내용	비고
~ 12:20까지	시험실 입실 완료	12:20 이후 시험실 입실 절대 불가
12:20 ~ 12:50 (30분)	답안지 작성 안내 및 1차 본인 확인	휴대폰 및 전자기기 제출
12:50 ~ 13:00 (10분)	문제지 배부 및 듣기 시험 방송	
13:00 ~ 14:00 (60분)	듣기 시험	(듣기 시험 정상 종료 시) 듣기 답안지 회수
14:00 ~ 14:50 (50분)	쓰기 시험	
14:50 ~ 15:10 (20분)	쉬는 시간	
15:10 ~ 15:20 (10분)	답안지 작성 안내 및 2차 본인 확인	
15:20 ~ 16:30 (70분)	읽기 시험	

– 시험 시간(쉬는 시간 포함)중에는 모든 전자기기(스마트워치 등 웨어러블 기기 포함)를 사용할 수 없으며, 소지 적발 시에는 부정행위로 간주한다.

– 시험 당일에는 시험시작 40분 전까지 해당 시험실의 지정된 자리에 앉아 시험 감독관의 지시를 따라야 한다. (타 지역 또는 타 시험장에서는 절대로 응시할 수 없음)

– 시험 시간 중에는 신분증을 자기 책상 위에 놓아야 한다.

– 시험 중, 책상 위에는 신분증 외에 어떠한 물품도 놓을 수 없으며 적발 시 부정행위로 처리된다. (수험표도 책상 위에 놓지 않도록 함)

– 환불 기간에 환불을 신청한 경우, 환불 처리여부와 상관없이 시험에 응시할 수 없다. (시험에 응시할 경우 해당 성적은 무효 처리됨)

– 시험 시간 관리 책임은 수험생 본인에게 있으며, 시간 내에 답안 작성을 완료하여야 한다. (듣기 평가 시 문제를 들으며 마킹을 해야함. 듣기 평가 종료 후 별도 마킹 시간 없음)

– TOPIK Ⅱ 1교시 듣기 평가 시에는 듣기만, 쓰기 평가 시에는 쓰기만 풀이해야 한다. (이를 위반하여 적발될 경우 부정행위로 처리됨)

– 시험 시간 도중에는 퇴실할 수 없으나, 부득이한 경우 감독관의 허락을 받아 다른 응시자에게 방해 되지 않도록 조용히 퇴실할 수 있다. (중도퇴실의 경우에는 성적처리가 되지 않음)

- 시험 도중 질병으로 인한 화장실 이용 등으로 인하여 부득이하게 복도로 나갈 시 부정행위를 예방하기 위해 복도 감독관의 확인에 협조하여야 한다.
- TOPIK II 시험 2개 교시 중 어느 하나라도 결시한 응시자는 결시자로 처리된다. (1교시 결시자는 2교시 응시 불가)
- 시험 시간 중 다른 사람에게 피해를 주는 행위(소란, 음식물 섭취 등)를 해서는 안 된다.
- 시험장 내에서는 흡연을 할 수 없으며, 시설물이 훼손되지 않도록 주의하여야 한다.
- 시험 감독관의 지시를 따르지 않는 자 및 부정행위자는 당해 시험의 정지, 무효, 또는 합격 취소 처분을 받을 수 있으며, 향후 2년 또는 4년간 시험 응시 자격이 제한될 수 있다.

본인 확인 관련

- 본인 확인을 위해 수험표와 규정된 신분증(여권, 외국인등록증 등)을 반드시 소지하여야 하며, 시험 당일 신분증을 가져오지 않은 응시자는 시험에 응시할 수 없다.
- 대학(원)생의 학생증, 자격증 등은 신분증으로 인정하지 않으며, 신분증의 사본 또한 신분증으로 인정하지 않는다.
- 감독관의 응시자 본인 확인 절차에 성실하게 응하여야 하며 따르지 않으면 부정행위로 간주될 수 있다.
- 본인 확인이 명확하게 이루어지지 않을 경우, 신원불명확자로 분류되어 추가 본인확인 조치를 받을 수 있다.

반입 금지 물품

휴대전화, 이어폰, 디지털카메라, MP3, 전자사전, 카메라 펜, 전자계산기, 라디오, 휴대용 미디어 플레이어, 스마트 워치, 웨어러블 장비, 시각 표시와 교시별 잔여시간 표시 이외의 기능이 부착된 시계 등 모든 전자 기기

- 반입 금지 물품을 시험실에 가지고 들어온 경우, 1교시 시작 전 감독관 지시에 따라 제출한다.
  *1교시 시작 전 제출하지 않은 경우, 부정행위로 간주함

※ 자세한 사항은 **https://www.topik.go.kr**에서 확인하실 수 있습니다.

part 0

들어가기

TOPIK II 읽기 전략

	문항 유형		문항 번호
1	빈칸에 알맞은 문법/표현 고르기		1-2
2	밑줄 친 부분과 의미가 비슷한 것/표현 고르기		3-4
3	화제 고르기		5-8
4	글의 내용과 일치하는 내용 고르기		9-12, 32-34
5	알맞은 순서로 문장 배열하기		13-15
6	문맥을 파악하여 빈칸에 알맞은 말 고르기		16-18, 28-31, 44
7	신문 기사 제목 의미 파악하기		25-27
8	중심 내용 고르기		35-38, 45
9	문장의 알맞은 위치 고르기		39-41
10	세트 문항1	접속사 고르기 + 중심 내용 고르기	19-20
11	세트 문항2	관용 표현/속담 고르기 + 일치하는 내용 고르기	21-22
12	세트 문항3	인물의 태도/심정 고르기 + 일치하는 내용 고르기	23-24, 42-43
13	세트 문항4	· 필자의 태도/의도(목적) 고르기 + 일치하는 내용 고르기 · 필자의 의도(목적) 고르기 + 문맥을 파악하여 빈칸에 알맞은 말 고르기 + 일치하는 내용 고르기	46-47, 48-50

중급
- 읽기 1번~2번 유형의 문제는 총 2문제가 출제된다.
- 1번은 연결어미, 2번은 종결어미가 출제된다.

문제 풀이 전략
· 짧은 서술문을 읽고 문맥을 파악해야 한다.
· 정답을 고를 때에는 선택지에 들어가는 어휘를 먼저 빈칸에 쓴 뒤 빈칸 앞뒤를 중심으로 가장 어울리는 문법이나 표현을 선택해야 한다.
· 중급 이상의 문법이나 표현을 알고 있어야 한다.

91회 기출 문제

※ [1~2] ( )에 들어갈 말로 가장 알맞은 것을 고르십시오. (각 2점)

1. 나는 오래전에 설악산을 ( ).

    ① 등산하고 싶다   ② 등산해도 된다   ③ 등산할 것 같다   ④ 등산한 적이 있다

→ 먼저 선택지를 보고 공통 어휘 '등산하다'를 빈칸에 넣고 문장의 내용을 생각한다. 빈칸 앞에 있는 '오래전'
   은 '과거 경험이 있다'를 나타내는 '-(으)ㄴ 적이 있다'와 함께 쓸 수 있다. 따라서 정답은 ④번이다.

2. 새집으로 ( ) 가구를 새로 샀다.

    ① 이사한 지   ② 이사하거든   ③ 이사하려면   ④ 이사하고 나서

→ 먼저 선택지를 보고 공통된 어휘인 '이사하다'를 빈칸에 넣는다. 동사 '이사하다'를 넣은 뒤 '가구를 새로 사
   다'는 '시간의 순서'를 나타내는 '-고 나서'가 어울리므로 정답은 ④번이다.

> **중급**
> – 읽기 3번~4번 유형의 문제는 총 2문제가 출제된다.
> – 연결어미, 종결어미가 출제된다.
>
> **문제 풀이 전략**
> • 짧은 서술문을 읽고 문맥을 파악해야 한다.
> • 정답을 고를 때에는 밑줄 친 부분의 문법이나 표현을 생각한 뒤 바꾸어 쓸 수 있는 비슷한 의미의 선택지를 골라야 한다.
> • 비슷한 문법이나 표현 등을 알고 바꿔 쓰는 연습을 해 보는 것이 좋다.

91회 기출 문제

※ [3~4] 밑줄 친 부분과 의미가 가장 비슷한 것을 고르십시오. (각 2점)

3.

어려운 이웃을 <u>돕고자</u> 매년 봉사 활동에 참여하고 있다.
① 돕기 위해서　　② 돕는 대신에　　③ 돕기 무섭게　　④ 돕는 바람에

→ '–고자'는 함께 사용하는 동사의 '목적'을 표현하는 문법이다. 따라서 비슷한 의미를 가진 문법은 '–기 위해서'로 정답은 ①번이다. 이와 비슷한 의미를 가진 문법은 '–(으)려고'가 있다.

4.

지난 3년 동안 영화를 한 편 봤으니 거의 안 본 <u>셈이다.</u>
① 본 척했다　　② 보기 나름이다　　③ 볼 수 밖에 없었다　　④ 본 거나 마찬가지이다

→ '–(으)ㄴ 셈이다'는 함께 사용하는 동사와 '거의 그렇다고 볼 수 있다'를 표현하는 문법이다. 따라서 비슷한 의미를 가진 문법은 '–(으)ㄴ 거나 마찬가지이다'로 정답은 ④번이다.

중급

– 읽기 5번~8번까지의 유형으로 총 4문제가 출제된다.

문제 풀이 전략

• 광고문(5번~7번)과 안내문(8번)을 읽고 화제를 파악해야 한다.
• 5번: 광고하는 제품(물건), 6번: 광고하는 장소, 7번: 공익 광고(표어, 캠페인 등), 8번: 안내문으로 선택지에 자주 나오는 규칙, 소개, 방법, 문의 등의 어휘를 알아둬야 한다.
• 관련 글의 핵심 단어를 찾아서 의미를 이해하고 정답을 찾아야 한다.

91회 기출 문제

※ [5~8] 다음은 무엇에 대한 글인지 고르십시오. (각 2점)

5.

> ## 입속 치아 사이사이를 깨끗이!
> ## 부드럽게 잘 닦여요~
>
> ① 비누　　　　② 칫솔　　　　③ 안경　　　　④ 수건

→ 광고문에 나오는 핵심 단어인 '입속', '치아', '닦여요'라는 단어를 보면, '칫솔'을 광고하는 글임을 알 수 있다. 따라서 정답은 ②번이다.

8.

> □ 공연장 내에서는 사진 촬영을 금지합니다.
>
> □ 휴대 전화는 전원을 끄거나 진동으로 해 주십시오.
>
> ① 관람 규칙　　　② 제품 소개　　　③ 사용 방법　　　④ 예약 문의

→ 안내문에 나오는 핵심 표현인 '-에서는 -을/를 금지합니다', '끄거나 진동으로 해 주십시오'라는 표현을 보면, '규칙'을 안내하는 글임을 알 수 있다. 따라서 정답은 ①번이다.

문제 유형 **04 글의 내용과 일치하는 내용 고르기**

중급
- 읽기 9번~12번의 유형으로 총 4문제가 출제된다.

문제 풀이 전략
- 안내문/그래프/기사문을 읽고 세부 내용을 파악해야 한다.
- 안내문(9번), 그래프(10번), 기사문(11번~12번)이 나온다.
- 9번, 10번은 제목을 먼저 읽고, 어떤 내용인지 추측해 보면 좋다. 그리고 선택지의 뒷부분을 읽고 안내문과 그래프에서 확인하여 같은 것을 찾는다.
- 11번, 12번은 기사문으로 첫 문장(제목)을 잘 읽어 글의 내용을 추측한다. 그리고 먼저 선택지의 뒷부분을 읽으며 본문에 나오는 부분을 찾아 확인하며 정답을 찾는다.

91회 기출 문제

※ [9~12] 다음 글 또는 그래프의 내용과 같은 것을 고르십시오. (각 2점)

9.

> **인주시 야경 관광버스 운행 안내**
>
> **10월의 아름다운 밤을 즐겨 보세요.**
> - 관광 장소 : 인주역 광장 출발 → 인주산 전망대 → 별빛공원
> - 출발 시간 : 매일 18:00
> - 이용 요금 : 성인 10,000원 / 학생 5,000원(7세 이하 무료)
> - 예약 방법 : 출발 하루 전까지 홈페이지(www.inju-tour.com)에서 신청

① 성인과 학생의 버스 요금이 같다.
② 이 버스는 별빛공원에서 출발한다.
③ 매일 오전에 이 버스를 탈 수 있다.
④ 이 버스를 타려면 미리 신청해야 한다.

→ ① '버스 요금'은 안내문의 '이용요금', ② '출발한다'는 '관광 장소', ③ '매일 오전'은 '출발 시간', ④ '신청'은 '예약 방법'을 확인하면 된다. 따라서 안내문과 같은 내용은 '예약 방법'에 있는 '출발 하루 전까지'는 '미리' 신청한다는 뜻이므로 정답은 ④번이다.

– 읽기 32번~34번의 유형으로 총 3문제가 출제된다.

문제 풀이 전략

• 글을 읽고 세부 내용을 파악해야 한다.
• 주로 설명문이 출제가 되므로 선택지에 동일하게 시작되는 명사가 설명하는 대상이 되고, 이 대상을 설명하는 부분을 찾아 확인하며 정답을 찾는다.
• 지문과 선택지가 동일한 내용으로 표현되지 않으므로 비슷한 표현을 찾아야 한다.

91회 기출 문제

※ [32~34] 다음을 읽고 글의 내용과 같은 것을 고르십시오. (각 2점)

32.

　　당뇨 환자들을 위해 고추 품종인 '살리초'가 개발되었다. 고추는 보통 열매를 얻기 위해 재배하지만 살리초는 열매가 없고 잎을 먹는 품종이다. 일반 고추에 비해 혈당을 낮추는 성분이 10배 이상 많이 함유돼 있어 당뇨병, 비만증 등 성인병의 예방과 치료에 이용될 수 있다. 또한 살리초에는 칼슘, 비타민 등 각종 영양 성분이 풍부하다. 병해충에도 강하고 생육 기간도 짧아서 농가의 고소득 작물로 주목받고 있다.

① 살리초는 해충에 취약하다는 단점이 있다.
② 살리초의 열매는 크고 영양 성분이 풍부하다.
③ 살리초는 생육 기간이 길어 관심을 받지 못하고 있다.
④ 살리초의 잎에는 혈당을 떨어뜨리는 성분이 들어 있다.

→ ① '해충에 취약하다'는 지문의 마지막 문장인 '병해충에도 강하고'를 확인하고, ② '열매는 크고'는 두 번째 문장인 '열매가 없고', ③ '생육 기간이 길어'는 마지막 문장 '생육 기간도 짧아서', ④ '혈당을 떨어뜨리는'은 세 번째 문장의 '혈당을 낮추는'과 같은 표현으로 정답은 ④번이다.

중급

– 읽기 13번~15번의 유형으로 총 3문제가 출제된다.

문제 풀이 전략

• 간단한 글을 읽고 글의 관계를 추론할 수 있다.
• 먼저 선택지를 보고 시작하는 두 개의 항을 찾는다.
• 두 개의 항 중 먼저 첫 번째로 시작할 내용을 찾는다. 이때 접속사나 문장을 연결하는 표현, 지시어가 들어간 것은 첫 번째 문장으로 올 수 없다.
• 문장을 시작하는 어휘와 문장을 서술하는 부분이 서로 연결이 되는 것을 찾아 표시한 뒤 논리적 순서나 시간의 순서에 맞게 배열하는 것을 찾는다.

91회 기출 문제

※ [13~15] 다음을 순서에 맞게 배열한 것을 고르십시오. (각 2점)

13.

> (가) 짧게는 하루, 길게는 한 달 정도 반짝 운영하는 임시 매장이다.
> (나) 사람이 붐비는 장소에서 짧은 기간 동안 운영하는 매장이 유행이다.
> (다) 기업은 이 임시 매장을 이용해 주로 특정 제품을 팔거나 홍보를 한다.
> (라) 또 기업 이미지를 친숙하게 만들기 위해 재미있는 행사를 열기도 한다.

① (가)-(다)-(라)-(나)   ② (나)-(가)-(다)-(라)
③ (가)-(라)-(나)-(다)   ④ (나)-(라)-(다)-(가)

→ 먼저 선택지를 살펴보면 첫 문장은 (가)와 (나)로 시작됨을 알 수 있다. (가)와 (나)중 먼저 시작하는 것은 (나)이다. (나)문장에서 소개되는 '짧은 기간 동안 운영하는 매장'을 (가)문장에서 구체적으로 '짧게는 ~임시 매장이다'로 설명해주는 것이기 때문에 (나)→(가)의 순서로 되는 것이 올바른 배열이다. 따라서 정답은 ②번이다.

중·고급

- 읽기 16번~18번의 유형으로 총 3문제가 출제된다.
- 읽기 28번~31번의 유형으로 총 4문제가 출제된다.

문제 풀이 전략

- 글(설명문, 기사문, 논설문)을 읽고 문맥을 파악해야 한다.
- 문장의 앞뒤 관계를 살펴보면서 답을 찾아야 한다. 빈칸의 앞과 뒤 문장을 읽고 힌트가 되는 단서를 찾아서 문제를 풀어야 한다.
- 빈칸 앞뒤에 있는 접속사나 지시어, 표현을 참고하는 것이 좋다.

91회 기출 문제

※ [16~18] (   )에 들어갈 말로 가장 알맞은 것을 고르십시오. (각 2점)

16.

> 타조는 멀리서 적이 다가와도 머리를 모래에 파묻고 있다. 그래서 위험이나 위기를 모르는 척 피하는 사람을 타조에 비유하곤 한다. 그런데 사실 타조는 (   ) 위해 이런 행동을 한다. 시각보다 청각이 발달한 타조는 땅에서 울리는 발소리를 듣고 적이 오는지를 파악하려는 것이다.

① 적의 움직임을 알기   ② 먹이를 빨리 구하기
③ 머리를 깨끗이 씻기   ④ 다른 타조를 공격하기

→ '타조'에 대한 설명문으로, 빈칸이 있는 문장의 접속사는 '그런데'로 앞문장의 내용과는 반대가 되는 내용 즉 '위험이나 위기를 피하는 것'과 반대인 내용이 있어야 한다. 그리고 다음 문장은 빈칸이 있는 문장을 설명해 주는 것으로 '적이 오는지를 파악하다'와 관계가 있어야 한다. 따라서 정답은 ①번이다.

중급

– 읽기 25번~27번의 유형으로 총 3문제가 출제된다.

문제 풀이 전략

• 신문 기사 제목을 읽고 중심 내용의 의미를 파악해야 한다.
• 관용 표현, 한자 어휘를 알아야 한다.
• 신문 기사 제목으로 앞부분은 대상, 뒷부분은 구체적인 상황 설명이다.

91회 기출 문제

※ [25~27] 다음을 읽고 물음에 답하십시오. (각 2점)

25.

가수 진영, 3년 만의 콘서트에 구름 관중

① 가수 진영이 3년 만에 콘서트를 열자 수많은 관중이 몰렸다.
② 가수 진영이 3년 내에 다시 콘서트를 열기로 관중에게 약속했다.
③ 가수 진영이 3년간 준비한 콘서트를 열었으나 관중의 호응이 적었다.
④ 가수 진영이 3년 만에 하는 콘서트에 많은 관중을 모으려고 홍보했다.

→ 기사의 대상인 '가수 진영'이 3년 만에 콘서트를 열었는데 '구름 관중' 즉 '관중이 구름처럼 많이 몰렸다'는 내용으로 정답은 ①번이다.

고급

– 읽기 35번~38번의 유형으로 총 3문제가 출제된다.

문제 풀이 전략

· 논설문을 읽고 중심 내용을 추론해야 한다.(※같은 내용을 찾는 것이 아니다.)
· 논설문은 어떤 주제나 문제에 대해 필자의 주장이나 의견을 제시하고, 그에 대한 근거를 통해 독자를 설득하려는 목적을 가진 글이다. 논설문의 중심 내용은 보통 글의 앞부분이나 마지막 부분, 중요 표현 등에 나타난다.
· 중요 표현: '–아/어야 한다', '–이/가 필요하다', '–(으)ㄹ 것이다' 등의 표현을 익히자.

91회 기출 문제

※ [35~38] 다음을 읽고 물음에 답하십시오. (각 2점)

35.

> 태양계에 존재하는 수많은 소행성에는 천문학적 가치를 지닌 광물이 있는 것으로 예상된다. 그래서 많은 나라들이 이에 관심을 가지고 있다. 실제로 최근 몇몇 국가에서는 소행성에 있는 광물 시료를 채취하는 데 성공하기도 했다. 하지만 대부분의 나라들에서는 소행성 탐사가 아직 논의 단계에 머무르고 있다. 미래 자원을 확보하기 위해서 적극적으로 소행성 탐사에 대한 투자와 기술 개발에 나설 필요가 있다.

① 태양계에는 아직 발견되지 않은 소행성이 많이 존재한다.
② 소행성에서 자원을 가져오는 것은 실현 가능성이 희박하다.
③ 소행성 탐사를 성공시키기 위해 국제 협력을 확대해야 한다.
④ 미래 자원 확보를 위해 소행성 탐사에 대한 노력을 기울여야 한다.

→ 이 글은 '소행성 탐사의 중요성'을 강조하는 논설문으로 표현 '–(으)ㄹ 필요가 있다'가 있는 마지막 문장이 주제 문장이다. '소행성 탐사에 대한 투자와 기술 개발에 나설 필요가 있다'는 뜻은 '소행성 탐사에 대한 노력을 기울여야 한다'는 것을 의미한다. 따라서 정답은 ④번이다.

고급

– 읽기 39번~41번까지의 유형으로 총 3문제가 출제된다.

문제 풀이 전략

· 글(설명문, 기사문, 서평/감상문)을 읽고 글의 관계를 추론해야 한다.
· 먼저 주어진 문장을 읽고 핵심어를 표시한 뒤 선택지의 앞, 뒤 문장에 주어진 문장의 핵심어와 연결되는 표현이 있는지 확인한다.
· 예상이 되는 부분에 넣어서 읽어보고 자연스럽게 연결이 되는지 확인한다.

91회 기출 문제

※ [39~41] 주어진 문장이 들어갈 곳으로 가장 알맞은 것을 고르십시오. (각 2점)

40.

> 그 증거로 지중해 전역에서 발견되고 있는 소금 퇴적층을 들 수 있다.

유럽과 아시아, 아프리카 대륙으로 둘러싸인 바다를 지중해라고 한다. (㉠) 오늘날 지중해 연안은 기후가 온화해서 살기 좋은 곳으로 손꼽힌다. (㉡) 그런데 지중해는 오래전 사막이었던 적이 있었다. (㉢) 이 소금 퇴적층은 바닷물이 증발되고 남은 소금이 쌓여 만들어진 것으로 지중해가 이전에는 사막이었음을 보여 준다. (㉣) 사막이었던 지중해에 이후 큰 홍수가 발생하면서 다시 오늘날과 같은 바다가 되었다.

① ㉠   ② ㉡   ③ ㉢   ④ ㉣

→ 주어진 문장에서 '증거로 ~ 소금 퇴적층을 들 수 있다'를 참고하여 '증거'와 '소금 퇴적층'이 있는 곳을 찾는다. ㉢ 뒤의 문장에 '소금 퇴적층'을 소개하는 '이 소금 퇴적층은 ~ 만들어진 것으로'가 있으므로 정답은 ③번이다.

어휘(접속사, 부사) 고르기 + 중심 내용(주제) 고르기

중급

– 읽기 19번~20번의 유형으로 총 2문제가 출제된다.

문제 풀이 전략

• 19번: 글을 읽고 문맥을 파악하여 빈칸에 알맞은 부사를 고르는 문제이다.
　　　　앞뒤 문장의 관계를 찾는 것이 중요하다.
• 20번: 유형 8번을 참고하면 좋다.

91회 기출 문제

※ [19-20] 다음을 읽고 물음에 답하십시오. (각 2점)

> 　매서운 남극의 겨울, 황제펭귄들은 겹겹이 붙어 서로의 체온으로 추위를 견딘다. 무리 전체가 돌면서 바깥쪽과 안쪽에 있는 펭귄들이 계속 서로의 위치를 바꾼다. 안에서 몸을 데운 펭귄은 밖으로 나가고 밖에서 추위에 떨던 펭귄은 안으로 들어오는 것이다. (　　　　　　　　) 그 움직임은 아주 느리지만 쉬지 않고 이루어져 한 마리의 펭귄이 줄곧 찬바람을 맞고 서 있는 일이 없다. 그렇게 쉼 없이 둥글게 돌면서 펭귄들은 다 함께 살아남는다.

19. (　　　)에 들어갈 말로 가장 알맞은 것을 고르십시오.

　① 혹시　　　　　　② 또는　　　　　　③ 비록　　　　　　④ 만약

→ 빈칸 앞의 내용은 펭귄의 움직임을 설명하고 있다. 그리고 빈칸 뒤에 '–지만'이 나오는데 이것은 '어떤 사실이나 상황을 인정하면서도 그와 상반되는 결과를 덧붙이는' 문법이다. 따라서 어울리는 부사는 '비록'으로 정답은 ③번이다. 참고로 '비록'은 '–지만', '–더라도', '–ㄹ지라도'와 함께 사용한다.

관용 표현/속담 고르기 + 일치하는 내용 고르기

중급

– 읽기 21번~22번의 유형으로 총 2문제가 출제된다.

문제 풀이 전략

• 21번: 글을 읽고 문맥을 파악하여 빈칸에 알맞은 관용 표현을 고르는 문제이다.
　　　　앞뒤 문장의 관계와 어울리는 관용 표현을 찾는 것이 중요하다.
　　　　시험에 자주 나오는 관용 표현을 알아두자.
• 22번: 유형 4번을 참고하면 좋다.

91회 기출 문제

※ [21-22] 다음을 읽고 물음에 답하십시오. (각 2점)

> 　　최근 미술 전시회 수요가 증가하면서 돈벌이에 급급한 전시회가 늘고 있다. 일부 전시 관계자들이 전시 포스터 등 홍보 자료에 복제품 전시임을 밝히지 않고 입장료 수입만을 챙기는 것이다. 전시장을 찾아와서야 이런 사실을 알게 된 관람객들은 불만을 쏟아 내고 있다. 전문가들은 이런 전시 행태가 미술계 발전의 (　　　　　　　) 수 있다고 우려한다. 전시회에 실망한 사람들이 미술에 대한 관심을 아예 끊을 수 있기 때문이다.

21. (　　　)에 들어갈 말로 가장 알맞은 것을 고르십시오.

　　① 입에 맞을　　　　　　　　　② 가슴을 울릴

　　③ 발목을 잡을　　　　　　　　　④ 손을 맞잡을

→ 위의 글은 기사문으로 미술 전시회의 문제점을 다루고 있으며, 일부 전시회의 부정적인 행태에 대한 전문가들의 우려를 담고 있다. 따라서 빈칸에 어울리는 관용 표현은 ③번의 '발목을 잡다'로 이것은 '어떤 일을 하는 데 방해가 되거나 걸림돌이 된다'는 의미이다. 주로 '부정적인 영향을 끼치는 요소'나 '방해 요인'을 설명할 때 사용한다. 따라서 정답은 ③번이다.

인물의 태도/심정 고르기 + 일치하는 내용 고르기

고급

– 읽기 23번~24번(수필), 42번~44번(소설)의 유형으로 총 4문제가 출제된다.

문제 풀이 전략

• 23번: 수필을 읽고 인물의 태도나 심정을 추론해야 한다.
• 42번: 소설을 읽고 인물의 태도나 심정을 추론해야 한다.
• 시험에 자주 등장하는 태도나 심정을 나타내는 어휘를 알아둬야 한다.
　☞ 태도(심정): 의심스럽다 / 고통스럽다 / 조심스럽다 / 부담스럽다 / 후련하다 / 불만스럽다 / 허전하다 / 자랑스럽다 등
• 24번, 43번: 유형 4번을 참고하면 좋다.

91회 기출 문제

※ [23-24] 다음을 읽고 물음에 답하십시오. (각 2점)

> 　꽃집을 지나다가 꽃말에 이끌려 금잔화 꽃씨를 샀다. 화분에 심어 사무실의 내 책상 위에 두었더니 어느 날 싹이 텄다. 때맞춰 물도 주며 나는 수시로 들여다보았다. 신기했다. 작고 여린 싹은 눈에 띄게 쑥쑥 자랐다. 그런데 내가 상상한 모습이 아니었다. <u>도대체 여기서 어떻게 꽃이 핀다는 건지.</u> 무순처럼 길쭉하게 위로만 자라는 것이었다. 하루는 출근해 보니 금잔화가 쓰러져 있었다. 그럼 그렇지. 내가 무슨 식물을 키우나. 그날 나는 화분을 창가로 옮겨 놓았다. 죽을 것 같은 모습을 눈앞에서 보고 싶지 않았다. 그런데 어느 날부턴가 점점 줄기가 굵어지더니 잎도 제법 풍성해지기 시작했다. 어느 날에는 꽃망울도 올라와 있었다. 금잔화는 창문으로 들어오는 풍성한 햇볕 속에서 스스로 튼튼해졌다. 금잔화에게는 햇빛이 더 많이 필요했었나 보다. 사람도 식물도 사랑하려면 그 대상을 제대로 알아야 하는 건 똑같구나 싶었다. 씩씩하게 꽃피운 금잔화의 꽃말은 '반드시 올 행복'이다.

23. 밑줄 친 부분에 나타난 '나'의 심정으로 가장 알맞은 것을 고르십시오.

　　① 의심스럽다　　　② 고통스럽다　　　③ 조심스럽다　　　④ 부담스럽다

➜ 이 글은 수필로 주인공이 금잔화를 키우는 과정에서의 경험과 그로 인해 얻은 깨달음을 이야기하고 있다. 밑줄 친 부분은 '도대체'로 시작하는 부분으로 금잔화가 커가는 모습에 강한 의문을 표현하고 있어서 정답은 ①번 '의심스럽다'가 가장 알맞다.

– 필자의 태도/의도(목적) 고르기 + 일치하는 내용 고르기
– 필자의 의도/목적 고르기 + 문맥을 파악하여 빈칸에 알맞은 말 고르기
+ 일치하는 내용 고르기

고급
– 읽기 46번~47번의 유형으로 총 2문제가 출제된다.
– 읽기 48번~50번의 유형으로 총 3문제가 출제된다.

문제 풀이 전략
• 46번: 논설문을 읽고 필자의 태도를 추론해야 한다.
• 48번: 논설문을 읽고 필자의 의도(목적)를 추론해야 한다.
• 49번: 유형 6번을 참고하면 좋다.
• 47번, 50번: 유형 4번을 참고하면 좋다.
• 선택지의 마지막 동사를 공부해 두면 도움이 된다.
　☞ 46번 태도: 부정하다 / 촉구하다 / 경계하다 / 강조하다 / 분석하다 / 우려하다 등
　☞ 48번 목적: 토로하다 / 파악하다 / 분석하다 / 유도하다 / 비교하다 / 설명하다 등

91회 기출 문제

※ [48-50] 다음을 읽고 물음에 답하십시오. (각 2점)

　예술인은 독창적인 문화를 창조하고 고유한 문화를 보존하는 동시에 예술 활동을 업으로 삼아 수익을 내서 생활하는 사람이다. 그런데 많은 예술인이 기본 생활이 불가능한 적은 수입 탓에 예술 활동을 포기한다. 그 결과 예술인이 감소하며 고령화되는 현상이 나타나고 있다. 2011년에는 생활고로 한 작가가 사망하는 사건까지 일어났다. 이 사건이 계기가 되어 2012년부터 예술인의 권리 보호를 위해 '예술인 복지법'이 시행되었다. 그러나 이는 예술 현장의 실상에 맞지 않아 많은 예술인이 여전히 (　　　　　　　). 이런 상황에서 올해 예술 활동을 증명하지 못해 지원을 못 받았던 예술인을 위해 예술인 복지법이 개정되었다. 개정안은 이런 예술인도 일반 직업인과 같이 권리를 보호받을 수 있는 대상임을 명확히 하고 있다. 또 예술인이 불리한 처우를 받지 않도록 세부 조치를 마련하는 등 예술인의 고용 안정을 위한 여러 내용을 담고 있다. 앞으로는 이를 바탕으로 유능한 예술인이 활동을 포기하지 않도록 해야 할 것이다.

48. 윗글을 쓴 목적으로 가장 알맞은 것을 고르십시오.

    ① 예술인의 자질에 대해 분석하려고

    ② 예술 발전의 어려움을 토로하려고

    ③ 예술 작품의 창작 활동을 설명하려고

    ④ 예술인 생활 보장의 필요성을 강조하려고

➜ 이 글은 예술인의 어려운 상황과 예술인 복지법의 필요성 및 개정의 중요성에 대해 설명하고 있다. 또한 글쓴이는 예술인의 권리 보호와 고용 안정을 촉구하는 주장을 펴고 있다. 따라서 글쓴이의 주장/생각을 나타내는 표현인 '-아/어야 할 것이다'가 들어 있는 마지막 문장을 읽어 보면 정답은 ④번이다.

49. (   )에 들어갈 말로 가장 알맞은 것을 고르십시오.

    ① 안전을 중요시해야 한다   ② 생계의 어려움을 겪고 있다

    ③ 한 번에 큰돈을 모을 수 있다   ④ 창작에 관한 기밀을 지켜야 한다

➜ 빈칸 앞에는 예술인이 적은 수입으로 예술 활동을 포기하거나 생활고로 사망했다는 내용이 있다. 그리고 빈칸 뒤에서는 지원을 못 받았던 예술인을 위한 '예술인 복지법' 개정에 대해 이야기한다. 따라서 정답은 ②번이다.

50. 윗글의 내용과 같은 것을 고르십시오.

    ① 예술인 복지법은 한 번 신설된 후 개정된 적이 없다.

    ② 전국에서 예술 분야에 종사하는 사람들 수가 늘고 있다.

    ③ 올해부터 예술인은 활동을 반드시 증명해야 지원을 받을 수 있다.

    ④ 2012년의 예술인 복지법은 현장의 실상을 반영하는 데 한계가 있었다.

➜ 빈칸 앞의 내용을 보면 '2012년부터 예술인의 권리 보호를 위해 '예술인 복지법'이 시행되었다. 그러나 이는 예술 현장의 실상에 맞지 않아~'라는 내용이 나온다. 따라서 정답은 ④번이다.

part 1

사회 분야

❶ 경영 · 경제
❷ 국제 · 심리

✏️ 어휘 학습

NO.	단어	뜻(영어)	뜻(모국어)
1	간결하다	concise	
2	경제 성장	economic growth	
3	경제	economy	
4	고물가	high prices	
5	관련되다	be related	
6	교환	exchange	
7	구매	purchase	
8	그림자	shadow	
9	금리	interest rate	
10	눈치보다	to study someone's feeling or attitude	
11	마련하다	prepare	
12	마케팅	marketing	
13	분배	allocation	
14	비율	rate	
15	빈부 격차	rich poor gap/wealth gap	
16	서민	ordinary people	
17	세금	tax	
18	소득	income	
19	소비하다	consume	
20	자랑하다	boast	
21	자원	resources	
22	정리하다	organize	
23	주식	stock	
24	즉석(의)	instant	
25	직장 상사	one's boss at the office	
26	창출	creation	
27	충동구매	impulsive buying	
28	한국은행	the Bank of Korea	
29	확대하다	expand	
30	환율	exchange rate	

🔻 보기 에서 알맞은 것을 골라 문장을 완성해 보세요. 단, 보기 의 단어는 한 번만 사용할 수 있습니다.

보기					
환율	마케팅	충동구매	간결하다	관련되다	소비하다

(1) 달러에 대한 원화의   이/가 큰 폭으로 올랐다.

(2) 많은 돈을   사람치고 제대로 저축하는 사람은 거의 없다.

(3) 유능한 상사는 일을 시킬 때 길지 않게 핵심만   지시한다.

(4) 우리 집에 있는 옷들은 대부분 언니가   (으)로 사들인 것이다.

(5) 우리 회사는 고객에게 직접 다가가는 적극적인   전략을 펴고 있다.

(6) 12월이 되자 백화점 매장에는 크리스마스와   상품들이 진열되고 있다.

| 정답 |

(1) 환율	(2) 소비하는(소비하다)	(3) 간결하게(간결하다)
(4) 충동구매	(5) 마케팅	(6) 관련된(관련되다)

※ [25~27] 다음 신문 기사의 제목을 가장 잘 설명한 것을 고르십시오. (각 2점)

25.　　편의점 즉석 치킨, 일부 메뉴 가격 인상

① 편의점에서 직접 튀긴 치킨의 가격이 올랐다.
② 편의점에서 잘 팔리는 치킨의 가격만 인상했다.
③ 편의점에서 직접 만든 치킨은 인기가 많아서 잘 팔린다.
④ 편의점에서 판매하는 일부 인스턴트 치킨의 가격이 올랐다.

26.　　청년 일자리 창출 기업, 세금 혜택 확대해야

① 청년들이 만든 기업에는 세금 혜택을 제공해야 한다.
② 청년 일자리를 만드는 기업에 새로운 세금을 추가해야 한다.
③ 청년들이 새로운 기업을 만들 수 있도록 세금 혜택을 줘야 한다.
④ 청년을 위한 일자리를 만들어 주는 기업의 세금을 낮추어야 한다.

27.　　고금리 · 고물가, 빚 못 갚는 서민 급증

① 높은 금리와 높은 물가에 돈을 못 버는 서민이 많아졌다.
② 금리와 물가가 높아짐에 따라 서민이 돈을 못 빌리고 있다.
③ 금리와 물가 상승으로 돈을 갚지 못하는 서민이 갑자기 늘어났다.
④ 빌린 돈을 갚지 못하는 서민이 많아져서 금리가 급격히 높아졌다.

28.　　　마케팅(marketing)은 기업이 소비자를 만족시키며 최대한의 이익을 남기기 위해 하는 모든 활동을 포함한다. 기업이 소비자를 만족시키기 위해서는 먼저 소비자가 필요로 하는 상품이 무엇인지 조사해야 한다. 이러한 조사를 통해 알게 된 (　　　　　　　　　) 상품에 반영해야 마케팅이 성공할 수 있다.

　① 시장의 생산과 소비를
　② 생산자의 이익과 목적을
　③ 소비자의 필요와 욕구를
　④ 기업의 만족스러운 결과를

29.　　　충동구매란 물건을 살 생각이 없었는데 충동적으로 물건을 사는 것을 말한다. 충동구매는 (　　　　　　　　　) 때문에 후회하는 경우가 많을뿐더러 개인의 경제에도 악영향을 끼친다. 충동구매를 줄이기 위해서는 쇼핑하러 가기 전에 구입할 목록을 미리 정해 놓고 계획을 세우는 것이 좋다. 또한 자신의 소득과 지출을 살펴보는 것도 충동구매를 막는 좋은 방법이 될 수 있다.

　① 자신의 감정을 억제하기
　② 계획에 없는 소비를 하기
　③ 수익보다 지출이 많아지기
　④ 불필요한 구매 목록을 작성하기

30.　　소비자는 보통 물건을 사거나 서비스를 받기 위해 돈을 쓴다. 그런데 소비자가 물건을 살 때, 자신에게 꼭 필요한 물건만 구입하는 것은 아니다. 다른 사람들에게 (　　　　　　　　　) 소비를 하기도 한다. 자신의 생활 수준에 맞지 않은 고급 차를 소유한다거나 비싼 다이아몬드를 사는 행위는 모두 다른 사람에게 보여주기 위한 소비라고 할 수 있다.

① 자랑을 하기 위해서
② 부를 나누기 위해서
③ 도움을 주기 위해서
④ 겸손함을 보여주기 위해서

31.　　흔히 직장 상사를 잘 만나면 직장 생활을 즐겁게 할 수 있다고 한다. 좋은 직장 상사는 몇 가지 특징이 있다. 먼저 좋은 직장 상사는 기분 좋게 일하고 자신의 감정을 드러내지 않는다. 즉, 자신의 기분을 일에 연관시키지 않아 직원들이 상사의 감정을 살피며 눈치를 볼 필요가 없다. 또 좋은 직장 상사는 일을 대충 시키지 않고 명확하게 지시한다. 그래서 그들은 업무를 지시할 때 (　　　　　　　　　) 준다.

① 간결하게 정리해서 알려
② 장황하게 설명하며 알려
③ 말 대신에 글로 써서 전달해
④ 감정적으로 부탁하며 전달해

※ [32~34] 다음을 읽고 글의 내용과 같은 것을 고르십시오. (각 2점)

32.　　경제활동은 인간의 생활에 필요한 물건이나 서비스를 생산하고 분배하며 소비하는 모든 활동을 말한다. 경제활동 중 생산은 인간이 생활하는 데 필요한 물건을 만드는 일이고 소비는 이러한 물건을 쓰는 활동이다. 그리고 생산에 참여한 사람들이 적절한 보상을 받는 일이 분배라 할 수 있다. 이처럼 생산과 소비, 분배는 경제활동을 이루는 중요한 요소가 된다.

① 분배는 인간이 필요한 물건을 만드는 활동이다.
② 경제는 생산과 분배, 소비 활동으로 이루어진다.
③ 생산은 생산 활동에 참여한 개인이 보상받는 일이다.
④ 소비는 서비스를 생산하는 것으로 경제활동에서 중요하다.

33.　　통화량은 나라 안에서 실제로 사용되는 돈의 총량을 의미한다. 통화량은 물가에 영향을 끼쳐서 통화량에 따라 물가가 비례하는 경향을 보인다. 지난 코로나19가 유행할 때 국가가 모든 국민에게 재난지원금을 준 적이 있다. 그때 통화량이 늘어나 물가도 올라갔다. 이를 통해 통화량이 증가하면 물가가 상승하고 통화량이 감소하면 물가가 하락한다는 것을 알 수 있다.

① 통화량은 물가와 비례하며 밀접한 관련이 있다.
② 통화량이 줄어들면 물가는 상승하는 경향을 보인다.
③ 국가가 전 국민에게 재난지원금을 지원하자 통화량이 감소했다.
④ 국가가 코로나19로 인해 생활이 어려운 가정에 지원금을 지원했다.

34.　　금리가 낮을 때는 사람들이 은행에서 돈을 쉽게 빌릴 수 있었다. 사람들은 빌린 돈으로 주식에 투자하거나 건물, 아파트 등을 구입하는 데에 주로 사용하였다. 이처럼 빌린 돈으로 투자하는 사람들이 늘어나자 건물이나 아파트 가격이 급격히 오르는 등 부작용이 생겼다. 이러한 문제를 해결하기 위해 최근 한국은행에서 금리를 0.25% 인상하여 이자율을 높였다.

① 한국은행은 금리를 조절하는 역할을 한다.
② 금리가 높으면 건물을 사는 사람이 늘어난다.
③ 저금리로 인해 아파트 가격이 낮게 유지된다.
④ 금리가 낮으면 은행에서 돈을 쉽게 빌릴 수 없다.

※ [35~38] 다음을 읽고 글의 주제로 가장 알맞은 것을 고르십시오. (각 2점)

35.
환율이란 자국 화폐와 외국 화폐 간의 교환 비율을 말한다. 환율의 변화는 수입과 수출의 변화와 밀접한 관련이 있다. 만약 환율이 인상되면 외국에서 물건을 수입할 때 지급해야 하는 자국 화폐의 양이 늘어난다. 그만큼 자국 화폐의 가치가 떨어지는 셈이다. 이처럼 환율은 수출입에 많은 영향을 미치기 때문에 환율이 너무 높거나 낮은 것은 좋지 않다.

① 환율은 수출보다 수입할 때 특히 중요하다.
② 적정한 환율을 유지하는 것이 수출입에 좋다.
③ 환율은 수출입에 크게 영향을 끼치지 않는다.
④ 환율이 상승하면 자국 화폐의 가치가 떨어진다.

36.
직장인들이 상사의 부당한 업무 지시 등의 갑질 문제로 스트레스를 받고 있다. 이것은 단순히 한 개인의 문제가 아니라 기업의 업무 및 생산성과 직접 관련된다. 상사의 갑질 행위는 직원들의 업무 만족도와 생산성을 크게 떨어뜨리기 때문이다. 기업과 정부는 직장 내 갑질 문제를 막고 직원들을 보호하기 위한 정책을 마련해야 한다.

① 갑질 문제는 기업에서 앞장서서 해결해야 한다.
② 직장인들은 갑질 문제로 스트레스를 받지 않아야 한다.
③ 갑질을 막아 직원들의 업무 만족도와 생산성을 높여야 한다.
④ 기업 내 갑질 문제를 방지하기 위한 대비책을 만들어야 한다.

37.   물가가 오르면서 돈을 아끼고 꼭 필요한 곳에 지출하는 알뜰족이 크게 늘고 있다. 이에 따라 알뜰
족을 잡기 위한 기업들의 마케팅이 활발하게 일어나고 있다. 이동통신 회사들은 멤버십 제도를 활용
하여 외식, 쇼핑 및 영화를 저렴하게 이용할 수 있게 한다. 또한 유통기한이 임박한 상품이나 미세한
흠집이 있는 상품을 저렴하게 판매하는 쇼핑몰이 인기를 얻기도 한다.

① 알뜰족은 소비를 줄이며 경제활동에 도움을 준다.
② 이동통신 회사는 멤버십 제도를 잘 활용하고 있다.
③ 기업에서는 알뜰족의 성향을 파악하여 마케팅을 한다.
④ 상품을 저렴하게 판매하는 쇼핑몰이 인기를 얻고 있다.

38.   소비자에게 선택지를 많이 주면 상품을 더 많이 구입할 것이라고 예상하기 쉽다. 그러나 한 연구
에 따르면, 하나의 상품에 대해 6가지 종류와 24가지 종류를 진열했을 때를 비교해 보면 6가지 종류
를 진열했을 때의 구매 효과가 더 큰 것으로 나타났다. 이러한 결과는 선택지가 너무 많을 경우 소
비자가 오히려 상품을 쉽게 구매하지 못함을 보여준다.

① 선택지가 많이 주어지면 쉽게 물건을 살 수 있다.
② 선택지가 너무 많으면 구매 효과가 떨어질 수 있다.
③ 소비자에게 선택지를 많이 주면 상품 구입 만족도가 크다.
④ 소비자에게 1개의 선택지가 주어질 때 상품을 가장 많이 산다.

대학 읽기

🌘 대학 교재를 읽어 보세요.

경제 성장의 그림자

(1)　경제 성장이란 한 나라의 국민 소득이나 국내 총생산이 계속해서 늘어나는 것을 뜻한다. 한 나라의 경제가 성장하면 소득이 증가해 물질적으로 풍요로워지고 삶의 질이 향상되는 등 긍정적인 측면이 많다. 그러나 경제 성장의 이면에는 부정적인 측면도 존재한다.

☞ 경제 성장의 장점은 무엇입니까?

(2)　먼저 경제가 발달하면서 부유한 사람과 가난한 사람의 소득 격차가 벌어진다. 이를 빈부 격차라고 하는데 소득이 높은 사람은 더 잘 살고, 소득이 낮은 사람은 더 살기 어려워지므로 갈등이 생길 수 있다. 빈부 격차의 문제는 대체로 경제 성장 과정에서 겪는 필연적인 문제로 여겨진다.

☞ 부유한 사람과 가난한 사람의 소득 격차가 벌어지는 것을 무엇이라고 합니까?
□□　□□

(3)　다음으로 자원이 고갈될 수 있다. 즉 경제 성장 과정에서 많은 자원을 소비하여 자원이 부족한 상태에 빠질 수 있다. 현재 가장 중요한 에너지원은 석유인데 전문가들은 약 40년 후에는 석유가 고갈될 수 있다고 경고한다. 이처럼 경제 성장에 필수적인 자원은 매장량에 한계가 있기 때문에 자원 고갈 문제가 생겨난다.

☞ 경제 성장 과정에서 나타나는 자원 문제는 무엇입니까?

(4)　경제 성장으로 인한 부정적인 문제를 해결하기 위해 각국에서는 다양한 노력을 기울이고 있다. 우선 저소득층을 위해 일자리를 마련하고 생계비를 지원하는 등 빈부 격차를 줄이기 위한 최소한의 여건을 마련하고 있다. 또한 태양광이나 풍력 에너지 등 새로운 에너지를 개발하여 자원 고갈 문제를 해결하기 위해 노력하고 있다.

☞ 이 단락의 주제는 무엇입니까? 주제 문장을 찾아 밑줄을 그어 보세요!

🌙 교재 내용을 읽고 맞으면 O, 틀리면 X 하세요.

(1) 한 나라의 국민 소득이나 국내 총생산이 증가하는 것을 경제 성장이라고 한다.

(2) 경제가 성장하면 부유한 사람과 가난한 사람의 격차가 줄어든다.

(3) 빈부 격차와 자원의 고갈은 경제 성장의 어두운 면이다.

(4) 새로운 에너지의 개발은 자원 고갈 문제를 해결할 수 있다.

| 정답 |

| (1) O | (2) X | (3) O | (4) O |

| 해설 |

(1) 경제 성장이란 한 나라의 국민 소득이나 국내 총생산이 계속해서 늘어나는/증가하는 것을 말한다.
(2) 경제가 성장하면 가난한 사람과 부유한 사람의 격차, 즉 빈부 격차가 커진다.
(3) 빈부 격차와 자원의 고갈은 경제 성장의 부정적인 측면, 즉 어두면 면이라 할 수 있다.
(4) 태양광이나 풍력 에너지 등 새로운 에너지의 개발은 자원 고갈 문제를 해결하는 대안이 될 수 있다.

다음은 '편의점 매출액 변화'에 대한 자료이다. 이 내용을 200~300자의 글로 쓰시오. 단, 글의 제목은 쓰지 마시오.

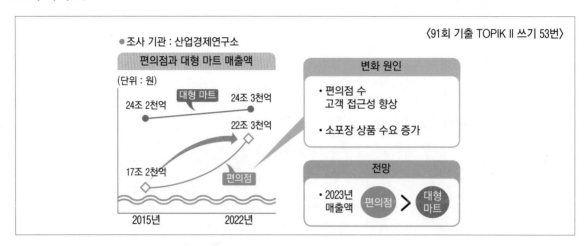

〈91회 기출 TOPIK II 쓰기 53번〉

●조사 기관 : 산업경제연구소

편의점과 대형 마트 매출액

(단위 : 원)

대형 마트
24조 2천억   24조 3천억
22조 3천억
17조 2천억
편의점
2015년   2022년

변화 원인
• 편의점 수 고객 접근성 향상
• 소포장 상품 수요 증가

전망
• 2023년 매출액   편의점 > 대형 마트

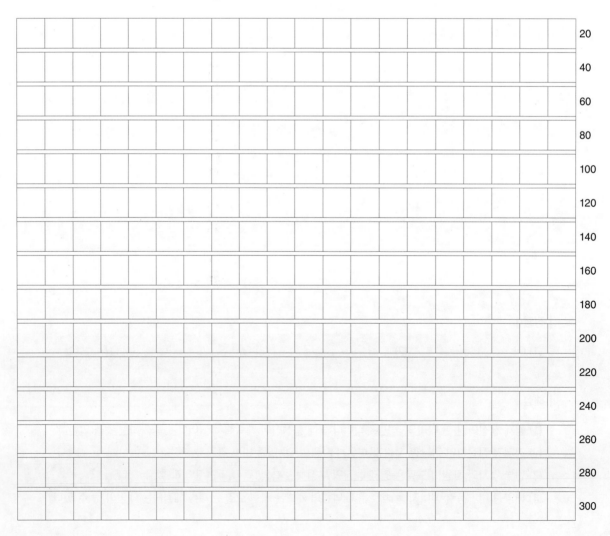

| 모범답안 |

산업경제연구소의 조사에 따르면 대형 마트의 매출액은 2015년에 24조 2천억 원이었던 것이 2022년에 24조 3천억 원으로 큰 변화가 없었다. 그에 비해 편의점 매출액은 2015년에 17조 2천억 원이었던 것이 2022년에 22조 3천억 원으로 크게 증가한 것을 알 수 있었다. 이렇게 편의점 매출액이 크게 증가한 원인은 첫째, 편의점 수가 증가하여 고객 접근성이 향상되고, 둘째, 소포장 상품의 수요가 증가했기 때문이다. 이런 추세로 볼 때 2023년에는 편의점의 매출액이 대형 마트를 넘어설 것으로 전망된다. (288자)

| 해설 |

- 개요(조사기관, 제목): '산업경제연구소', '편의점의 매출액 변화'
  필수 표현/어휘: (조사기관)의 조사에 따르면
- 1번 표(그래프): '매출액 변화'
  필수 표현/어휘: (년)에 (대형 마트 매출액/편의점 매출액)이 (금액)원으로 나타났다. (년)동안 큰 변화가 없었다 / 크게 증가하였다
- 2번 표(그래프): '원인'
  필수 표현/어휘: 증가한 원인은 두 가지를 들 수 있다. 첫째/먼저, 둘째/다음으로
- 3번 표(그래프): '전망'
  필수 표현/어휘: 이런 추세로 볼 때/앞으로, ~(으)ㄹ 것으로 전망/예상/기대된다

part 1

사회 분야

✏️ 어휘 학습

📑 어휘 목록

NO.	단어	뜻(영어)	뜻(모국어)
1	간접	indirect	
2	감정	emotion	
3	긍정적	positive	
4	기업	company	
5	기후	climate	
6	다양하다	diverse	
7	무역	trade	
8	버릇	habit	
9	부정적	negative	
10	불안	anxiety	
11	비판	criticism	
12	세계화	globalization	
13	소홀히	negligently	
14	심각하다	serious	
15	심리	psychology	
16	어려움	difficulty/hardship	
17	영향	influence/impact	
18	우울증	the blues; mental depression	
19	유지하다	maintain	
20	인식	perception/recognition	
21	제공	offer	
22	제품	product	
23	존중	respect	
24	증가	increase	
25	지원하다	support	
26	직접	direct	
27	타인	others	
28	판매	sales	
29	협력하다	cooperate	
30	확산	spread	

● **보기** 에서 알맞은 것을 골라 문장을 완성해 보세요. 단, **보기** 의 단어는 한 번만 사용할 수 있습니다.

> **보기**
>
> 기후　　　무역　　　심리　　　다양하다　　　긍정적이다　　　협력하다

(1) 누구나 　　　　　　　　 말을 들으면 자신감을 얻을 수 있다.

(2) 　　　　　　　　 변화로 인한 자연재해가 자주 발생하고 있다.

(3) 국제 관계에서 여러 국가가 　　　　　　　　 국제적인 문제를 해결한다.

(4) 수술을 앞둔 환자들은 대부분 　　　　　　　　 상태가 불안하다.

(5) 　　　　　　　　 의견이 모이려면 자유롭게 말할 수 있는 분위기를 만들어야 한다.

(6) 국가 간에 상품, 서비스, 자본 등을 거래하는 경제활동을 　　　　　　　　 (이)라고 한다.

| 정답 |

(1) 긍정적인(긍정적이다)	(2) 기후	(3) 협력하여(협력하다)
(4) 심리	(5) 다양한(다양하다)	(6) 무역

※ [25~27] 다음 신문 기사의 제목을 가장 잘 설명한 것을 고르십시오. (각 2점)

25. 우울증, 조기 발견과 치료가 관건

① 우울증은 빠른 진단과 치료가 무엇보다 중요하다.
② 우울증을 빨리 발견하여 치료하는 것은 불가능하다.
③ 우울증은 자연스럽게 치료되기 때문에 병원에 갈 필요가 없다.
④ 우울증은 스스로 치료하기보다는 전문가의 도움을 받는 게 좋다.

26. G7 정상회의, 기후 변화 대응 방안 성공적 논의

① G7 정상회의는 기후 변화에 대해서 관심이 없다.
② G7 정상회의에서 기후 변화 대응 대책에 협의했다.
③ 심각한 기후 변화로 인해 G7이 정상회의를 개최한다.
④ 기후 변화에 대응하기 위해서 G7 정상회의 논의가 필요하다.

27. 반도체 제외한 한국, 무역수지 '적자' 경고등

① 한국은 반도체 산업으로 큰돈을 벌고 있다.
② 반도체 산업 외 한국의 수출입은 적자 위험이 있다.
③ 한국 경제는 전반적인 수출 산업이 잘 이루어지고 있다.
④ 반도체를 포함한 모든 산업에서 한국은 손해를 보고 있다.

※ [28~31] (　　)에 들어갈 말로 가장 알맞은 것을 고르십시오. (각 2점)

28.　　　많은 사람들이 이용하고 있는 소셜 미디어(SNS)는 국제관계에서 중요한 역할을 하고 있다. 사람들은 소셜 미디어를 통해 개인적으로 다른 국가의 문화를 배우며 그 나라 사람들과 다양한 정보를 교환하기도 한다. 이러한 과정을 통해 서로 다른 문화를 더 깊이 이해하게 된다. 결국 (　　　　　　) 국가 간의 이해가 높아지고, 원만한 국제관계를 유지하는 데에도 도움이 되는 것이다.

① 경제 교류가 늘어나면서
② 직접적인 만남을 통해서
③ 사회적인 정보가 많아지면서
④ 개인 간의 교류가 활발해지면서

29.　　　'세 살 버릇 여든까지 간다'는 속담에서 보듯이, 어린 시절의 버릇은 시간이 지나면 고치기 어렵다. 예를 들어, 어릴 때 손톱을 물어뜯는 버릇이 있었다면 성인이 되어서 자신도 모르게 그 행동을 반복하게 된다. 이러한 행동은 주로 스트레스나 불안을 푸는 방법 중 하나로 사용되는 경우가 많다. 따라서 긴장 상황이 발생할 때마다 (　　　　　　　　　) 때문에 손톱을 물어뜯는 행동이 더욱 심해진다.

① 시간을 보내기 좋기
② 스트레스를 줄일 수 있기
③ 어릴 때부터 칭찬을 받았기
④ 남들의 관심을 받을 수 있기

※ [28~31] (　　)에 들어갈 말로 가장 알맞은 것을 고르십시오. (각 2점)

30.　　사람들과 잘 지내기 위해서는 다른 사람의 감정을 이해하는 능력이 중요하다. 감정을 잘 이해하는 사람은 다른 사람과 쉽게 친해질 수 있다. 하지만 타인의 감정에만 신경을 쓰고 집중하다 보면 (　　　　　　　　　) 소홀히 다룰 가능성이 높아진다. 이런 상황이 반복되면 갑자기 기분이 우울해지거나, 일상생활이 힘들게 느껴질 수가 있다. 따라서 타인의 감정에 적절히 공감하면서 자신의 내면도 살펴야 한다.

① 더 많은 사람과 교류하고
② 자신의 감정을 돌보지 않고
③ 다양한 활동에 참여하지 않고
④ 자신의 건강에만 신경을 쓰고

31.　　국제적으로 유명한 한 다국적 커피 기업은 성공의 비결로 두 가지를 꼽는다. 하나는 고객에게 최고의 서비스를 제공한다는 고급화 전략이다. 이는 커피가 밥 한 끼보다 비쌀 수 있고 이를 소비하는 고객이 특별하다는 인식을 주어 성공하였다. 두 번째는 현지화 전략으로 (　　　　　　　　　) 커피를 생산, 판매, 마케팅을 하는 것이다. 예를 들어 한국에서는 빨리빨리 문화를 고려하여 휴대전화로 미리 커피를 주문하는 시스템을 개발하기도 했다.

① 표준화된 물가를 기준으로
② 빠르게 변하는 문화를 반영하여
③ 각국의 커피 맛을 체험하는 것으로
④ 여러 나라의 문화나 정서를 고려하여

32.　　전쟁이나 정치적 문제로 인해 고향을 떠나야 하는 사람들이 있다. 이들은 안전한 삶을 찾아 다른 나라로 가게 되지만 새로운 환경에서 적응하는 데 많은 어려움을 겪는다. 국제 사회는 난민 문제를 심각하게 여기고 이들을 돕기 위해 다양한 프로그램들을 운영하고 있다. 국제 사회의 노력 덕분에 이들은 기본적인 생활을 유지하며 안전을 보장받을 수 있다.

① 난민은 고향으로 돌아가는 사람들이다.
② 난민들은 경제적인 이유로 고향을 떠난다.
③ 국제 사회에서 난민 문제는 큰 문제가 아니다.
④ 국제 사회는 난민을 위해 많은 노력을 기울이고 있다.

33.　　거울은 우리의 모습을 비추어 주는 물건이다. 우리는 거울을 통해 외모를 확인하고 꾸미며 자신을 보게 된다. 거울은 단순한 도구 이상의 역할을 하며 우리의 자존감과 연결될 수 있다. 즉 자존감이 높은 사람들은 거울 속 자기 모습을 긍정적으로 받아들이지만, 자존감이 낮은 사람들은 자신을 비판적으로 바라본다.

① 거울은 자기 외모를 확인하고 평가하는 데 사용된다.
② 거울은 다른 사람을 관찰하기 위해 만들어진 도구다.
③ 자존감이 낮은 사람들은 거울을 통해 자신감을 얻는다.
④ 자존감이 높은 사람들은 거울 속 자신을 부정적으로 본다.

34.　　감정 노동자는 자신의 감정을 감추고 고객을 대해야 하는 사람이다. 서비스 산업에서 근무하는 이들은 고객의 요구에 맞추기 위해 늘 밝은 미소를 지어야 한다. 그러나 자신의 감정을 살피지 않고 상대방을 대하는 감정 노동은 개인의 정신 건강에 큰 영향을 미치며 장기적으로 사회 전체에도 부정적인 영향을 줄 수 있다. 이를 해결하기 위해 감정 노동자에게 정기적으로 심리치료를 받게 하는 등의 적극적인 지원을 제공해야 한다.

① 감정 노동자는 주로 생산업에서 일하고 있다.
② 감정 노동 문제는 개인의 노력으로 해결할 수 있다.
③ 감정 노동자는 일할 때 자신의 감정을 조절해야 한다.
④ 감정 노동자는 고객을 대할 때 자신의 감정을 표현한다.

※ [35~38] 다음을 읽고 글의 주제로 가장 알맞은 것을 고르십시오. (각 2점)

35.   현대 사회는 다양한 문화적 배경을 가진 사람들이 함께 어울려 살아가는 다문화사회이다. 다문화적 환경에서는 서로의 차이를 인정하고 존중하는 것이 중요하다. 서로의 문화를 이해하고 활발하게 소통하면서 우리는 더욱 풍부한 사회적 경험을 할 수 있다. 이러한 다문화적 경험은 개인과 사회 모두에 긍정적인 영향을 미친다.

① 다문화사회에서는 사회보다 개인을 먼저 고려해야 한다.
② 다문화사회에서는 여러 사람과 다양한 경험을 해야 한다.
③ 다문화사회에서는 문화적 배경을 중요하게 생각해야 한다.
④ 다문화사회에서는 서로 다른 점을 인정하고 존중해야 한다.

36.   인터넷은 세계화를 가능하게 하는 중요한 수단이 된다. 정보와 문화가 인터넷을 통해 전 세계로 빠르게 퍼지면서 국가 간의 경계는 점점 더 사라지고 있다. 그러나 인터넷은 국제적인 소통을 활발하게 하는 동시에 거짓 정보의 확산이라는 위험도 가지고 있다. 거짓 정보가 확산되면 사회적 불안이 커질 수 있기 때문에 거짓 정보를 효과적으로 막고 믿을 수 있는 정보를 제공하는 방법을 찾아야 한다.

① 거짓 정보 확산은 사회를 불안하게 할 수 있다.
② 인터넷을 통해 정보와 문화가 전 세계로 퍼지고 있다.
③ 인터넷은 위험하니 새로운 통신 수단을 개발해야 한다.
④ 거짓 정보가 퍼지는 것을 방지하기 위한 방안이 필요하다.

※ [35~38] 다음을 읽고 글의 주제로 가장 알맞은 것을 고르십시오. (각 2점)

37.　　　전염병 확산을 막기 위한 사회적 거리두기는 일상생활의 일부가 되었다. 사람들은 사회적 거리두기를 실천하면서 서로 가까이 접촉하지 않도록 조심하며 일상생활을 유지하고 있다. 그러나 사람을 가까이 하지 못하다 보면 외로움과 스트레스로 정신 건강에 부정적인 영향을 받을 수 있다고 한다. 전문가들은 거리두기를 실천할 때 신체적 건강뿐만 아니라 정신적인 안정을 유지하는 방법도 함께 고려해야 한다고 조언하고 있다.

① 사회적 거리두기 동안 이웃과 서로 가까이 하지 않아야 한다.
② 전염병이 확산되면 사람들의 외로움과 스트레스가 늘어날 수 있다.
③ 사회적 거리두기 동안 신체적 · 정신적 건강을 돌보는 것이 중요하다.
④ 사회적 거리두기는 전염병을 예방하기 위한 좋은 방법 중 하나이다.

38.　　　국제 사회는 기후 변화, 경제 불안정 등 다양한 국제적 문제를 해결하기 위해 지속적으로 협력하고 있다. 각국은 이러한 문제에 대응하기 위해 자원을 함께 나누고 기술을 교환하며 공동의 목표를 설정하고 있다. 이 과정에서 국제기구는 국제적인 문제 해결을 위해 중요한 역할을 맡고 있으며, 이러한 국제적인 협력과 노력은 전 세계가 당면한 과제를 해결하는 데 필수적인 요소로 자리잡고 있다.

① 국제 사회는 다양한 문제 해결을 위해 협력하고 있다.
② 기후 변화와 경제 문제는 각국이 해결해야 할 문제다.
③ 국제 사회는 자국의 이익을 최우선으로 생각하고 있다.
④ 국제 사회에서 국제기구의 역할이 갈수록 커지고 있다.

대학 읽기

🌑 대학 교재를 읽어 보세요.

다국적 기업의 영향

(1)   여러 나라에 지사를 두고 국제적으로 활동하는 기업을 다국적 기업이라고 한다. 이들은 전 세계적으로 제품을 생산하고 판매하며, 글로벌 시장에서 큰 영향력을 미친다. 예를 들어, 애플, 구글, 코카콜라 같은 기업들은 우리에게 매우 익숙한 다국적 기업이다.

☞ 여러분 나라에서 유명한 다국적 기업은 어디입니까?

(2)   우리는 일상생활에서 다국적 기업의 제품을 쉽게 찾아볼 수 있다. 대표적으로 스마트폰, 노트북, 패스트푸드, 음료 등의 제품을 찾을 수 있다. 이러한 제품들은 우리의 생활을 편리하고 유익하게 만들어 준다.

☞ 여러분이 가지고 있는 다국적 기업의 제품은 무엇입니까?

(3)   다국적 기업은 소비자에게 다양하면서도 고품질의 제품을 공급함으로써 우리 삶의 질을 향상시킨다. 또한, 이들은 각국에 진출하여 현지인들에게 일자리를 제공하고, 경제 발전에도 기여한다. 게다가 다국적 기업의 기술과 방법이 현지 기업에 전수되어 산업 전반의 수준이 향상되기도 한다. 이러한 긍정적인 영향 덕분에 우리는 더 나은 제품과 서비스를 누릴 수 있게 된다.

☞ 다국적 기업의 장점은 무엇입니까?

(4)   그러나 다국적 기업이 항상 긍정적인 영향만 미치는 것은 아니다. 이들은 때로는 현지 중소기업을 제압하여 경쟁을 약화시킬 수 있다. 또한 저임금 노동력을 착취하는 등의 문제가 발생할 수 있다. 이러한 문제를 해결하기 위해 각국 정부와 국제기구는 다국적 기업에 대한 규제를 강화하고, 기업의 사회적 책임을 촉구하고 있다.

☞ 다국적 기업의 단점은 무엇입니까?

🌑 교재 내용을 읽고 맞으면 O, 틀리면 X 하세요.

(1) 다국적 기업은 여러 나라에 지사를 두고 활동하는 기업이다.

(2) 다국적 기업들은 주로 전통적인 농업과 수산업에 집중한다.

(3) 다국적 기업들은 현지인들에게 일자리를 제공하지 않는다.

(4) 다국적 기업은 현지 중소기업과 협력하여 경쟁을 증진시킨다.

| 정답 |

| (1) O | (2) X | (3) X | (4) X |

| 해설 |

(1) 다국적 기업은 여러 나라에 지사를 두고 활동하는 기업이다.
(2) 다국적 기업은 스마트폰, 패스트푸드, 음료 등 다양한 산업 분야에서 활동한다.
(3) 다국적 기업은 각국에 진출하여 현지인들에게 일자리를 제공한다.
(4) 다국적 기업들은 때로는 현지 중소기업을 압도하여 경쟁을 약화시킬 수 있다.

🔵 다음 글의 ㉠과 ㉡에 알맞은 말을 각각 쓰시오.

〈91회 기출 TOPIK II 쓰기 52번〉

　　스트레스를 받았을 때 사탕이나 과자와 같이 단 음식을 먹으면 기분이 좋아진다. 단 음식으로 인해 뇌에서 기분을 좋게 만드는 호르몬이 나오기 때문이다. 그런데 전문가들은 사람들이 술이나 담배에 중독되는 것처럼 단맛에도 (　　㉠　　). 따라서 평소에 단 음식을 지나치게 많이 (　　㉡　　) 주의할 필요가 있다.

㉠	
㉡	

| 정답 |

(1) 중독된다고 한다　　　　(2) 먹지 않도록

| 해설 |

(1) 어휘: 중독되다

　　문법: -ㄴ/는다고 하다

　　대응: 전문가들은 술이나 담배에 중독되는 것처럼 단맛에도 (　　㉠　　).

(2) 어휘: 먹다

　　문법: -지 않도록 / -지 않게

　　대응: 따라서 단 음식을 지나치게 (　　㉡　　) 주의할 필요가 있다.

MEMO

part 2

인문 분야

❶ 언어 · 교육
❷ 문학 · 역사

✏️ 어휘 학습

NO.	단어	뜻(영어)	뜻(모국어)
1	계발	development	
2	고유	uniqueness	
3	공공	public	
4	교육	education	
5	기호	mark/sign	
6	다양성	diversity	
7	독특하다	unique	
8	바람직하다	desirable	
9	발달	development	
10	발음	pronunciation	
11	번역	translation	
12	보존하다	preserve	
13	사투리	dialect	
14	생소하다	unfamiliar	
15	습득	acquisition	
16	억양	intonation	
17	언어	language	
18	외국어	foreign language	
19	외래어	loanword	
20	음성	voice	
21	의사소통	communication	
22	재교육	retraining	
23	재능	talent	
24	전달하다	deliver/convey	
25	조기	early phase	
26	폐교	closed school	
27	표현하다	express	
28	학습	learning	
29	한자어	Chinese characters	
30	흉내	imitation	

● **보기** 에서 알맞은 것을 골라 문장을 완성해 보세요. 단, **보기** 의 단어는 한 번만 사용할 수 있습니다.

보기					
교육	흉내	다양성	사투리	의사소통	바람직하다

(1) _____ 은/는 그 지역의 독특한 생활 문화를 반영한다.

(2) 각 언어마다 지닌 고유한 특성을 언어 _____ (이)라고 한다.

(3) 아동의 자발적 동기를 고려하지 않은 조기 교육은 _____ 않다.

(4) 미래 사회를 대비하려면 누구나 평생 _____ 을/를 받을 수 있어야 한다.

(5) 한국어에는 '톡톡', '툭툭'처럼 소리와 모양을 _____ 풍부하다.

(6) 언어는 인간이 자신의 생각이나 감정을 표현하거나 전달하는 _____ 수단이다.

정답		
(1) 사투리	(2) 다양성	(3) 바람직하지(바람직하다)
(4) 교육	(5) 흉내	(6) 의사소통

※ [25~27] 다음 신문 기사의 제목을 가장 잘 설명한 것을 고르십시오. (각 2점)

25. 사라지는 사투리, 정부의 다양한 보존 정책 필요

① 정부는 사투리를 보존하고자 여러 가지 정책을 실시하고 있다.
② 정부에서 다양한 정책을 실시하더라도 사투리는 사라질 것이다.
③ 정부는 사투리를 보존하기 위해서 다양한 정책을 마련해야 한다.
④ 정부의 여러 가지 보존 정책에도 불구하고 사투리가 사라지고 있다.

26. 지나친 외래어 사용, 세대 간 소통 가로막아

① 세대 간의 갈등은 지나친 외래어 사용으로 인한 것이다.
② 외래어의 지나친 사용은 세대 간의 원활한 소통을 방해한다.
③ 세대 간에 소통이 잘되도록 하려면 외래어를 사용하지 말아야 한다.
④ 외래어 사용이 감소한 탓에 세대 간의 소통은 점차 어려워질 것이다.

27. 유아의 언어 발달 지연, 4년 새 두 배 '훌쩍'

① 지난 4년간 언어 발달 지연을 겪는 유아의 수에 변화가 없었다.
② 지난 4년간 언어 발달이 또래보다 느린 유아의 수가 감소하였다.
③ 지난 4년 동안 언어 발달이 느린 유아의 수가 두 배 이상 늘어났다.
④ 지난 4년 동안 언어 발달이 빠른 유아의 수가 두 배 정도 증가했다.

※ [28~31] (   )에 들어갈 말로 가장 알맞은 것을 고르십시오. (각 2점)

28. 한 국가에서 공통적으로 사용하기로 정한 언어를 표준어라고 한다. 표준어는 지역에 따라 (   ) 때문에 생기는 의사소통의 어려움을 덜기 위한 것이다. 대체로 그 나라의 수도 및 문화의 중심지에서 교양 있는 사람들이 두루 쓰는 현대어가 표준어가 된다. 예를 들면, 한국의 서울말, 영국의 런던어, 프랑스의 파리어, 일본의 도쿄어 등이 있다.

① 역사적 경험이 동일하기
② 사용되는 언어가 다르기
③ 정치적 상황이 다양하기
④ 문화적 환경이 독특하기

29. 가온초등학교는 전체 학생이 스무 명밖에 되지 않는 작은 시골 학교이다. 올해는 학교와 지역 사회가 학교를 살리기 위해 발 벗고 나섰다. 학교에서는 모든 학생들에게 외국어, 컴퓨터, 피아노 등의 특성화 수업을 무료로 실시하기로 했다. 또한 지역 사회는 학교 근처에 체험장을 만들어 학생들이 다양한 생태 체험 학습을 할 수 있도록 돕기로 했다. 이처럼 이 학교는 (   ) 폐교 위기에서 벗어날 수 있었다.

① 정부의 학교 살리기 운동으로
② 특성화 수업과 다양한 활동으로
③ 입학 등록금을 지원하는 정책으로
④ 교과서를 집중 학습하는 프로그램으로

※ [28~31] (   )에 들어갈 말로 가장 알맞은 것을 고르십시오. (각 2점)

30.   국제 음성 기호는 전 세계에서 사용되는 모든 말소리를 정밀하게 표기하기 위해 만든 것이다. 모음과 자음뿐만 아니라 소리의 높낮이, 세기 등을 나타낼 수 있는 기호로 구성되어 있다. 이 기호를 알고 있으면 외국어를 배우는 데 도움이 된다. 특히 영어와 같이 글자와 말소리가 일치하지 않아서 발음을 알기 어려운 언어를 배울 때 (   ) 편리하다.

① 정확한 말소리를 알 수 있어서
② 기호의 발음을 배울 수 있어서
③ 다른 외국어와 비교할 수 있어서
④ 기호를 정밀하게 사용할 수 있어서

31.   제2언어를 학습할 때 어린이가 어른보다 뛰어나다는 점을 보여주는 연구가 많다. 한 연구에 따르면, 어린이의 두뇌에는 세포 자체 내에 언어 습득과 관련된 수용성이 있어서 외국어를 빨리 익힌다고 한다. 어린이와 달리 어른의 두뇌는 이 수용성이 감소해서 (   ) 한다. 실제로 주변에서 어린 나이에 외국어를 배울수록 더 빨리 습득하는 것을 볼 수 있다.

① 외국어 습득이 느리다고
② 외국어 습득이 뛰어나다고
③ 빠르게 외국어를 습득한다고
④ 정확하게 외국어를 습득한다고

※ [32~34] 다음을 읽고 글의 내용과 같은 것을 고르십시오. (각 2점)

32.   한 언어가 지역에 따라 달라진 것을 사투리라고 한다. 사투리는 주로 산이나 바다 같은 지형과 행정 구역에 따라 달라진다. 사투리는 독립적인 언어 체계를 가지고 있는 자연 언어로서 그 지역의 독특한 생활 문화를 반영한다. 그리고 같은 사투리를 사용하는 지역은 생활 방식이나 사고방식 등에서 비슷한 모습을 갖는다.

① 사투리는 행정 구역의 차이와 관련이 없다.
② 사투리는 그 지역의 고유한 생활 문화를 반영한다.
③ 사투리는 독립적인 언어 체계를 가지지 않은 자연 언어이다.
④ 사투리는 생활 방식이나 사고방식이 비슷한 사람들이 사용한다.

33.   한국어에는 소리나 모양을 흉내 내는 다양한 표현이 있다. 가벼운 기침 소리는 '콜록콜록'이라고 하고, 심한 기침 소리는 '쿨럭쿨럭'이라고 한다. 그리고 큰 걸음으로 걷는 모양은 '성큼성큼'이라고 하고, 작은 걸음으로 조용히 걷는 모양은 '살금살금'이라고 한다. 글을 쓰거나 말을 할 때 흉내 내는 말을 적절하게 사용하면 전달하려는 느낌을 훨씬 생생하게 표현할 수 있다.

① '콜록콜록'은 기침하는 모양을 흉내 내는 말이다.
② 한국어는 소리를 흉내 내는 표현이 발달하지 않았다.
③ '살금살금'과 '성큼성큼'은 걷는 모양을 흉내 내는 말이다.
④ 흉내 내는 말을 많이 사용할수록 느낌이 더 생생하게 전달된다.

34.   『훈민정음』은 조선 시대 집현전 학자들이 쓴 한글 해설서이다. 이 책에는 세종대왕이 한글을 만든 이유와 한글에 대한 자세한 설명 그리고 사용법 등이 기록되어 있다. 특히 한글을 만들 때 자음은 발음 기관의 모양과 움직임을 본떴으며, 모음은 하늘과 땅 그리고 사람의 모양을 본떴다는 제자원리가 담겨 있다. 이 책은 한국의 소중한 문화유산일 뿐만아니라 유네스코에서 지정한 세계기록유산이기도 하다.

①『훈민정음』은 세종대왕이 쓴 한글 해설서이다.
② 이 책은 한국의 문화유산이지만 세계 기록 유산은 아니다.
③ 이 책에는 세종대왕이 한글을 만든 이유가 나타나지 않는다.
④ 한글의 자음은 발음 기관의 모양과 움직임을 본떠서 만들어졌다.

※ [35~38] 다음을 읽고 글의 주제로 가장 알맞은 것을 고르십시오. (각 2점)

35.   신조어는 현대 사회의 변화에 따라 새로 생긴 말이나 새롭게 들어온 외래어를 말한다. 신조어는 표준어로 인정되어 사전에 실리기도 하고 유행이 지나면 사라지기도 한다. 이런 신조어에 대해 세대 간 의사소통을 어렵게 하고 기존의 글자 체계를 벗어나 언어 파괴를 불러일으킨다는 우려가 있다. 하지만 신조어는 현대 사회의 변화를 빠르게 반영하기 때문에 시대의 흐름을 파악하는 데 도움을 주기도 한다.

① 신조어는 표준어로 인정해서 사전에 실어야 한다.
② 신조어는 시대의 흐름을 이해하는 데 도움이 된다.
③ 신조어는 기존의 글자 체계를 지키면서 만들어야 한다.
④ 신조어의 부정적인 영향을 고려해 신조어를 쓰지 말아야 한다.

36.   아동을 대상으로 하는 조기 교육이 열풍이다. 과거에도 재능이 있는 아동에게 음악과 같은 예체능을 가르치는 경우가 있었다. 그런데 요즘은 예체능을 포함하여 대학 입시와 관련된 국어, 영어, 수학과 같은 교과목을 가르치는 경우가 많다. 조기 교육이 재능 계발보다는 학교에서 좋은 성적을 얻기 위해 이루어지는 것이다. 이런 교육은 아동의 자발적 동기보다 부모의 바람이 반영된 것으로 개선될 필요가 있다.

① 예체능 교육보다 학교 교과목에 대한 조기 교육이 중요하다.
② 조기 교육은 최근에 새롭게 나타나기 시작한 사회 현상이다.
③ 아동의 숨은 재능을 발견하기 위해서는 조기 교육이 필요하다.
④ 아동의 자발적 동기가 반영되지 않은 조기 교육은 바람직하지 않다.

※ [35~38] 다음을 읽고 글의 주제로 가장 알맞은 것을 고르십시오. (각 2점)

37.　　　공공 기관에서 일반 국민을 대상으로 공공의 목적을 실현하기 위해 사용하는 언어를 '공공 언어'라고 한다. 공공 기관에서는 정확한 정보를 전달해야 하므로 누구나 쉽게 이해할 수 있는 공공 언어를 사용해야 한다. 어려운 한자어나 낯선 외래어 대신 쉬운 한국어를 사용하고 전문 용어는 쉽게 풀어서 설명해야 한다. 만약 공공 기관에서 일반 국민이 이해할 수 없는 어려운 공공 언어를 사용한다면 사회 구성원 간의 소통을 방해해서 불필요한 오해를 초래할 수 있다.

① 공공 기관은 정확한 정보를 전달하기 위해 노력해야 한다.
② 공공 기관은 정확한 한자어와 전문 용어를 사용할 필요가 있다.
③ 공공 기관은 누구나 쉽게 이해할 수 있는 공공 언어를 써야 한다.
④ 공공 기관은 일반 국민을 위해 쉬운 한글 쓰기 정책을 펼쳐야 한다.

38.　　　평생 교육은 성인 학습자에게 다양한 학습 기회를 제공함으로써 이들의 직업 능력을 개발하고 지적 호기심을 충족시켜 주는 역할을 한다. 각 지역의 대학은 이러한 평생 교육이 이루어지는 대표적인 장소이다. 특히 대학은 지역 주민들을 위한 맞춤형 프로그램을 개발하고 제공하는 데 앞장선다. 평생 교육이 필수적인 재교육으로 인식되고 있는 만큼 정부에서는 대학이 지역에 맞는 프로그램을 개발할 수 있도록 적극적으로 지원해야 한다.

① 정부는 대학이 지역별 프로그램을 만들 수 있도록 도와야 한다.
② 정부는 지역 주민 맞춤형 프로그램을 자체적으로 운영해야 한다.
③ 대학은 학습자의 관심과 의견을 고려한 프로그램을 만들어야 한다.
④ 대학은 지금보다 다양한 강의가 이루어질 수 있도록 노력해야 한다.

대학 읽기

🌑 대학 교재를 읽어 보세요.

언어 다양성

(1)   세계 언어가 저마다의 고유한 특성을 지니고 유지되는 상태를 '언어 다양성'이라고 한다. 생물 다양성이 지구의 환경을 보존하기 위해 중요하듯 언어 다양성도 인류 공동체의 삶을 보존하는데 중요한 역할을 한다.

☞ 언어 다양성이란 무엇입니까?

(2)   언어 다양성은 지리적, 역사적, 문화적 요인에 따라 다르게 나타난다. 언어는 의사소통 수단으로서 그 자체로도 중요한 가치를 가지지만 그 속에 해당 언어를 사용하는 언어 공동체의 지리적, 역사적, 문화적 정보를 담고 있다는 점에서 더욱 중요한 가치를 가진다.

☞ 언어는 ☐☐☐, ☐☐☐, ☐☐☐ 요인에 따라 다양성을 가지게 된다.

(3)   현재 전 세계에는 약 7,000여 개의 언어가 있다. 그런데 이들 언어 가운데 상당수가 사용자가 줄어들면서 사라져 가고 있다. 한 언어가 사라진다는 것은 단순히 여러 언어 중 하나가 없어지는 것이 아니다. 그 언어가 품고 있는 문화, 역사, 생활 방식, 자연환경에 대한 모든 정보가 사라진다는 데 더 심각한 문제가 있다.

☞ 한 언어가 사라진다는 말의 진정한 의미는 무엇입니까? 밑줄을 그어 보세요.

(4)   이처럼 언어 다양성이 사라지는 것은 인류 문화의 큰 손실이다. 현대 사회가 생물 다양성을 보존하기 위해 노력하는 것과 마찬가지로 언어 다양성을 보존하는 데에도 관심을 가져야 한다.

☞ 언어 다양성을 보존하기 위한 방안은 무엇입니까?

☁ 교재 내용을 읽고 맞으면 O, 틀리면 X 하세요.

(1) 언어 다양성은 생물 다양성만큼 중요하지 않다.

(2) 언어는 해당 언어 공동체의 다양한 정보를 담고 있다.

(3) 언어는 의사소통 수단으로서만 중요한 가치를 갖는다.

(4) 현재 전 세계의 7천여 언어 가운데 상당수가 소멸해 가고 있다.

| 정답 |

| (1) X | (2) O | (3) X | (4) O |

| 해설 |

(1) 언어 다양성은 생물 다양성과 마찬가지로 중요하다.

(2) 언어는 해당 언어 공동체의 문화, 역사, 생활 방식, 자연환경에 대한 정보를 담고 있다.

(3) 언어는 의사소통 수단일 뿐만 아니라 해당 언어 공동체의 축적된 정보를 담고 있다는 점에서도 중요한 가치를 지닌다.

(4) 현재 전 세계의 7천여 언어 가운데 상당수가 사용자 수가 줄어들면서 사라져 가고 있다.

TOPIK II 쓰기 (맛보기)

🌑 다음을 주제로 하여 600~700자로 글을 쓰십시오.

〈60회 기출 TOPIK II 쓰기 54번〉

요즘은 아이가 학교에 들어가기 전 어릴 때부터 악기나 외국어 등 여러 가지를 교육하는 경우가 많다. 이러한 조기 교육은 좋은 점도 있지만 문제점도 있다. 아래의 내용을 중심으로 '조기 교육의 장점과 문제점'에 대해 자신의 의견을 쓰라.

- 조기 교육의 장점은 무엇인가?
- 조기 교육의 문제점은 무엇인가?
- 조기 교육에 찬성하는가, 반대하는가? 근거를 들어 자신의 의견을 쓰라.

＊ 원고지 쓰기의 예

		요	즘	은		아	이	가		학	교	에		들	어	가	기		전	
어	릴		때	부	터		악	기	나		외	국	어		등		여	러		

																				240
																				260
																				280
																				300
																				320
																				340
																				360
																				380
																				400
																				420
																				440
																				460
																				480
																				500
																				520
																				540
																				560
																				580
																				600
																				620
																				640
																				660
																				680
																				700

| 모범답안 |

　　요즘은 학교에 들어가지 않은 아이들에게 다양한 교육을 실시하는 경우가 많다. 어릴 때부터 이루어지는 조기 교육은 좋은 점도 있지만 문제점도 있다.

　　먼저 조기 교육의 가장 큰 장점은 아이의 재능을 발견하고 아이가 가진 잠재력을 극대화할 수 있다는 점이다. 예를 들어 예체능계의 유명인 중에는 어릴 때부터 체계적인 교육을 받은 경우가 많다. 또 다른 조기 교육의 장점은 아이의 학업 경쟁력을 높일 수 있다는 점이다. 이 외에도 조기 교육에서의 다양한 경험은 아이의 세계관을 넓히는 데 도움이 된다.

　　그러나 조기 교육은 부모의 강요에 의해 이루어질 수 있다는 문제점이 있다. 이로 인해 아이는 스트레스를 받거나, 억압적인 학습 경험의 반발로 학업에 흥미를 느끼지 못할 수 있다. 또한 조기 교육이 과도하게 이루어질 경우, 아이들의 정서 발달에 부정적인 영향을 미칠 수 있다.

　　조기 교육의 장점에도 불구하고 위의 문제점을 고려하였을 때 조기 교육을 실시하는 것이 적절하지 않다고 생각한다. 진정한 교육이란 학습자의 자발성과 내적 동기를 전제로 이루어진다고 생각하기 때문이다. 아이는 발달 중에 있고 경험이 적기 때문에 자신이 무엇을 배우고 싶은지 명확히 인지하지 못할 가능성이 크다. 이는 아이의 동기보다 보호자의 바람이 조기 교육에 더 큰 영향을 미치게 되는 이유이기도 한다. 이러한 이유로 조기 교육을 실시하는 것에 반대한다. (693자)

| 해설 |

- 처음: 조기 교육의 장점
　　[표현/어휘] 은/는 −다는 점이다, 또 다른, 이 외에도
　　　　　　　　재능, 잠재력, 경쟁력, 세계관
- 중간: 조기 교육의 문제점
　　[표현/어휘] 은/는 −다는 문제점이 있다, −(으)ㄹ 수 있다, 이로 인해
　　　　　　　　스트레스, 반발, 정서 발달, 부정적
- 끝: 조기 교육에 대한 의견
　　[표현/어휘] −에도 불구하고, −다고 생각한다, −에 찬성한다/반대한다
　　　　　　　　자발성, 내적 동기

MEMO

part 2

인문 분야

① 언어 · 교육

② 문학 · 역사

✏️ 어휘 학습

🔖 어휘 목록

NO.	단어	뜻(영어)	뜻(모국어)
1	객관적	objective	
2	구분하다	divide	
3	극복하다	overcome	
4	근거	basis	
5	기록하다	record	
6	기원	origin	
7	기준	standard	
8	능동적	active/proactive	
9	독자	reader	
10	문자	letter	
11	문학	literature	
12	배경	setting	
13	시	poem	
14	시대	period	
15	소설	novel	
16	소통하다	communicate	
17	역사관	view of history	
18	왜곡하다	distort	
19	원작	original (work)	
20	위법	illegality	
21	인류	humanity	
22	인물	character	
23	작가	writer	
24	작품	work	
25	재현하다	reconstruct	
26	정서	emotion	
27	주관적	subjective	
28	줄거리	plot	
29	창작하다	create	
30	해석하다	interpret	

● 보기 에서 알맞은 것을 골라 문장을 완성해 보세요. 단, 보기 의 단어는 한 번만 사용할 수 있습니다.

보기

독자	정서	작품	기록하다	왜곡하다	소통하다

(1) 모든 _____ 에는 작가의 사상과 감정이 담긴다.

(2) 문자를 발명하기 전에 인류는 말로써 _____ .

(3) 역사가들은 그를 위대한 인물로 _____ 것이다.

(4) 그들은 역사적 진실을 숨기고 _____ 전달해 왔다.

(5) 소설 속 주인공의 _____ 에 공감하면서 감동을 받게 되었다.

(6) 인물의 삶을 통해 _____ 은/는 자신의 인생을 돌아볼 수 있다.

| 정답 |

(1) 작품	(2) 소통했다(소통하다)	(3) 기록할(기록하다)
(4) 왜곡하여(왜곡하다)	(5) 정서	(6) 독자

※ [25~27] 다음 신문 기사의 제목을 가장 잘 설명한 것을 고르십시오. (각 2점)

25.
해외 문학상 후보에 줄줄이 오른 한국 문학, 서점가 북적

① 한국 문학의 해외 문학상 수상이 기대되면서 서점가가 복잡하다.
② 한국 문학이 갑자기 해외 문학상 후보에 올라 서점가가 시끄럽다.
③ 한국 문학이 해외 문학상을 받으면서 서점가를 찾는 사람이 많다.
④ 한국 문학이 잇따라 해외 문학상 후보에 올라 서점가가 붐비고 있다.

26.
드라마 '졸업' 인기, 원작 소설 매출 8배 '껑충'

① 원작 소설의 판매량에 따라 드라마에 대한 인기가 결정된다.
② 원작 소설이 좋은 반응을 얻자 드라마를 향한 관심이 커졌다.
③ 드라마의 인기 덕분에 원작 소설을 사는 사람들이 크게 늘었다.
④ 드라마를 보는 사람들은 많지만 원작 소설을 읽는 사람은 적다.

27.
독특한 제목의 도서, 전 세계 독자들 시선 끌어

① 색다른 제목의 도서가 독자들의 눈길을 사로잡고 있다.
② 눈에 띄는 도서명을 찾기 위해 독자들이 노력하고 있다.
③ 특이한 제목은 책을 읽는 독자들에게 기쁨을 줄 수 있다.
④ 도서의 제목을 바꾸면 독자들이 흥미롭게 생각할 수 있다.

※ [28~31] ( )에 들어갈 말로 가장 알맞은 것을 고르십시오. (각 2점)

28.   독자는 책을 읽는 동안 작품 속의 인물, 사건, 배경을 끊임없이 상상하고 분석한다. 그러면서 작품에 가까이 다가가기도 하고 멀어지기도 한다. 이러한 과정은 독자가 작품을 이해하고 그 작품을 독자 자신의 것으로 만드는 데 필수적인 요소이다. 즉, 독자가 (   )에서 글의 의미가 구성되는 것이다.

① 사건을 분석하는 과정
② 인물과 가까워지는 과정
③ 작품과 상호 작용하는 과정
④ 작품의 배경을 상상하는 과정

29.   오래전 시는 사랑의 메시지를 담은 노래로 사람들의 입에서 입으로 전해졌다. 중세까지도 시는 노래로 불리는 것이 일반적이었으며, 근대에 들어선 이후에야 읽는 산문시로 변화되었다. 이는 (   )을 의미한다. 노래가 기록되기 시작하면서 노래의 기능보다 형식이 강조되고 끝내 음악적 특징이 줄어든 것이다.

① 시의 근원이 노래였음
② 시가 읽히기 시작했음
③ 시의 주제가 사랑이었음
④ 시가 계속해서 변화했음

※ [28~31] (   )에 들어갈 말로 가장 알맞은 것을 고르십시오. (각 2점)

30.   우리는 역사를 배우면서 과거의 세계를 만나게 된다. 역사를 통해 과거의 사건을 간접적으로 경험하게 되면서 과거의 사실을 바르게 이해할 수 있다. 또한 역사 속에서 여러 어려움을 슬기롭고 용감하게 극복한 인물을 만나게 됨으로써 인간적으로 성장하고 성숙해질 수 있다. 이는 과거에 펼쳐진 그들의 역사적인 경험이 우리에게 (   ) 때문이다.

① 삶의 지혜와 용기를 주기
② 사실적 지식을 쌓게 하기
③ 왜곡된 역사관을 심어 주기
④ 다양한 인물과 만나게 하기

31.   '문학이란 무엇인가?'에 대한 답은 '인생이란 무엇인가'라는 질문에서부터 시작될 수 있다. 인생은 사회, 정치, 경제, 역사 등 우리 주변의 수많은 요소와 관련되어 있는데 이런 복잡한 인생을 글로 표현한 예술이 바로 문학이기 때문이다. 따라서 '문학은 곧 인생이다'라고 말할 수 있다. 다시 말해, 문학은 (   )이라고 할 수 있을 것이다.

① 복잡한 언어로 쓰인 글
② 쉽게 답하기 어려운 학문
③ 수많은 사람의 삶의 기록
④ 인생과 무관한 예술 작품

※ [32~34] 다음을 읽고 글의 내용과 같은 것을 고르십시오. (각 2점)

32.   역사에는 두 가지 의미가 있는데 그것은 있는 그대로의 '과거의 사실'과 역사가에 의해 '기록된 사실'이다. '과거의 사실'은 객관적인 것이고, '기록된 사실'은 역사가가 주관적으로 다시 구성한 것이다. 즉, 역사는 기록하는 사람에 따라 다르게 표현될 수 있다. 결국 역사책에는 역사가가 중요하다고 여기는 사실과 주관적인 해석이 함께 담기게 된다.

① 역사가는 누구나 인정하는 사실만 책에 담는다.
② 역사가는 모든 역사적 사실을 객관적으로 표현한다.
③ 역사가는 사실을 선택하고 그것에 의미를 부여한다.
④ 역사가는 역사를 주관적으로 평가하여 기록하지 않는다.

33.   어떤 사람들은 모든 예술이 생활에서의 필요로 인해 시작되었다고 주장한다. 이들은 동굴에 그려진 들소 그림이 원시인이 사냥하기에 가장 적합한 대상을 그려놓은 것이라고 말한다. 후손들에게 사냥의 효과적인 방법을 교육하기 위한 용도였다는 것이다. 또한 우리가 보기에 장식품처럼 여겨지는 것도 원시인 생활에서는 필수 도구로 활용되었다고 강조한다.

① 모든 예술은 심리적인 이유로 시작된 것이다.
② 인간의 생활과 예술 작품의 관계는 가깝지 않다.
③ 동굴 속 그림은 후손 교육을 목적으로 그려졌다.
④ 원시인들의 장식품은 인간의 즐거움을 위한 도구였다.

34.   역사는 선사 시대와 역사 시대로 나뉘는데 그 기준은 문자의 사용이다. 문자를 사용하기 이전의 시대를 선사 시대, 문자를 사용한 이후의 시대를 역사 시대라고 한다. 선사 시대는 돌, 구리와 주석, 철 등 사용한 도구에 따라 구분한다. 이에 반해 역사 시대는 시간의 흐름과 특정한 정치적, 사회적, 경제적, 문화적 측면 등을 고려하여 구분한다.

① 인류의 시작은 역사 시대로 거슬러 올라간다.
② 선사 시대는 문자의 종류에 따라 구분될 수 있다.
③ 역사 시대는 사용한 도구에 따라 다시 나누어진다.
④ 시대를 나누는 기준은 문자의 사용과 관련이 있다.

35. 문학에서 작가는 어떤 것보다 중요한 요소이다. 작가가 있어야 작품이 존재할 수 있고 작가의 사상과 감정이 그대로 작품에 담길 수밖에 없기 때문이다. 따라서 작품을 해석할 때는 작가와 관련된 다양한 요소를 살펴볼 필요가 있다. 작가의 인적 사항이나 사상, 심리 상태 등이 작품을 이해하는 데 많은 도움이 될 수 있다.

① 신분이나 학력이 높은 작가의 작품을 읽어야 한다.
② 작가에 관한 연구를 통해 작품의 의미를 파악해야 한다.
③ 작품을 해석할 때는 작가 이외의 요소를 우선 고려해야 한다.
④ 작품을 선택할 때는 작가에 대한 다양한 정보를 배제해야 한다.

36. 아무리 훌륭한 작품이라도 독자가 읽지 않는다면 그 작품은 존재 의미가 없다고 볼 수 있다. 문학은 작가와 독자의 소통을 전제로 하므로 작가의 창작만큼 독자의 독서 행위도 중요하다. 따라서 작품의 의의를 말할 때는 독자의 독서 과정을 들여다봐야 한다. 작품을 읽으면서 독자가 무엇을 알게 되었는지, 독자가 무엇을 느끼고 생각했는지, 어떤 교훈을 얻었는지에 대해 살펴봐야 한다.

① 작가의 창작 행위보다는 독자의 독서 행위가 중요하다.
② 독자에게 삶의 교훈을 전달하는 작품이 훌륭한 작품이다.
③ 독자마다 작품을 읽고 느끼는 감정의 양상이 다를 수 있다.
④ 작품의 진정한 의미는 독자의 능동적인 독서로부터 비롯된다.

37.   인류는 두 발로 걸으면서 가장 많은 변화를 이루었다. 두 다리로 일어선 순간부터 손이 자유로워지면서 두 손으로 열매를 따 먹고 도구를 제작할 수 있게 되었다. 그리고 불을 사용하여 추운 곳에서 따뜻하게 지내고 음식도 익혀 먹을 수 있게 되었다. 이처럼 인류가 획기적으로 발전하게 된 결정적인 계기는 직립 보행에서 찾을 수 있다.

① 인간의 변화는 식생활 개선을 통해 빠르게 이루어졌다.
② 인간의 생활은 도구를 사용하면서 본격적으로 발달했다.
③ 인간은 양손이 자유로워지면서 불을 다룰 수 있게 되었다.
④ 인간은 두 발로 걷기 시작하면서 뛰어난 존재가 될 수 있었다.

38.   과거에 있었던 일을 직접 겪을 수 없으므로 역사가는 역사적 상상력을 더해 과거의 일을 재현해 낸다. 그런데 이때 상상력은 과학적이고 타당한 근거를 바탕으로 해야 한다. 객관적인 사실을 기준으로 삼지 않고 역사를 자신에게 유리하도록 왜곡하는 것은 옳지 않다. 역사적 사실을 조작하는 것은 분명한 범죄 행위라는 것을 알아야 한다.

① 역사를 과학적으로 해석하는 작업이 필요하다.
② 역사를 왜곡하는 사람들에게는 벌을 줘야 한다.
③ 역사를 거짓으로 꾸며내는 것은 위법한 행위이다.
④ 역사를 상상하여 해석하는 것은 위험한 행위이다.

대학 읽기

대학 교재를 읽어 보세요.

문학의 역할과 기능

(1)   오랜 세월 동안 문학은 인간의 삶과 동반해 왔다. 이것은 문학이 인간의 삶에 나름의 역할을 해왔기 때문일 것이다. 그동안 이러한 문학의 역할과 기능에 대해서 두 가지의 주장이 제기되어 왔다. 하나는 문학의 효용적 기능에 관한 것이고, 다른 하나는 문학의 쾌락적 기능에 관한 것이다.

☞ 문학의 두 가지 역할과 기능은 무엇입니까?
①
②

(2)   문학의 효용적 기능이란 인간의 삶을 충족시켜주는 문학의 가치를 뜻한다. 대개 문학은 독자에게 감동과 교훈을 준다. 독자는 시와 소설을 읽으며 작품에 감동하거나 인물의 삶과 자신의 삶을 대비하면서 삶의 깨달음이나 교훈을 얻는다. 이러한 문학의 효용적 기능을 강조하는 이들은 문학이 사회적, 정치적으로 역할을 해야 한다고 생각한다.

☞ 여러분이 감동과 교훈을 얻은 작품이 있으면 소개해 주세요.

(3)   문학의 쾌락적 기능이란 일상과 노동에 지친 인간에게 감정적 정화와 향유를 가져다주는 기능을 말한다. 독자는 소설이나 연극을 감상하면서 등장인물의 삶과 정서에 공감하게 되는데, 그 과정에서 공포와 안도의 정서적 반복을 통해 감정이 정화된다. 이러한 문학의 쾌락적 기능을 강조하는 이들은 문학의 순수문학적 측면, 즉 작품 자체의 예술성과 문학성을 강조한다.

☞ 여러분이 감정적 정화를 겪은 작품이 있으면 소개해 주세요.

(4)   문학의 역할은 근대 자본주의 사회의 성립 이후 더욱 강조되었다. 특히 국가와 민족의 개념이 형성되어 가는 과정에서 문학은 중세의 종교가 했던 역할을 대체하기에 이르렀다. 문학이 민족 국가나 사회의 이데올로기를 구성원들에게 교육하는 매개체가 된 것이다.

☞ 문학이 이데올로기 교육의 매개체가 된 시기는 언제입니까?
근대 ☐☐☐☐ 사회 성립 이후

◖ 교재 내용을 읽고 맞으면 O, 틀리면 X 하세요.

(1) 문학은 인간의 감정을 담아 드러내는 데 적합한 예술 장르이다.

(2) 문학의 효용성을 강조하는 이들은 문학이 갖는 사회적 역할을 중요시한다.

(3) 문학은 독자에게 정서적 감동이나 가르침을 주는 쾌락적 기능을 갖는다.

(4) 근대에 이르면서 문학은 종교에 밀려 그 역할과 기능을 잃어버리게 되었다.

| 정답 |

(1) O	(2) O	(3) X	(4) X

| 해설 |

(1) 문학은 오랫동안 인간의 기쁨과 슬픔을 표현해 왔다.
(2) 독자에게 감동이나 교훈을 주는 것은 문학의 효용적 기능과 관계가 있다.
(3) 문학의 효용적 기능을 주장하는 이들이 문학의 사회적, 정치적 역할을 강조했다.
(4) 근대에 이르러 문학이 중세의 종교가 했던 역할을 대체했다.

🌑 다음을 주제로 하여 600~700자로 글을 쓰십시오.

〈41회 기출 TOPIK II 쓰기 54번 수정〉

세계 어느 나라에서나 역사를 가르친다. 이는 지나간 일을 기록한 역사가 오늘날의 우리에게 주는 가치가 분명히 있기 때문일 것이다. 아래의 내용을 중심으로 '역사 학습의 중요성'에 대한 자신의 생각을 쓰라.

- 역사를 기록하는 목적은 무엇인가?
- 역사를 알아야 하는 이유는 무엇인가?
- 역사를 통해 어떤 것을 배울 수 있는가?

＊ 원고지 쓰기의 예

세	계		어	느		나	라	에	서	나		역	사	를		가	르	친
다	.	이	는		지	나	간		일	을		기	록	한		역	사	가

240

260

280

300

320

340

360

380

400

420

440

460

480

500

520

540

560

580

600

620

640

660

680

700

지난날에 대한 반성 또는 위대한 업적 등이 후대에 전해지기를 바라는 마음은 기록으로 이어지고 그것이 바로 우리가 지금 '역사'라고 부르는 것이다. 우리가 역사를 기록하는 이유는 지금 일어나는 사실을 다음 세대에게 전달하는 데 그 목적이 있다.

이러한 역사는 우리에게 지금의 '나'를 이해할 수 있는 기회를 제공해 준다. 현재는 과거에서 비롯된 것이므로 과거를 살펴봄으로써 현재 일어나고 있는 일에 대해 이해하도록 돕는다. 그리고 역사는 과거에 있었던 가슴 아픈 사건이 다시 반복되지 않도록 우리에게 교훈을 주기도 한다.

더불어 역사의 기록을 통해 우리는 앞으로 일어날 일을 예측하고 이를 준비할 수도 있다. 얼마 전 신문 기사에 따르면 한 연구자가 옛 문서에 기록된 역사적인 사실을 분석하여 오늘날의 우리가 겪고 있는 심한 가뭄을 미리 알리면서 대비를 경고한 바 있다. 이는 역사의 가치를 보여주는 한 예라 할 수 있을 것이다.

이렇듯 역사는 과거의 사실을 아는 데에서 출발하여 현재의 '나'를 이해하고 더 나은 미래를 향한 방향을 제시해 줄 수 있다는 점에서 중요하다. 결국 과거의 역사는 현재로, 현재는 다시 미래의 역사로 이어지는 연속적인 관계 속에 존재하기 때문이다. (605자)

| 해설 |

- 처음: 역사의 정의, 역사 기록의 목적
  [표현/어휘] -(이)라고 부르는 것이다, -는 데 그 목적이 있다
           업적, 후대, 세대
- 중간: 역사의 가치 (역사를 알아야 하는 이유, 역사를 통해 배울 수 있는 것)
  [표현/어휘] -(으)ㅁ으로써 -도록 돕는다, -도록 우리에게 교훈을 주기도 한다
           대비하다, 예측하다, 사건
- 끝: 역사의 중요성 강조
  [표현/어휘] -다는 점에서 중요하다
           방향, 연속적인 관계

MEMO

part 3

예체능 분야

❶ 예술 · 스포츠
❷ 문화 · 미디어

✏️ 어휘 학습

📑 어휘 목록

NO.	단어	뜻(영어)	뜻(모국어)
1	가치	value	
2	감상하다	appreciate/enjoy	
3	개최하다	host/hold	
4	경쟁하다	compete	
5	교훈	lesson	
6	규칙	rule	
7	기여하다	contribute	
8	담다	contain/include	
9	동기	motivation	
10	삶 / 인생	life	
11	상징	symbol	
12	성장하다	grow/develop	
13	소속감	sense of belonging	
14	소통	communication	
15	신뢰	trust	
16	신체	body/physical	
17	역할	role	
18	예술가	artist	
19	오케스트라	orchestra	
20	올림픽	Olympics	
21	작품	artwork	
22	정직하다	honest	
23	정체성	identity	
24	조화	harmony	
25	주목	attention	
26	참가하다	participate/enter	
27	창의적	creative	
28	책임감	sense of responsibility	
29	체력	physical strength	
30	협동심	team spirit	

● 보기 에서 알맞은 것을 골라 문장을 완성해 보세요. 단, 보기 의 단어는 한 번만 사용할 수 있습니다.

보기

작품	예술가	협동심	감상하다	성장하다	참가하다

(1) 2024년 파리 올림픽에 206개의 국가가   .

(2) 음악회에서 아름다운 음악을   시간이 참 좋았다.

(3) 학생들은 미술 수업에서 창의적인   을/를 만들었다.

(4) 화가 '피카소'는 20세기를 대표하는 천재   중 한 명이다.

(5) 아이들이 건강하게   위해서는 적절한 운동이 중요하다.

(6) 팀 스포츠는 어린이들의   을/를 기르는 데 큰 도움이 된다.

| 정답 |

(1) 참가했다(참가하다)	(2) 감상하는(감상하다)	(3) 작품
(4) 예술가	(5) 성장하기(성장하다)	(6) 협동심

TOPIK II 읽기

※ [25~27] 다음 신문 기사의 제목을 가장 잘 설명한 것을 고르십시오. (각 2점)

25.   세계 유명 오케스트라, 서울 첫 연주회 '호평 일색'

① 서울 오케스트라의 첫 연주회가 실패로 끝났다.
② 서울 유명 오케스트라가 해외에서 첫 연주회를 시작했다.
③ 세계적인 오케스트라가 서울 첫 연주회에서 좋은 평가를 받았다.
④ 서울시에서 세계 유명 오케스트라를 초대해 매해 공연을 하고 있다.

26.   현대 미술전, 다양한 작품으로 관람객 발길 이어져

① 미술 작품 수의 부족으로 예술 전시회가 취소되었다.
② 미술 전시회 입장료가 비싸 발길을 돌린 관람객들이 많다.
③ 미술 관람객 수를 늘리기 위해 미술전에서 다양한 체험을 제공한다.
④ 미술 작품을 보기 위해 사람들이 계속해서 전시회에 방문하고 있다.

27.   한국 다이빙 선수단, 올림픽 메달 노린다!

① 한국 다이빙 선수단이 올림픽 경기 출전을 포기했다.
② 한국 다이빙 선수단이 올림픽에서 메달을 따지 못했다.
③ 한국 선수단 중에 다이빙 선수단만 올림픽에 출전한다.
④ 한국 다이빙 선수단이 올림픽에서 메달 획득을 시도한다.

※ [28~31] ( )에 들어갈 말로 가장 알맞은 것을 고르십시오. (각 2점)

28.   우리는 화가들이 직접 자기 모습을 그린 자화상을 볼 수 있다. 화가는 가장 잘 알고 있는 자신의
모습을 그리면서 (   ) 표현하고자 하였다. 그래서 자화상 속에는 화가 자신의
외모뿐만 아니라 감정과 생각도 함께 담겨 있다. 우리는 이러한 자화상을 통해 화가의 가치관이나
작품 세계를 쉽게 이해할 수 있다.

① 타인의 외모와 감정을
② 화가들의 생활과 세계를
③ 자신의 겉모습과 속마음을
④ 많은 사람들의 삶과 생각을

29.   사람들은 음악을 들으면서 우울한 기분을 달래기도 하고 즐거운 기분을 북돋우기도 한다. 음악에
는 뇌에 있는 신경 전달 물질의 분비를 촉진해 (   ) 기능이 있기 때문이다. 또한
음악은 진통제 역할을 하는 엔도르핀의 분비를 도와 환자들의 통증을 줄일 수도 있다. 이렇게 음악
은 우리에게 긍정적인 영향을 미친다.

① 기분을 좋게 만들어 주는
② 분위기를 빨리 바꿔 주는
③ 환자들의 통증을 줄여 주는
④ 언어 능력을 발달시켜 주는

30.   씨름은 한국의 전통 운동이자 민속놀이로 지금도 한국의 명절에는 씨름 대회가 열린다. 씨름은 두 명의 선수가 샅바나 옷을 잡고 상대방을 넘어뜨려 상대방의 신체가 땅에 닿으면 이기는 경기이다. 얼핏 보면 무조건 (   ) 이길 것 같지만 꼭 그렇지는 않다. 씨름은 기술도 중요하기 때문에 상대방의 힘을 이용할 줄 알아야 경기에서 이길 수 있다.

① 옷을 먼저 놓치는 사람이
② 키가 크고 힘이 센 사람이
③ 먼저 땅에 떨어지는 선수가
④ 상대에 밀려서 넘어지는 선수가

31.   디지털 기술의 도입으로 공연 예술에 큰 변화가 일어나고 있다. 먼저 전통적인 무대 공연 외에도 가상 현실과 같은 새로운 형태의 공연이 등장했다. 그리고 예술가들은 (   ) 방법을 찾아 온라인 플랫폼으로 작품을 홍보하여 많은 사람이 공연을 즐길 수 있게 하였다. 이처럼 공연에 도입된 디지털 기술은 관객들에게 생생한 경험을 제공하고 공연에 대한 접근성도 높이고 있다.

① 더 많은 관객과 만날 수 있는
② 전통적인 전시 공간을 알릴 수 있는
③ 다른 예술가들과 함께 작업할 수 있는
④ 기업으로부터 재정적 지원을 받을 수 있는

※ [32~34] 다음을 읽고 글의 내용과 같은 것을 고르십시오. (각 2점)

32.   아리랑은 한국의 대표적인 민요로 사랑과 이별 그리고 생활의 어려움 등 민족의 삶을 담고 있다. 이 노래는 혼자 또는 여럿이 함께 부를 수 있다. 과거 민중들은 아리랑을 함께 부르며 마음속 슬픔을 잊고 서로 힘을 얻었다고 한다. 이렇게 아리랑은 함께 일을 할 때 서로에게 힘을 주며 공동체의 의미를 강화하는 역할을 하기도 했다.

① 아리랑은 개인의 기쁨을 주로 노래한다.
② 아리랑은 힘들 때 혼자 부르는 것이 좋다.
③ 아리랑은 함께 부르면 슬픔이 더 커지는 노래다.
④ 아리랑은 함께하는 공동체의 의미를 느끼게 해 준다.

33.   언제 어디서나 남녀노소 불문하고 할 수 있는 운동 중 하나가 달리기이다. 그러나 걷기와 다르게 달리기는 운동 강도가 높기 때문에 자신의 건강을 고려해서 해야 한다. 또한 달리기는 심장, 폐, 근육에 자극을 많이 주므로 준비 운동과 마무리 운동이 필수적이다. 무엇보다 자신의 체력에 맞는 속도로 달리는 것이 가장 중요하다.

① 달리기는 걷기보다 운동 강도가 낮다.
② 달리기는 자신의 체력에 맞게 하는 것이 좋다.
③ 달리기는 준비 운동보다 마무리 운동이 더 중요하다.
④ 달리기는 심장에 무리를 주므로 노인은 하지 않는 게 좋다.

34.   메달은 운동 경기에서 좋은 결과를 얻은 사람에게 주어지는 상이다. 초기에는 동전 모양의 단순한 형태로 제작되었지만 시간이 지나면서 점점 화려하고 정교해졌다. 오늘날의 메달은 다양한 형태와 디자인으로 예술성과 상징성을 강조하고 있다. 이러한 변화는 메달의 가치를 높이고 선수들에게 특별한 의미를 부여한다.

① 현대 메달은 동전 모양의 형태로 제작된다.
② 메달의 변화는 선수들에게 큰 의미를 주지 않는다.
③ 메달은 정교하고 화려한 디자인으로부터 시작되었다.
④ 메달의 디자인은 시간이 지남에 따라 예술적으로 발전했다.

※ [35~38] 다음을 읽고 글의 주제로 가장 알맞은 것을 고르십시오. (각 2점)

35.
일상에서 피아노는 매우 친숙하며 수많은 음악가에게 사랑을 받는 악기이다. 이 악기는 오랜 시간에 걸쳐 무수히 많은 장인의 시행착오와 도전으로 만들어졌다. 그래서 현존하는 악기 중 가장 복잡하고 정밀하여 정확하면서도 다양한 음정을 표현할 수 있다. 이러한 이유로 피아노는 현재까지 많은 음악가와 밀접한 관계를 맺으며 클래식 음악의 발전에 없어서는 안 되는 역할을 한다.

① 피아노는 복잡하고 정밀해서 만들기가 어렵다.
② 피아노는 클래식 음악 발전에 큰 영향을 미친다.
③ 피아노는 장인들의 도전과 노력으로 만들어졌다.
④ 피아노는 음악가와 일반인들에게 사랑받는 악기다.

36.
올림픽은 4년마다 열리는 국제 운동 경기로 전 세계의 선수들이 나라를 대표하여 경쟁한다. 그런데 경기를 보는 대다수의 사람이 선수들의 경기 결과와 메달에만 관심을 갖는 경향이 있다. 그러나 선수들이 경기에서 최선을 다하는 모습과 경기에 참여하기까지 해 온 노력이야말로 주목해야 할 부분이라고 할 수 있다. 선수들이 올림픽에 참가하기 위해 오랜 시간 열심히 훈련하고 노력한 과정을 간과해서는 안 된다.

① 훈련하는 과정이 좋다면 결과도 좋기 마련이다.
② 선수들이 올림픽에서 메달을 따는 것만 중요하다.
③ 사람들은 과정보다는 결과를 더 중요하게 생각한다.
④ 올림픽에 참가한 선수들의 노력에 관심을 가져야 한다.

※ [35~38] 다음을 읽고 글의 주제로 가장 알맞은 것을 고르십시오. (각 2점)

37. 공공장소를 활성화하기 위해 미술 작품을 설치하고 전시하는 공공 미술은 전시 장소와 깊은 관련
이 있다. 최근에는 공공 미술이 활기를 잃고 사라져가는 마을을 되살리는 데 활용되고 있다. 그러나
단순히 아름다운 작품을 완성하는 행사로 끝난다면 마을에 큰 도움이 되지 못할 수 있다. 마을을 살
리기 위한 공공 미술은 마을의 특색에 맞추고 주민의 관심과 참여를 통해 지속적으로 실시해야 할
것이다.

① 공공 미술은 지역 경제를 살리는 데 목적이 있다.
② 공공 미술은 작품을 설치하고 전시할 장소만 있으면 된다.
③ 공공 미술은 공공장소를 아름답게 꾸미는 데 집중해야 한다.
④ 공공 미술은 마을 주민의 관심과 참여를 이끌어 내야 효과적이다.

38. 미술관 안을 가득 채운 다양한 색의 거대한 그물과 놀이터처럼 작품에 매달리고 기어오르는 아이
들의 모습은 현대 미술의 새로운 경향을 보여준다. 관객들은 작품을 통해 마음껏 웃고 떠들고 뛰어
다니면서 온몸으로 작품을 경험한다. 이러한 체험 형태의 미술 작품은 관객 스스로가 작품의 일부
분이 되어 작품을 완성하는 과정을 보여준다. 작품과 관객의 소통은 현대 미술에서 작품의 표현 방
식이자 중요한 감상법으로 제시되고 있다.

① 현대 미술은 다양한 재료들을 사용하여 표현한다.
② 관객들은 체험 형태의 작품을 눈으로 감상해야 한다.
③ 현대 미술에서 작품과 관객의 소통은 중요한 요소이다.
④ 체험 형태의 미술 작품은 관객이 필요하다는 것을 의미한다.

대학 교재를 읽어 보세요.

스포츠 정신의 중요성과 사회적 가치

(1) 스포츠는 신체적 활동을 넘어 중요한 사회적 가치를 전달한다. 특히 페어플레이(fair play)와 팀워크(teamwork)와 같은 스포츠 정신은 개인의 성장을 도모하고 사회적 통합을 촉진하는 데에 중요한 역할을 한다.

☞ 대표적인 스포츠 정신에는 어떠한 것이 있습니까? 두 가지를 찾아 쓰세요.
①
②

(2) 페어플레이는 모든 스포츠 활동의 기본 원칙이다. 경기에서 정직하게 규칙을 준수하는 것은 경쟁을 공정하게 하는 기본이 된다. 이 원칙은 선수 간에 신뢰를 쌓게 하고 스포츠의 진정한 가치를 인식하게 한다. 또한 경기의 질을 높이고 스포츠 활동의 사회적 가치를 증대시킨다.

☞ 페어 플레이는 스포츠 활동에서 어떤 역할을 합니까?

(3) 스포츠 정신은 팀워크를 통해 더욱 빛난다. 팀 스포츠에서는 개인의 능력보다는 팀의 협력과 조화가 중요하다. 팀원 간의 신뢰와 공동 목표는 소속감과 공동체 의식을 강화한다. 이러한 경험은 리더십(leadership)과 팔로워십(followership)을 길러주며 사회생활에도 긍정적인 영향을 미친다.

☞ 팀워크의 중요성과 효과는 무엇입니까?

(4) 이처럼 스포츠를 통해 배울 수 있는 페어플레이와 팀워크 정신은 우리에게 중요한 교훈을 전달한다. 이러한 교훈은 개인의 성장 및 사회적 통합과 밀접하게 연결되어 개인에게도 유용하며 조화롭고 협력적인 사회를 만드는 데에도 기여한다.

☞ 스포츠 정신을 통해 어떠한 것을 얻을 수 있습니까?

● 교재 내용을 읽고 맞으면 O, 틀리면 X 하세요.

(1) 페어플레이는 스포츠에서 별로 중요하지 않다.

(2) 팀 스포츠에서는 개인의 능력이 가장 중요하다.

(3) 스포츠 정신은 개인의 성장과 사회적 통합에 기여한다.

(4) 스포츠는 신체적 건강을 유지하는 운동으로서만 기능한다.

| 정답 |

(1) X   (2) X   (3) O   (4) X

| 해설 |

(1) 페어플레이는 모든 스포츠 활동의 기본 원칙이다.
(2) 팀 스포츠에서는 개인의 능력보다는 팀의 협력과 조화가 성과를 좌우한다.
(3) 스포츠 정신은 개인의 성장을 도모하고 사회적 통합을 촉진하는 역할을 한다.
(4) 스포츠는 신체적 활동을 넘어 중요한 사회적 가치를 전달한다.

🔴 다음 글의 ㉠과 ㉡에 알맞은 말을 각각 쓰시오.

〈91회 기출 TOPIK II 읽기 39번 수정〉

　　스포츠 경기를 진행할 때 득점이나 반칙 등의 판정은 심판에 의해서 이루어진다. 그러나 심판이 아무리 위치 선정을 잘해도 필연적으로 선수의 몸에 가려서 보이지 않는 곳이 생긴다. 이렇게 눈에 보이지 않는 곳에서는 심판도 정확하게 (　　㉠　　). 이러한 스포츠 경기에서 비디오 판독을 활용하면 심판이 판단하기 어려운 부분을 (　　㉡　　) 판정에 대한 신뢰도를 높일 수 있다.

㉠	
㉡	

| 정답 |

(1) 판정/판단하기(가) 어렵다　　　　　　(2) 확인할 수 있어서
　　판정/판단할 수 없다　　　　　　　　　　확인할 수 있기 때문에

| 해설 |

(1) **어휘**: 판정/판단하다, 어렵다
　　문법: −기(가) −다, −(으)ㄹ 수 없다
　　대응: 눈에 보이지 않는 곳에서는 심판도 정확하게 (　㉠　).
(2) **어휘**: 확인하다
　　문법: −(으)ㄹ 수 있어서 / −(으)ㄹ 수 있기 때문에
　　대응: 심판이 판단하기 어려운 부분을 (　㉡　) 판정에 대한 신뢰도를 높일 수 있다.

MEMO

part 3

예체능 분야

① 예술 · 스포츠
② 문화 · 미디어

✏️ 어휘 학습

🔖 어휘 목록

NO.	단어	뜻(영어)	뜻(모국어)
1	가치관	values	
2	개관	opening	
3	공동체	community	
4	관람하다	watch	
5	김장	kimchi-making for the winter	
6	(김장을) 담그다	make (kimchi-making for the winter)	
7	담기다	be put into	
8	대중 매체	mass media	
9	동양	Orient	
10	문화	culture	
11	문화재	cultural assets	
12	미디어	media	
13	배제하다	exclude	
14	보존되다	be preserved	
15	생활 양식	lifestyle	
16	성취/업적	achievement	
17	어우러지다	be in harmony	
18	연예인	celebrity	
19	온돌	Korean floor heating system	
20	의식	consciousness	
21	전시하다	exhibit	
22	전통	tradition	
23	정	affection	
24	궁궐	palace	
25	캠핑장	camping ground	
26	콘텐츠	contents	
27	팬클럽	fan club	
28	한강	Hangang River	
29	한식	Korean food	
30	회식	company dinner	

◠ 보기 에서 알맞은 것을 골라 문장을 완성해 보세요. 단, 보기 의 단어는 한 번만 사용할 수 있습니다.

보기					
한식	공동체	문화생활	담그다	관람하다	어우러지다

(1) 박물관을 _____ 전시물의 사진을 찍어 기록에 남겼다.

(2) 작년에 주말농장에서 직접 키운 배추로 김장을 _____ .

(3) 비빔밥은 외국인들이 좋아하는 대표적인 _____ 중 하나다.

(4) 한국인은 이웃과 도우며 함께하는 _____ 의식을 중시한다.

(5) 한국의 정원은 건축물과 자연이 _____ 하나가 된 모습을 보여준다.

(6) 주 5일 근무제가 확대되면서 _____ 을/를 즐기려는 시민이 늘고 있다.

| 정답 |

(1) 관람하면서(관람하다)	(2) 담갔다(담그다)	(3) 한식
(4) 공동체	(5) 어우러져(어우러지다)	(6) 문화생활

TOPIK II 읽기

※ [25~27] 다음 신문 기사의 제목을 가장 잘 설명한 것을 고르십시오. (각 2점)

25. 파리 올림픽에 간 식품 회사 A, 세계에 한식 알릴 것

① 세계 식품 회사들이 파리 올림픽에 출전하여 경기를 뛴다.
② 식품 회사 A가 파리 올림픽에 가서 한국 식당을 운영한다.
③ 세계 제일의 식품 회사 A가 파리 올림픽에서 한식을 전시한다.
④ 식품 회사 A가 파리 올림픽에서 사람들에게 한국 음식을 홍보한다.

26. 부산 전시관, 세계 최대 '미디어 아트' 선보여

① 부산에서 만든 '미디어 아트'가 세계로 수출된다.
② 부산 전시관에서 미디어로 작품을 홍보하고 있다.
③ 세계에서 가장 큰 '미디어 아트'가 부산 전시관에 전시된다.
④ '미디어 아트' 작품을 볼 수 있는 전시관이 부산에 생길 예정이다.

27. 잘나가는 K 콘텐츠, 국경 넘어 유럽으로

① 유럽의 기술을 배워 K 콘텐츠가 유명해졌다.
② 국경에서 K 콘텐츠를 즐기는 사람들이 많다.
③ K 콘텐츠의 인기 덕분에 한국의 이미지가 좋아졌다.
④ K 콘텐츠가 유명해져서 유럽 시장까지 뻗어 가고 있다.

※ [28~31] (　　) 에 들어갈 말로 가장 알맞은 것을 고르십시오. (각 2점)

28.　한강은 한반도 중부를 흐르는 매우 넓은 강으로, 파리의 센강이나 런던의 템스강처럼 서울 도심을 지나간다. 한국의 급속한 경제성장을 이르는 '한강의 기적'이라는 말이 이 강에서 유래했다. 한강 주변은 사람들의 휴식 공간으로, 강변을 따라 산책이나 운동을 할 수 있고 강 옆에는 잔디밭이 있어서 (　　　　　　　　　　) 있다. 주말에는 서울시에서 시민들을 위해 한강 공원에 야외 도서관을 개장하기도 한다. 이처럼 다양한 이벤트로 한강을 찾는 사람들이 더 많아지고 있다.

① 시민들과 함께 일을 할 수
② 버스나 지하철을 쉽게 탈 수
③ 서점이나 카페에 빨리 갈 수
④ 소풍을 즐기는 사람들을 볼 수

29.　창덕궁은 한국을 대표하는 문화재로 유네스코에서 세계문화유산으로 선정하였다. 창덕궁은 지형에 따라 건물을 배치하여 다른 궁궐에 비해 그 배치가 자유롭다. 이곳은 언덕과 계곡 등 자연 경관을 해치지 않고 그대로 보존하면서 자연과 어우러지게 지어진 것으로 유명하다. 그래서 사람들은 창덕궁을 보면 (　　　　　　　　) 감탄하게 된다.

① 유명한 궁궐을 본다는 생각에
② 인공적으로 만든 거대한 궁궐에
③ 자연과 조화로운 궁궐의 아름다움에
④ 과거에도 빠르게 발전한 과학 기술에

※ [28~31] (   )에 들어갈 말로 가장 알맞은 것을 고르십시오. (각 2점)

30.   한국에는 방바닥에 앉아 TV를 보거나 차를 마시는 좌식 문화가 있다. 이것은 한국의 전통적 난방 장치인 온돌로 인해 생긴 문화이다. 온돌로 난방하는 방법은 먼저 아궁이에 불을 때고 그 열기로 방 바닥 아래에 놓인 구들장을 덥히는 것이다. 그러면 (   ) 방 전체에 전달되면서 방이 따뜻해진다. 한번 데워진 구들장은 따뜻한 열기를 오랫동안 간직하기 때문에 장시간 방 안의 따뜻함을 유지할 수 있다.

① 데워진 구들장의 열기가
② 외부에서 들어온 열기가
③ 아궁이에서 전달된 열기가
④ 난방 장치를 통과한 열기가

31.   팬클럽은 누군가를 좋아하는 사람인 팬의 모임을 뜻한다. 팬클럽에는 보통 가수나 배우와 같은 스타 연예인의 팬이 모인 경우가 많다. 이들은 스타를 만나기 위해 스타의 집 앞에서 밤을 새우며 기다리거나 행사가 있는 곳마다 따라다니기도 한다. 이처럼 팬클럽 회원들은 다양한 방법으로 스타에 대한 사랑을 표현한다. 그러나 이들은 (   ) 사회 문제로 떠오르기도 한다.

① 행사장의 다른 직원들을 방해해서
② 스타를 위해 집이나 차를 선물해서
③ 스타에게 지나친 관심과 애정을 쏟아서
④ 다른 사람들에게 팬클럽 가입을 권해서

32.   한국에는 계절에 따라 다양한 체험을 즐길 수 있는 축제가 많다. 봄에는 벚꽃 축제가 열려서 벚꽃을 배경으로 사진을 찍으며 영화 속의 주인공이 된 것 같은 환상에 빠질 수 있다. 여름에는 머드 축제가 있어서 갯벌의 진흙을 체험하며 얼굴과 몸에 직접 발라 볼 수도 있다. 가을에는 단풍 축제가 열리는데 선선한 바람을 쐬면서 산을 알록달록 물들이는 단풍을 구경할 수 있다. 그리고 겨울에는 눈꽃 축제가 열려 얼음 조각을 보거나 눈사람을 만들 수 있다.

① 머드 축제는 겨울에 갯벌 근처에서 열린다.
② 단풍 축제는 가을에 산에서 즐길 수 있는 축제이다.
③ 눈꽃 축제에서는 벚꽃과 얼음 조각을 구경할 수 있다.
④ 봄에는 벚꽃 길에서 영화 주인공을 볼 수 있는 축제가 있다.

33.   주 5일 근무의 영향으로 다양한 문화생활을 즐기려는 사람들이 늘어나고 있다. 바쁜 일상에 지친 현대인들이 영화 관람이나 전시회 관람과 같은 문화생활을 통해 삶의 활기를 얻기 때문이다. 이에 가온시에서는 시민들이 쉽게 문화를 접하고 즐길 수 있도록 새로운 문화 정책을 시행하기로 했다. 매달 마지막 주 수요일을 '문화가 있는 날'로 정해 관람료를 할인해 주거나 무료로 볼 수 있는 정책을 추진한다.

① 사람들은 회사 생활이 바쁘기 때문에 문화생활을 포기하고 있다.
② 가온시에서 시행하는 '문화가 있는 날'은 모든 관람료가 무료이다.
③ 가온시에서는 문화 정책을 시행하기 위해 시민들의 의견을 모았다.
④ 사람들의 여가 시간이 늘어나면서 문화생활에 관심이 많아지고 있다.

34.   한국에서는 추운 겨울을 대비하기 위해 김장을 한다. 김장은 온 가족이 겨울에 먹을 김치를 한꺼번에 담그는 것으로 한국의 전통문화 중 하나이다. 김장을 할 때는 많은 김치를 담가야 하기 때문에 가족이 모여 함께 담그거나 이웃끼리 도와가며 담근다. 그리고 김장이 끝난 후에는 담근 김치를 이웃과 나누어 먹으며 정을 느낀다. 이처럼 김장 문화에는 힘든 일을 함께 도와가며 해내는 한국인의 공동체 의식이 담겨 있다.

① 김장은 계절마다 다양한 김치를 담그는 것이다.
② 김장을 한 후에는 가족끼리 나누어 먹으며 정을 느낀다.
③ 김장은 힘들기 때문에 가족이나 이웃이 함께 모여 담근다.
④ 김장은 힘든 일을 스스로 견뎌 내는 한국인의 문화와 관련이 있다.

※ [35~38] 다음을 읽고 글의 주제로 가장 알맞은 것을 고르십시오. (각 2점)

35.　　　옛날부터 동양에는 사람이 태어난 해를 열두 가지 동물의 이름으로 부르는 '띠' 문화가 있다. '띠'를 통해 개인의 성격이나 운세를 예측하는 것이다. 그런데 나라마다 '띠'로 정한 동물이 조금씩 다르다. 한국에서는 '쥐, 소, 호랑이, 토끼, 용, 뱀, 말, 양, 원숭이, 닭, 개, 돼지'를 '띠'로 정한다. 그러나 일본에서는 '돼지' 대신 일본에서 흔히 접할 수 있는 '멧돼지'를 '띠'로 정하고 베트남에서는 '토끼' 대신 '고양이'를 '띠'로 정한다. 주변에서 흔히 볼 수 있는 동물로 '띠'를 정한 것이다.

① 한국, 일본, 베트남 등 동양에는 '띠' 문화가 있다.
② 일본에서는 '돼지'보다 '멧돼지'를 더 흔하게 볼 수 있다.
③ '띠'로 정한 동물은 각 나라의 환경에 따라 조금씩 달라진다.
④ '띠'는 사람이 태어난 해를 열두 동물의 이름으로 부르는 말이다.

36.　　　한국인은 '나의 집' 대신 '우리 집'이라고 말하고 '나의 가족' 대신 '우리 가족'이라고 말하는 것을 좋아한다. 이것은 한국이 전통적으로 농사를 중요하게 생각했던 것과 관련이 있다. 예로부터 한국인은 가족과 이웃이 서로 도와서 농사를 지었다. 그리고 힘든 농사일을 하면서 '나'보다 공동체를 더 중요하게 생각하는 의식이 생겨났다. '우리'라는 말 속에는 이런 한국인의 마음과 따뜻한 정이 담겨 있다.

① 한국인은 '나'보다 '우리'를 먼저 생각한다.
② 한국인은 예로부터 가족끼리 농사를 지으며 살았다.
③ 따뜻한 정을 느끼기 위해서는 '우리'라는 말을 사용해야 한다.
④ '우리'라는 말에는 한국인의 사고와 공동체 의식이 포함되어 있다.

※ [35~38] 다음을 읽고 글의 주제로 가장 알맞은 것을 고르십시오. (각 2점)

37.   한국 회사에는 한 달에 한두 번 정도 회사 동료들이 모여 밥을 먹거나 술을 마시며 친목을 다지는 회식 문화가 있다. 예전의 회사원들은 회식에 참석하는 것이 당연하다고 생각했다. 그러나 요즘 젊은 회사원들은 퇴근한 이후에는 회사에 얽매이지 않고 개인이 자유롭게 시간을 보내야 한다고 생각한다. 이런 시대의 변화에 따라 회식 문화도 참석을 강요하기보다는 개인의 의견을 존중하는 방향으로 변화하고 있다.

① 시대의 변화에 맞춰 회식 문화도 변화하고 있다.
② 회사에서는 서로 간의 친목을 위해 회식을 한다.
③ 퇴근 후의 시간은 개인 시간이라는 인식이 중요하다.
④ 젊은이들은 회식에 참석하는 것을 회사 일이라고 생각한다.

38.   기존의 방송은 방송사가 직접 프로그램을 제작해서 내보내는 것을 의미했다. 그런데 최근에는 인터넷의 발달로 프로그램의 제작과 유통이 편리해지면서 1인 방송이 늘고 있다. 이런 방송은 제작과 유통 과정에서 비용이 거의 들지 않을 뿐만 아니라 단기간에 프로그램을 제작할 수 있기 때문에 쉽게 만들 수 있다. 또한 실시간으로 시청자들과 소통할 수 있는 장점 때문에 그 영향력이 점점 커지고 있다.

① 기존 방송사에서 비용 절약을 위해 1인 방송을 제작한다.
② 단기간에 프로그램을 제작할 수 있어 1인 방송 제작자가 많다.
③ 시청자 수를 늘리기 위해 1인 방송에서는 실시간으로 소통한다.
④ 인터넷 발달로 1인 방송이 증가하면서 영향력이 확대되고 있다.

대학 읽기

● 대학 교재를 읽어 보세요.

문화의 정의

(1)　문화는 대중문화, 귀족 문화, 전통문화, 현대 문화 등 우리 주변에서 자주 접하며 사용하는 말이다. 하지만 문화가 무엇이냐는 질문에 명확한 정의를 내리기는 쉽지 않다. 문화의 정의는 크게 좁은 의미의 문화와 넓은 의미의 문화로 나누어 설명할 수 있다.

☞ 여러분은 '문화'라고 하면 무엇이 생각납니까?

(2)　좁은 의미의 문화는 사람들의 위대한 업적이나 성취를 뜻한다. 즉 미술, 음악, 예술, 문화유산 등에서 뛰어난 업적을 보이거나 수준 높은 가치를 갖는 성취 문화를 문화로 보는 관점이다. 그러나 이러한 관점은 현대 사회의 산물인 대중문화, 민중 문화를 문화에서 배제한다는 비판을 받는다.

☞ 미술, 음악, 예술 등에서 뛰어난 업적을 보이거나 수준 높은 가치를 갖는 문화를 무엇이라고 합니까?
□□ □□

(3)　넓은 의미의 문화는 사람들의 모든 생활 양식의 총체를 뜻한다. 이는 성취 문화뿐만 아니라 일상생활 문화나 관념 문화까지도 포함하는 개념이다. 일상생활 문화는 의식주 생활, 세시 풍속, 의례 등 일상생활에 관련된 문화다. 관념 문화는 사람들의 가치관이나 태도, 사고방식 등 정신세계까지 포함하는 개념이다.

☞ 넓은 의미의 문화에 해당하는 것 3가지는 무엇입니까?

(4)　이처럼 문화를 어떻게 정의하느냐에 따라 그 범위가 정해진다. 요즘은 사람들의 모든 생활 양식 총체를 문화로 정의하는 경향이 있다. 이는 가장 일상적인 것이 그 나라를 나타내는 가장 문화적인 것이 될 수 있다는 생각이 반영된 것이다.

☞ 문화를 정의하는 문장을 찾아 밑줄을 그어 보세요.

⌒ 교재 내용을 읽고 맞으면 O, 틀리면 X 하세요.

(1) 문화의 정의는 좁은 의미의 문화와 넓은 의미의 문화로 나눌 수 있다.

(2) 좁은 의미의 문화는 대중문화나 민중 문화의 개념을 포함한다.

(3) 일상생활 문화는 사람들의 가치관이나 태도, 사고방식 등을 포함한다.

(4) 요즘은 사람들의 모든 생활 양식의 총체를 문화라 인식한다.

| 정답 |

| (1) O | (2) X | (3) X | (4) O |

| 해설 |

(1) 요즘은 사람들의 모든 생활 양식의 총체를 문화의 정의로 받아들이고 있다.
(2) 좁은 의미의 문화는 대중문화, 민중 문화를 문화에서 배제한다.
(3) 사람들의 가치관이나 태도, 사고방식 등 정신세계까지 포함하는 개념은 관념 문화이다.
(4) 문화의 정의는 크게 좁은 의미의 문화와 넓은 의미의 문화로 나누어 설명한다.

⬤ 다음 글의 ㉠과 ㉡에 알맞은 말을 각각 쓰시오.

〈TOPIK II 쓰기 52번 모의고사〉

　연구자들은 다문화 사회를 한 국가 내에서 다양한 인종이나 민족의 문화가 함께 존재하며 상호 작용하는 (　㉠　). 한국은 오랫동안 단일 민족 국가였다. 하지만 최근에는 국제 교류가 증가하면서 여러 민족이 모여 공동체를 이루며 살아가는 다문화 사회로 변화하고 있다. 특히, 국제결혼으로 인한 다문화 가정이 점차 (　㉡　).

㉠	
㉡	

| 정답 |

(1) 사회라고 말한다/정의한다　　　　　　　　(2) 늘어나고 있다/증가하고 있다

| 해설 |

(1) **어휘:** 정의하다
　문법: N은/는 N을/를 N(이)라고 말하다/정의하다
　대응: 연구자들은 다문화 사회를 한 국가 내에서 다양한 인종이나 민족의 문화가 함께 존재하며 상호 작용하는 (　㉠　).
(2) **어휘:** 늘어나다/증가하다
　문법: -고 있다.
　대응: 특히, 국제결혼으로 인한 다문화 가정이 점차 (　㉡　).

MEMO

part 4

자연과학 분야

✏️ 어휘 학습

NO.	단어	뜻(영어)	뜻(모국어)
1	기상	weather	
2	대기	atmosphere	
3	미생물	microorganism	
4	미세 먼지	fine dust	
5	바이러스	virus	
6	배출하다	emit	
7	보호하다	protect	
8	생물	living thing	
9	석탄	coal	
10	석유	oil	
11	섭취하다	ingest	
12	실천하다	practice	
13	세균	bacteria	
14	습지	wetland	
15	알레르기	allergy	
16	연료	fuel	
17	영양소	nutrient	
18	예방하다	prevent	
19	오염	pollution	
20	위협하다	threat	
21	유전자	gene	
22	이변	somthing unusual	
23	재활용하다	recycle	
24	적응하다	adapt	
25	조절하다	control	
26	지구 온난화	global warming	
27	파괴하다	destroy	
28	폭염	heat wave	
29	협약	convention	
30	환경	environment	

● 보기 에서 알맞은 것을 골라 문장을 완성해 보세요. 단, 보기 의 단어는 한 번만 사용할 수 있습니다.

보기

| 미세 먼지 | 바이러스 | 실천하다 | 유전자 | 재활용하다 | 지구 온난화 |

(1) ＿＿＿＿＿＿＿ 에는 생물체의 모든 유전 정보가 담겨 있다.

(2) 동물로부터 전파된 ＿＿＿＿＿＿＿ 이/가 인간의 생존을 위협하고 있다.

(3) 쓰레기를 분리 배출하면 유리나 캔 같은 쓰레기를 ＿＿＿＿＿＿＿ 수 있다.

(4) ＿＿＿＿＿＿＿ 때문에 폭염, 폭우, 가뭄과 같은 기상 이변이 발생하고 있다.

(5) 환경 보호를 위해서는 주변에서 할 수 있는 작은 일부터 ＿＿＿＿＿＿＿ 한다.

(6) ＿＿＿＿＿＿＿ (으)로 인해 대기 오염이 심각해지고 있다.

| 정답 |

| (1) 유전자 | (2) 바이러스 | (3) 재활용할(재활용하다) |
| (4) 지구 온난화 | (5) 실천해야(실천하다) | (6) 미세 먼지 |

※ [25~27] 다음 신문 기사의 제목을 가장 잘 설명한 것을 고르십시오. (각 2점)

25.　　붙이는 비만 약, 꿈의 치료제로 떠올라

　　① 붙이는 비만 약의 치료 효과는 아직 확인되지 않았다.
　　② 사람들은 붙이는 비만 약의 치료 효과를 의심하고 있다.
　　③ 사람들은 치료 효과가 큰 비만 약의 개발을 바라고 있다.
　　④ 붙이는 비만 약의 치료 효과에 대해 사람들의 기대가 크다.

26.　　가온시 일회용 쓰레기로 '몸살', 환경 규제는 제자리걸음

　　① 환경 규제에 변화가 없어 쓰레기 문제가 더 심각해지고 있다.
　　② 쓰레기 문제를 해결하기 위한 환경 규제가 충분히 시행되고 있다.
　　③ 다양한 환경 규제를 실시하더라도 쓰레기 문제는 해결하기 어렵다.
　　④ 쓰레기 문제가 심각한데도 충분한 환경 규제가 이루어지지 않고 있다.

27.　　주말에도 최대 150mm 곳곳 '물 폭탄', 잠깐 그치면 '폭염'

　　① 주말에 장맛비와 함께 무더위도 잠깐 멈출 것이다.
　　② 주말 전에 장맛비가 그치면서 심한 무더위가 시작될 것이다.
　　③ 주말에 많은 장맛비가 내리고 잠깐씩 폭염도 나타날 것이다.
　　④ 주말에 많은 장맛비가 내리면서 심한 무더위가 사라질 것이다.

※ [28~31] (   )에 들어갈 말로 가장 알맞은 것을 고르십시오. (각 2점)

28.   나트륨 섭취가 지나치면 우리 몸속의 수분이 배출되지 않아 몸이 붓게 된다. 이럴 때는 호박이나 바나나와 같은 칼륨이 풍부한 과일이나 채소를 먹는 것이 좋다. 칼륨이 몸속 나트륨의 배출을 돕기 때문이다. 나트륨의 배출이 활발해지면 자연스럽게 불필요한 (   ) 몸의 부기가 빠지게 된다.

① 음식 에너지가 흡수되어
② 칼륨의 배출도 활발해져
③ 나트륨도 몸속에 증가해서
④ 수분도 몸 밖으로 빠져나가

29.   최근 음식 배달과 포장이 늘어나면서 일회용품의 사용량도 증가하고 있다. 일회용품의 사용으로 늘어난 쓰레기는 환경을 오염시키는 주요 원인이 된다. 또한 일회용품을 생산하는 데에는 많은 자원이 사용되지만 이를 재활용할 수 없다는 점에서 자원을 낭비하는 요인이 되기도 한다. 그러므로 환경을 보호하고 (   ) 일회용품의 사용을 줄여야 한다.

① 자원을 절약하기 위해서
② 편리한 일상생활을 위해서
③ 쓰레기 분리배출을 위해서
④ 음식 배달을 활성화하기 위해서

30.　　생물체의 디엔에이 속에는 생물체의 모든 모양을 결정하는 유전 정보가 담겨 있다. 사람마다 외모가 다른 것은 (　　　　　　　　　) 유전 정보가 다르기 때문이다. 사람들은 양쪽 부모로부터 디엔에이를 절반씩 물려받아 부모와 비슷하면서도 다른 외모를 갖는다. 이런 디엔에이의 다양함은 사람들을 서로 구별할 수 있게 해 주고 사람들이 환경에 적응할 수 있도록 도와주는 역할을 한다.

① 디엔에이 속에 담긴
② 환경에 적응할 수 있는
③ 사람들을 구별할 수 있는
④ 부모가 물려주고 싶어 하는

31.　　습지란 갯벌이나 늪처럼 하천이나 연못 주변의 습한 땅을 말한다. 습지에는 미생물부터 포유류까지 다양한 생물들이 살고 있어 생물 다양성을 보존하는 데 중요한 역할을 한다. 그런데 세계 곳곳에서 갯벌과 늪을 간척하여 땅으로 만드는 일이 많아지면서 (　　　　　　　　　) 있다. 이에 전 세계는 '람사르 협약'을 맺어 습지를 보호하기 위해 노력하고 있다.

① 땅이 습지로 변하고
② 습지가 점점 사라지고
③ 갯벌과 늪이 넓어지고
④ 다양한 생물이 살아가고

32.   '플로깅'은 천천히 뛰면서 눈에 띄는 쓰레기를 줍는 환경 보호 운동이다. 이 운동에 참여하기 위해서는 뛰기 전에 쓰레기봉투와 장갑을 챙겨야 한다. 그리고 목적지까지 달리면서 눈에 보이는 쓰레기를 줍고, 목적지에 도착하면 쓰레기를 분리해서 버리면 된다. 꼭 뛰지 않더라도 걷기 운동이나 산책을 할 때 쓰레기를 줍는 것도 좋은 방법이다.

① 플로깅은 쓰레기 분리수거를 홍보하는 운동이다.
② 플로깅을 시작하기 전에 따로 준비해야 할 물건은 없다.
③ 플로깅을 하면서 주운 쓰레기는 도착지에서 버리면 된다.
④ 플로깅은 달리기를 할 때만 참여할 수 있도록 정해져 있다.

33.   '구강 알레르기 증후군'은 꽃가루 알레르기를 가진 사람이 생과일을 먹었을 때 알레르기 반응을 일으키는 현상을 말한다. 이는 꽃가루와 특정 과일의 단백질 구조가 비슷해서 우리 몸이 구별하지 못하기 때문에 생기는 것이다. 주로 입 주변에 가려움이나 부종 등의 가벼운 증상이 나타나지만 심하면 구토와 복통 등의 전신 반응이 나타나기도 한다. 과일에 열을 가하면 알레르기 단백질이 파괴되므로 증상이 가벼운 사람은 생과일 대신 익힌 과일을 먹는 것이 좋다.

① 꽃가루는 모든 과일과 단백질 구조가 동일하다.
② 꽃가루 알레르기를 가진 사람은 과일을 먹을 수 없다.
③ 구강 알레르기 증후군은 전신 반응을 동반하지 않는다.
④ 구강 알레르기 증후군은 주로 입 주위에 증세가 나타난다.

34.   바이러스는 세균처럼 감염병을 일으키면서도 세균과 달리 혼자서는 살 수 없는 물질이다. 몸이 단백질 껍질과 그 안의 유전 물질로만 이루어져 있기 때문이다. 그래서 바이러스는 항상 살아 있는 생물의 숙주 세포에 붙어서 살아간다. 바이러스는 자신의 유전 물질을 숙주 세포 안에 넣어서 자신과 같은 바이러스를 만들어 내는데 이 과정에서 숙주 세포를 손상시키거나 파괴하면 질병이 발생한다.

① 바이러스는 세균과 달리 감염병을 유발하지 않는다.
② 바이러스는 살아 있는 생물에 붙어서 함께 생활한다.
③ 바이러스는 숙주 세포와 같은 바이러스를 만들어 낸다.
④ 바이러스가 숙주 세포를 손상시키거나 파괴하지는 않는다.

35.　　　지역 농산물은 약 50km 이내의 지역에서 생산된 농산물을 말한다. 가까운 지역에서 생산된 농산물을 이용하면 환경을 보호하고 건강을 지킬 수 있다. 먼 지역에서 생산된 농산물은 운반 과정에서 많은 연료를 사용하기 때문에 환경에 나쁜 영향을 미친다. 또한 운반하는 동안 신선한 상태를 유지하기 위해 방부제나 살충제와 같은 화학 약품을 사용하기 때문에 건강에도 좋지 않다.

① 지역 농산물을 먼 지역으로 운반해서는 안 된다.
② 농산물을 운반할 때 화학 약품을 사용해서는 안 된다.
③ 지역 농산물을 이용하면 환경과 건강에 모두 좋은 영향을 준다.
④ 농산물을 먼 지역으로 운반하는 것은 환경에 나쁜 영향을 미친다.

36.　　　우리의 몸을 만들고 움직이는 데 필요한 요소를 영양소라고 하며, 여기에는 탄수화물, 단백질, 지방, 무기질, 비타민, 물 등이 있다. 이 영양소들은 에너지를 발생시키고 우리 몸을 구성하며 몸의 기능을 조절하는 역할을 한다. 그런데 이 영양소들은 우리 몸속에서 만들어지지 않고 음식을 통해 섭취해야 한다. 전문가들은 영양소를 골고루 섭취하기 위해 편식을 하지 않는 것이 중요하다고 말한다.

① 음식을 많이 먹으면 영양소가 골고루 생산될 수 있다.
② 에너지를 발생시키는 영양소를 가장 많이 섭취해야 한다.
③ 영양이 가득 든 한 가지 음식을 많이 먹을수록 건강에 좋다.
④ 건강을 위해서는 여러 종류의 음식을 골고루 섭취해야 한다.

※ [35~38] 다음을 읽고 글의 주제로 가장 알맞은 것을 고르십시오. (각 2점)

37. 유전자 검사란 건강 문제를 일으킬 수 있는 유전자의 이상을 찾아내는 검사이다. 유전자 정보를 알면 질병을 예방할 수 있을 뿐만 아니라 개인의 특성에 맞는 적절한 치료법을 선택할 수 있다. 또한 비만 확률이나 알코올 분해 효소 유무 등 일상생활과 관련된 건강 정보도 알 수 있다. 이런 이유로 전문가들은 질병의 예방이나 치료뿐만 아니라 일상적인 건강 확인을 위해서 유전자 정보를 적극적으로 활용하는 것이 좋다고 한다.

① 일상생활을 유지하기 위해서 유전자 검사를 받는 게 좋다.
② 유전자 검사는 전반적으로 건강을 관리하는 데 도움을 준다.
③ 자신의 유전자 정보를 정확하게 파악하기 위해 노력해야 한다.
④ 비만과 알코올 중독 치료를 위해서 유전자 정보를 활용해야 한다.

38. 최근 대기 오염 때문에 외출하거나 야외 활동을 할 때 불편한 날이 많다. 대기 오염 물질은 에너지를 얻기 위해 석탄이나 석유 같은 화석 연료를 태우는 과정에서 가장 많이 발생하는데 한 번 배출되고 나면 제거하기 어렵다. 전문가들은 에너지를 절약하여 오염 물질의 배출을 최소화하는 것이 중요하다고 말한다. 예를 들어 가까운 거리는 걷거나 자전거를 이용하고 적정한 냉방과 난방 온도를 유지하는 등의 노력이 필요하다.

① 대기 오염을 막기 위해 화석 연료 사용을 전면 금지해야 한다.
② 대기 오염을 줄이기 위해 오염 물질 제거 장치를 개발해야 한다.
③ 대기 오염 물질의 배출을 줄이기 위해 에너지 절약을 실천해야 한다.
④ 대기 오염이 심한 날에는 외출이나 야외 활동을 할 때 조심해야 한다.

대학 읽기

● 대학 교재를 읽어 보세요.

기후 변화

(1)　기후 변화란 오랜 기간에 걸쳐 평균적인 날씨의 상태가 변화하는 것을 말한다. 이런 변화는 화산 분화나 태양 활동의 변화 등과 같은 자연적인 요인과 화석 연료의 지나친 사용으로 인한 온실가스의 증가, 도시화로 인한 대규모 산림 파괴 등과 같은 인위적인 요인으로 인해 발생한다.

☞ 기후 변화는
□□□□ 요인과
□□□□ 요인으로
발생한다.

(2)　최근에는 지난 30년 이상 본 적 없는 급격한 기후 변화가 발생하고 있다. 이러한 변화는 산업화 이후 석유, 석탄과 같은 화석 연료의 사용량이 증가하면서 온실 가스가 필요 이상으로 배출되어 지구의 온도가 지나치게 높아졌기 때문이다.

☞ 최근에 나타난 급격한 기후 변화의 원인은 무엇입니까?

(3)　지구 온난화가 점점 심해지면서 전 세계에는 폭염, 폭우, 가뭄, 홍수 등의 다양한 기상 이변이 나타나고 있다. 이로 인해 인간이 심각한 피해를 입은 것은 물론이고 생태계 역시 파괴되어 생물 다양성이 감소하고 있다.

☞ 자신이 직·간접적으로 경험한 기상 이변을 말해 봅시다.

(4)　이에 유엔(UN)에서는 온실 가스의 배출을 제한하기 위해 '기후 변화에 관한 유엔 기본 협약'을 추진했다. 현재는 약 200여 개국이 이 협약에 가입하여 기후 변화를 막기 위해 협력하고 있다. 우리도 기후 변화의 심각성을 인식하고 기후 변화를 막기 위해 적극적으로 노력해야 한다.

☞ 기후 변화를 막기 위해 우리가 실천할 수 있는 일은 무엇이 있습니까?

🔵 교재 내용을 읽고 맞으면 O, 틀리면 X 하세요.

(1) 기후 변화란 단기간에 진행되는 급격한 날씨 변화를 말한다.

(2) 최근에 보이는 급격한 기후 변화의 주된 원인은 자연적인 요인에 있다.

(3) 지구 온난화가 심해지면서 다양한 기상 이변이 발생하고 있다.

(4) 여러 나라가 협력하여 기후 변화를 막기 위한 노력을 기울이고 있다.

| 정답 |

(1) X	(2) X	(3) O	(4) O

| 해설 |

(1) 기후 변화란 오랜 기간에 걸쳐 평균적인 날씨의 상태가 변화하는 것을 말한다.
(2) 최근의 기후 변화는 자연적인 요인보다 인위적인 요인으로 인해 나타난 것이다.
(3) 지구 온난화로 인해 폭염, 폭우, 가뭄, 홍수와 같은 다양한 기상 이변이 발생하고 있다.
(4) 세계는 '기후 변화에 관한 유엔 기본 협약'을 맺고 기후 변화를 막기 위해 협력하고 있다.

▲ 다음 글의 ㉠과 ㉡에 알맞은 말을 각각 쓰시오.

〈60회 기출 TOPIK II 쓰기 52번〉

사람들은 음악 치료를 할 때 환자에게 주로 밝은 분위기의 음악을 (㉠   ). 치료 초기에는 환자가 편안한 감정을 느끼는 것이 중요하다. 그래서 환자의 심리 상태와 비슷한 분위기의 음악을 들려준다. 그 이후에는 환자에게 다양한 분위기의 음악을 들려줌으로써 환자가 다양한 감정을 (㉡   ).

㉠	
㉡	

| 정답 |

(1) 들려주는 것은 아니다/사용하는 것은 아니다   (2) 느끼도록 한다/느끼게 한다

| 해설 |

(1) 어휘: 들려주다/사용하다
　　 문법: -(으)ㄴ/는 것은 아니다
　　 대응: 환자에게 밝은 분위기의 음악을 (　㉠　).
(2) 어휘: 느끼다
　　 문법: -도록 하다/-게 하다
　　 대응: 환자가 다양한 감정을 (　㉡　).

MEMO

part 4

자연과학 분야

✏️ 어휘 학습

📑 어휘 목록

NO.	단어	뜻(영어)	뜻(모국어)
1	가상	imagination	
2	개발	exploitation	
3	개인	person	
4	검색하다	search	
5	검역	quarantine	
6	격차	gap	
7	공급	supply	
8	광합성	photosynthesis	
9	기술	technology	
10	멸종	extinction	
11	부작용	side effect	
12	분석하다	analyze	
13	분해하다	decomposition	
14	비대면	Non-face-to-face	
15	빅 데이터	big data	
16	생명체	living organism	
17	생존하다	survive	
18	생태계	ecosystem	
19	소외감	sense of alienation	
20	식물	plant	
21	씨앗	seed	
22	야생	wildness	
23	역량	capability	
24	영양분	nourishment	
25	위기	crisis	
26	인공 지능	artificial intelligence(AI)	
27	정교하다	elaborate	
28	중독	addiction	
29	활용하다	use	
30	흡수하다	absorb	

어휘 퀴즈

🔺 보기 에서 알맞은 것을 골라 문장을 완성해 보세요. 단, 보기 의 단어는 한 번만 사용할 수 있습니다.

보기					
식물	기술	영양분	생존하다	검색하다	정교하다

(1) 디지털 _____ 이/가 빠르게 발전하고 있다.

(2) 햇빛은 _____ 의 성장에 직접적인 영향을 끼친다.

(3) 비가 많이 내리는 곳의 흙은 _____ 이/가 부족할 수 있다.

(4) 인터넷으로 _____ 자료를 파일 형태로 내려받아서 저장했다.

(5) 인공 지능이 그린 그림이 대회에서 대상을 받을 만큼 _____ .

(6) 동물마다 다양한 위협으로부터 _____ 위한 나름의 전략이 있다.

| 정답 |

(1) 기술	(2) 식물	(3) 영양분
(4) 검색한(검색하다)	(5) 정교해졌다(정교하다)	(6) 생존하기(생존하다)

※ [25~27] 다음 신문 기사의 제목을 가장 잘 설명한 것을 고르십시오. (각 2점)

25.
남부 지방 비 '오락가락', 내일까지 이어져

① 남부 지방은 비가 그쳤다가 내일 다시 내릴 것이다.
② 남부 지방은 내일까지 쉬지 않고 비가 내릴 것이다.
③ 남부 지방은 내일 아침부터 저녁까지 비가 내릴 것이다.
④ 남부 지방은 내일까지 비가 내렸다 그쳤다 반복할 것이다.

26.
평년보다 포근한 날씨, 봄꽃 개화 앞당겨

① 예년에 비해 기온이 높아서 봄꽃이 피는 시기가 빨라졌다.
② 작년에 비해 기온이 낮아서 봄꽃이 피는 시기가 늦춰졌다.
③ 예년에 비해 기온이 낮아서 봄꽃이 피어 있는 기간이 줄었다.
④ 작년에 비해 기온이 높아서 봄꽃이 피어 있는 기간이 늘었다.

27.
황금연휴, 디지털 교육 박람회 관람객 넘쳐

① 계속되는 연휴 동안 박람회를 찾는 사람들이 매우 많았다.
② 연휴 기간에 박람회 관람객이 너무 많아 운영이 어려웠다.
③ 짧은 연휴로 박람회를 즐기러 온 관람객이 한꺼번에 몰렸다.
④ 연휴를 앞두고 관람객을 끌기 위해 다양한 홍보가 진행됐다.

※ [28~31] (   )에 들어갈 말로 가장 알맞은 것을 고르십시오. (각 2점)

28.   최근 빅 데이터를 분석해 활용하는 기업이 늘어나고 있다. 인터넷 검색 기록, 동영상 조회 기록, SNS에 올리는 글의 내용 등이 모두 데이터로 변하여 저장되는데 이것을 분석하면 (   ) 추측할 수 있다. 예를 들어 인터넷에서 물건을 검색하면 추천 상품이 나열되거나 유튜브에서 자주 본 영상과 비슷한 영상들이 관련 영상으로 뜬다. 이것은 모두 빅 데이터를 분석해서 그 사람이 찾는 것을 자동으로 보여주는 것이다.

① 최근 출시된 신제품까지
② 요즘 유행하는 영상까지
③ 사람의 취향과 생각까지
④ 빅 데이터 활용 기업까지

29.   인터넷에 기록되는 수많은 정보의 유통기한은 거의 무한대이다. 그러다 보니 원하지 않아도 개인 정보가 삭제되지 않고 남아 있는 경우가 많다. 그래서 인터넷에 있는 자신에 대한 (   ) 요청할 수 있는 권리가 생겼다. 2010년에 한 변호사가 어떤 사이트에서 자신과 관련된 과거 신문 기사를 보게 되었다고 한다. 그런데 지금과는 다른 정보였기 때문에 기사를 삭제해 달라고 요구했고 법원에서는 이를 받아들여 줬다고 한다.

① 개인 정보를 지워 달라고
② 개인 정보를 바꿔 달라고
③ 과거 자료를 추가해 달라고
④ 과거 자료를 홍보해 달라고

30.   사막에는 혹독한 환경을 견뎌 낼 수 있을 만한 구조를 가진 특별한 식물들이 자란다. 크게 건기에는 씨앗의 형태로 지내다가 비가 오면 재빨리 자라 꽃을 피우고 열매를 맺는 종과 평소 잎이나 줄기 등에 최대한 물을 저장해 두는 종으로 나뉜다. 사막 식물을 대표하는 선인장과 같은 다육 식물은 (   ) 발달했다. 줄기에도 물을 담을 수 있는 부분이 많아 비가 적게 올 때는 가늘어졌다가도 비가 오면 통통하게 부풀어 오른다.

① 빠르게 성장할 수 있도록
② 물을 많이 저장할 수 있도록
③ 꽃을 아름답게 피울 수 있도록
④ 열매를 다양하게 맺을 수 있도록

31.   물에 사는 식물 중에는 (   ) 뛰어난 것들이 있다. 물에 떠서 사는 식물인 '부레옥잠'도 그중 하나이다. 더러워진 저수지나 연못에는 질소나 인 등이 많은데 '부레옥잠'은 물속에 늘어뜨린 뿌리로 이런 물질들을 빨아들인다. 그래서 농약이나 중금속에 오염된 물이나 동물의 배설물 등으로 더러워진 물에 '부레옥잠'을 넣어 기르면 물이 깨끗해진다.

① 물 위를 떠다니는 능력이
② 뿌리를 곧게 내리는 능력이
③ 해로운 물질을 흡수하는 능력이
④ 더러운 물을 빨아들이는 능력이

※ [32~34] 다음을 읽고 글의 내용과 같은 것을 고르십시오. (각 2점)

32.   디지털 기술이 교육 현장에 도입되면서 미래 교실의 모습이 크게 변화할 것으로 보인다. 학생들은 인터넷과 미디어 기술을 활용해 필요한 정보를 검색하거나 먼 우주에 방문하는 등 가상 현실을 체험할 수 있을 것이다. 또한 교사 외에도 학습 도우미 로봇이 교실에서 각각의 학생에게 맞춤 학습을 지원할 가능성이 크다. 이뿐만 아니라 온라인 수업이 지금보다 활발하게 이루어져 꼭 필요한 경우에만 교실에서 수업이 이루어질지도 모른다.

① 미래 교실에서는 교사의 모습을 찾아보기 힘들 것이다.
② 미래 교실에서는 학습 로봇을 활용하는 기술을 배울 것이다.
③ 미래 교실에서는 수업의 형태가 비대면으로만 한정될 수 있다.
④ 미래 교실에서는 실제로 가기 어려운 곳도 실감 나게 체험할 수 있다.

33.   인공 지능 열풍과 함께 등장한 가상 인간은 기업 마케팅에 효과적으로 쓰일 것이라는 기대를 모았다. 그러나 실제로 이들을 향한 관심은 잠깐 반짝이고 말았다. 그 이유는 가상 인간이 아무리 정교해도 인간과 소통할 수 없기 때문이다. 가상 인간은 그들만의 이야기가 없고 이는 호감으로 연결되지 않는다. 인간을 움직이는 것은 결국 이야기와 그것의 원동력인 감성인 것이다.

① 가상 인간은 기업에 지속적인 홍보 효과를 가져왔다.
② 가상 인간은 인간과 모습이 달라 큰 관심을 끌지 못했다.
③ 가상 인간은 인간의 감성을 움직이지 못해 결국 실패했다.
④ 가상 인간은 자신만의 이야기를 통해 호감을 느끼게 했다.

34.   고래는 왜 바다를 옮겨 다닐까? 그 이유는 고래의 몸에서 찾을 수 있다. 물고기들은 바닷물의 온도가 바뀌면 자기 몸의 온도를 바꾸지만 고래는 사람처럼 몸의 온도가 늘 일정하다. 그래서 고래는 여름이 되면 더위를 피해 남극이나 북극 같은 시원한 곳을 찾아가고 추운 겨울이 되면 다시 따뜻한 바다로 옮겨 간다. 세계 곳곳에서 고래를 볼 수 있는 것은 바로 이런 이유 때문이다.

① 고래는 활동성이 강해 여러 바다를 옮겨 다닌다.
② 고래는 바닷물의 온도 변화에 자신의 몸을 맞춘다.
③ 고래는 물고기와 다르게 체온을 항상 비슷하게 유지한다.
④ 고래는 여름에 따뜻한 곳으로 가고 겨울에 시원한 곳으로 간다.

35.   스마트폰이나 노트북 등이 일상화되었지만 학교에서는 여전히 학생들의 디지털 기기 사용을 반가워하지 않는다. 그 이유는 학생 지도가 어렵고 디지털 중독 등의 부작용이 발생하기 때문이다. 그러나 디지털 기기를 활용하여 필요한 정보를 찾거나 다른 사람들과 생각을 공유하고 소통하는 것은 미래 인재에게 필수적인 능력이다. 이제 학교에서는 무조건 디지털 기기 사용을 반대할 것이 아니라 이것을 잘 활용할 방법을 찾아야 한다.

① 디지털 기기 사용의 부작용을 알고 이를 금지해야 한다.
② 디지털 기기 사용에 대한 부정적인 인식을 바꿔야 한다.
③ 미래 인재는 디지털 기기를 손쉽게 다룰 수 있어야 한다.
④ 미래 인재에게 필요한 역량을 적극적으로 찾아내야 한다.

36.   많은 사람이 기술의 발전으로 삶이 편해졌다고 한다. 그러나 장애인이나 고령자들에게는 다른 이야기이다. 이들은 일상생활 전반에 들어와 있는 IT 기계를 사용하지 못해 어려움을 겪고 소외감을 느낀다. 이러한 디지털 격차는 생활의 불편을 넘어 경제적, 사회적, 문화적 불평등으로 이어질 수도 있다. 즉 디지털 격차는 우리 사회가 해결해야 할 중요한 인권 문제로 정부의 재정적, 기술적 지원 등 적극적인 대처가 필요하다.

① 정부는 디지털 격차 문제를 해결하기 위해 발 벗고 나서야 한다.
② 정부는 디지털 격차 문제가 불평등이라는 인식을 개선해야 한다.
③ 정부는 기술 발전 속도를 늦춰 디지털 격차 문제를 해결해야 한다.
④ 정부는 장애인과 고령자의 인권 의식을 높이기 위해 노력해야 한다.

※ [35~38] 다음을 읽고 글의 주제로 가장 알맞은 것을 고르십시오. (각 2점)

37.   최근 가온산의 케이블카 개발 허가로 멸종 위기종인 반달가슴곰의 생존이 위기에 처했다. 만약 어떤 동물이 완전히 사라지게 되면 생태계의 불균형이 심해져 더욱 많은 야생 동물이 멸종하게 될 수도 있다. 건강한 생태계를 유지하기 위해서는 야생 동물의 보호가 절실하다. 우리는 주변의 다양한 생물들이 우리와 함께 살아가야 할 친구이자 인류 공동의 자산이라는 점을 기억해야 한다. 무분별한 개발에 대한 성찰이 필요한 때이다.

① 멸종 위기에 처한 동물과 친구처럼 가까이 지내야 한다.
② 야생 동물을 지키기 위해 케이블카 개발을 멈춰야 한다.
③ 다양한 생물 종을 기억해 인류의 발전에 기여해야 한다.
④ 반달가슴곰을 살려서 생태계를 건강하게 유지해야 한다.

38.   최근 파충류가 반려동물의 한자리를 차지하는 추세이다. 일부 파충류 애호가들은 희귀한 종이나 특정 품종의 파충류를 찾기 위해 해외에서 직접 구매하기도 한다. 그러나 파충류의 수입은 질병 전파 위험, 생태계 교란 등 여러 문제를 일으키고 있다. 그래서 정부에서는 파충류를 수입할 때 적절한 검역 절차를 거치도록 안내한다. 파충류가 매력적인 반려동물일 수 있지만 키우는 사람은 이에 대한 책임 있는 자세를 가져야 한다.

① 파충류로 인해 발생하는 각종 문제를 적극적으로 해결해야 한다.
② 대표적인 반려동물로서 파충류가 가진 매력을 널리 알려야 한다.
③ 해외에서 파충류를 들여올 때는 필요한 검역 절차를 밟아야 한다.
④ 희귀한 품종의 파충류는 문제를 일으키므로 구매를 금지해야 한다.

대학 읽기

대학 교재를 읽어 보세요.

식물의 광합성

(1) 식물이 살아가는 데 필요한 영양분을 얻기 위해서는 이산화탄소와 물, 빛 에너지가 필요하다. 빛 에너지를 이용해서 이산화탄소와 물로 포도당을 생성하는 과정을 광합성이라고 한다. 광합성은 빛 에너지를 화학 에너지로 바꾸는 역할을 하고 이 과정에서 식물뿐만 아니라 모든 생명체에게 필요한 에너지를 공급한다.

☞ 식물이 영양분을 얻기 위해 필요한 것은 무엇입니까?
①
②
③

(2) 광합성의 첫 단계에서는 식물의 잎에 있는 녹색 색소인 엽록소가 태양의 빛을 흡수한다. 이 빛 에너지는 물 분자를 분해하는 데 사용되고 이 과정에서 산소가 생성된다. 이 산소는 공기 중으로 방출되어 우리가 숨을 쉬는 데 필요한 산소를 제공한다.

☞ 식물의 잎에 있는 녹색 색소를 무엇이라고 합니까?
□□□

(3) 다음 단계에서는 분해된 물 분자와 이산화탄소가 반응하여 포도당을 생성한다. 이 포도당은 식물을 성장시키고 씨앗을 만드는 데 필요한 에너지원이다. 이렇게 식물은 광합성을 통해서 자신의 에너지를 만들고 성장하며 생존한다.

☞ 식물은 성장하기 위해 포도당이 필요합니다. 여러분에게는 어떠한 에너지원이 필요한지 이야기해 보세요.

(4) 이러한 광합성은 이산화탄소를 제거하고, 산소를 제공함으로써 지구를 깨끗하게 유지하는 데 도움을 준다. 이에 현재 기후 변화에 대응하기 위한 광합성 연구가 활발하게 이루어지고 있다. 앞으로 광합성은 지구 생태계의 건강과 지속 가능한 발전을 위한 필수적인 기술로 활용될 예정이다.

☞ 생태계의 지속 가능한 발전을 위해 우리가 할 수 있는 노력은 무엇일지 이야기해 보세요.

🌙 교재 내용을 읽고 맞으면 O, 틀리면 X 하세요.

(1) 광합성은 빛 에너지를 이용해서 이산화탄소와 물로 포도당을 만든다.

(2) 엽록소는 식물이 빛으로부터 에너지를 흡수할 수 있도록 돕는다.

(3) 포도당은 식물이 성장하고 생존하는 데 필수적인 에너지원이다.

(4) 광합성에 관한 연구 성과를 통해 지구 생태계는 건강을 되찾게 되었다.

| 정답 |

| (1) O | (2) O | (3) O | (4) X |

| 해설 |

(1) 빛을 이용해서 이산화탄소와 물로 포도당을 생성하는 과정을 광합성이라고 한다.
(2) 식물이 광합성을 할 때 식물의 잎에 있는 엽록소가 태양의 빛을 흡수한다.
(3) 포도당은 식물을 성장시키고 씨앗을 만드는 데 필요한 에너지원이다.
(4) 앞으로 광합성은 지구 생태계의 건강을 위한 필수적인 기술로 활용될 예정이다.

TOPIK II 쓰기 맛보기

다음 글의 ㉠과 ㉡에 알맞은 말을 각각 쓰시오.

〈83회 기출 TOPIK II 쓰기 52번〉

식물은 다양한 방법으로 자신을 보호한다. 덩굴성 야자나무는 빈 줄기를 개미에게 집으로 제공한다. 이 나무에 다른 동물이 다가오면 줄기 속에 있던 개미들은 밖으로 나온다. 이때 개미들의 움직임으로 소리가 생긴다. 이 소리는 동물을 깜짝 (㉠). 결국 놀란 동물은 나뭇잎을 먹지 못하고 달아나 버린다. 식물학자들은 이것이 바로 이 나무가 자신을 보호하는 (㉡).

㉠	
㉡	

| 정답 |

(1) 놀라게 한다   (2) 방법이라고 한다

| 해설 |

(1) 어휘: 놀라다
   문법: −게 하다
   대응: 이 소리는 동물을 깜짝 (㉠). 결국 놀란 동물은 달아나 버린다.

(2) 어휘: 방법이다
   문법: −(이)라고 하다
   대응: 식물학자들은 이것이 바로 이 나무가 자신을 보호하는 (㉡).

MEMO

part **5**

TOPIK II 읽기 모의고사

한국어능력시험
Test of Proficiency in Korean

TOPIK II

| 2교시 | 읽기 (Reading) |

수험번호(Registration No.)	
이름 (Name)	한국어(Korean)	
	영 어(English)	

유 의 사 항
Information

1. 시험 시작 지시가 있을 때까지 문제를 풀지 마십시오.
   Do not open the booklet until you are allowed to start.

2. 접수번호와 이름은 정확하게 적어 주십시오.
   Write your name and application number on the answer sheet.

3. 답안지를 구기거나 훼손하지 마십시오.
   Do not fold the answer sheet; keep it clean.

4. 답안지의 이름, 접수번호 및 정답의 기입은 컴퓨터용 펜을 사용하여 주십시오.
   Use the optical mark reader(OMR) pen only.

5. 정답은 답안지에 정확하게 표시하여 주십시오.
   Mark your answer accurately and clearly on the answer sheet.

   marking example   ① ● ③ ④

6. 문제를 읽을 때에는 소리가 나지 않도록 하십시오.
   Keep quiet while answering the questions.

7. 질문이 있을 때에는 손을 들고 감독관이 올 때까지 기다려 주십시오.
   When you have any questions, please raise your hand.

※ [1~2] ( )에 들어갈 말로 가장 알맞은 것을 고르십시오. (각 2점)

1. 동생은 ( ) 침대에 누웠다.

① 자거든 ② 자려고
③ 자느라고 ④ 자더라도

2. 버스를 놓쳐서 하마터면 회사에 ( ).

① 지각할 뻔했다 ② 지각하기로 했다
③ 지각할 리가 없다 ④ 지각한 적이 있다

※ [3~4] 밑줄 친 부분과 의미가 가장 비슷한 것을 고르십시오. (각 2점)

3. 음식이 <u>상하지 않도록</u> 남은 음식은 냉장고에 넣어야 한다.

① 상하려면 ② 상하지 않게
③ 상하기 위해 ④ 상하지 않는 동안

4. 처음에는 누구나 <u>실수하기 마련이다.</u>

① 실수해 버렸다 ② 실수할 것 같다
③ 실수하기 어렵다 ④ 실수하기 십상이다

※ [5~8] 다음은 무엇에 대한 글인지 고르십시오. (각 2점)

5.

**이제 향기 나는 제품으로
손과 발을 깨끗하게 씻으세요!**

① 양말　　　　② 비누　　　　③ 수건　　　　④ 치약

6.

**가장 아름다운 날, 추억을 남겨 보세요.
액자 구매 시 20% 할인!**

① 기차역　　　　② 백화점　　　　③ 대사관　　　　④ 사진관

7.

**나의 즐거움이 아래층에는 괴로움이 됩니다.
밤 8시 이후 실내 운동을 하지 마세요.**

① 건강 관리　　　　② 생활 안전　　　　③ 공공 예절　　　　④ 전기 절약

8.

• 어린이가 사용하기 안전한 제품입니다.
• 파손된 제품은 구매처에서 교환해 드립니다.

① 사용 순서　　　　② 이용 문의　　　　③ 상품 안내　　　　④ 주의 사항

※ [9~12] 다음 글 또는 그래프의 내용과 같은 것을 고르십시오. (각 2점)

9.

< 가온시 중앙 박물관 >

관람 시간	· 화요일~금요일 : 10:00~16:00 · 토요일, 일요일 : 10:00~19:00 · 휴관일: 매주 월요일
관람료	· 성인 : 3000원 (중학생 이상) · 어린이 : 무료 (중학교 입학 전 아동)

※ 중국어, 영어 안내 오디오 제공
※ 10명 이상 단체 관람 시 입장료 50% 할인

① 중학생은 50% 할인을 받을 수 있다.
② 박물관에서 일본어 안내를 제공한다.
③ 어린이는 관람료를 내지 않아도 된다.
④ 주말에는 오후 4시에 박물관 문을 닫는다.

10.

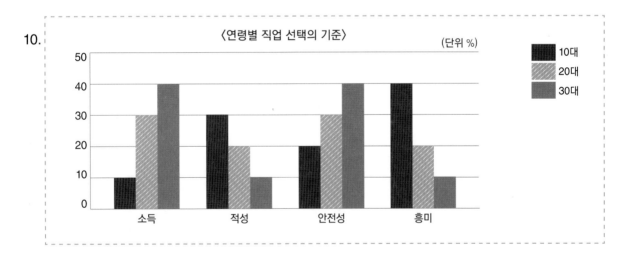

① 10대는 적성보다 안정성을 더 중요하게 생각한다.
② 소득보다 적성을 중요하게 생각하는 30대가 많다.
③ 흥미를 중요하게 생각하는 비율은 30대보다 10대가 높다.
④ 안정성이 중요하다고 생각하는 20대 응답자가 절반을 넘는다.

※ [9~12] 다음 글 또는 그래프의 내용과 같은 것을 고르십시오. (각 2점)

11.

> 가온 도서관에서 4월 23일부터 25일까지 책 축제를 개최한다. 올해 세 번째를 맞이하는 이 축제는 도서 기증 행사, 작가와의 만남 등 다양한 프로그램이 진행될 예정이다. 이 축제는 오전 9시부터 오후 5시까지 도서관 야외 주차장에서 진행되며, 일반 도서관 이용자들은 평소처럼 도서관 시설을 이용할 수 있다.

① 책 축제는 도서관 안에서 진행된다.
② 책 축제는 올해 처음으로 개최된다.
③ 책 축제에서 작가를 만나볼 수 있다.
④ 책 축제 기간에 도서관은 운영하지 않는다.

12.

> CCTV는 보안을 위해 설치된 카메라 시스템으로 많은 공공장소 안에 설치되어 있다. 이 시스템은 실시간으로 영상을 기록하고 감시할 수 있어 범죄를 예방하고 사건을 해결하는 데 큰 도움을 준다. 특히 교통 상황을 관리하고 사고를 조사하는 데도 중요한 역할을 한다.

① CCTV는 개인의 생활을 보호해 준다.
② CCTV로 교통사고를 조사할 수 있다.
③ 공공장소에서 CCTV 영상을 기록할 수 없다.
④ 범죄를 막기 위해 CCTV가 더 많이 필요하다.

※ [13~15] 다음을 순서에 맞게 배열한 것을 고르십시오. (각 2점)

13.
(가) 식물을 심기 전에 먼저 흙을 정리한다.

(나) 식물이 잘 자라기 위해서 흙에 수분이 있어야 한다.

(다) 정리된 흙 위에 씨앗을 뿌리고 흙으로 덮는다.

(라) 따라서 식물을 키울 때 꾸준히 물을 주는 것이 필요하다.

① (가)-(다)-(나)-(라)   ② (가)-(라)-(나)-(다)

③ (나)-(다)-(가)-(나)   ④ (나)-(가)-(라)-(다)

14.
(가) 그래서 영화를 보면서 잠이 들었다.

(나) 다음에는 집에서 드라마나 봐야겠다고 생각했다.

(다) 오랜만에 영화관에 영화를 보러 갔다.

(라) 생각보다 영화가 너무 재미없었고 배우들의 연기도 별로였다.

① (나)-(다)-(라)-(가)   ② (나)-(가)-(라)-(다)

③ (다)-(라)-(가)-(나)   ④ (다)-(가)-(나)-(라)

15.
(가) 그러나 눈 건강이 나빠질 수 있다는 단점도 있다.

(나) 전자책은 종이책에 비해 장점이 많다.

(다) 전자책은 디지털 기기에 여러 책을 보관할 수 있다.

(라) 또한 인터넷으로 책을 쉽게 구매할 수 있고 휴대도 편리하다.

① (나)-(다)-(라)-(가)   ② (나)-(가)-(라)-(다)

③ (다)-(가)-(라)-(나)   ④ (다)-(나)-(가)-(라)

※ [16~18] ( )에 들어갈 말로 가장 알맞은 것을 고르십시오. (각 2점)

16.
스트레스를 줄이기 위한 방법으로 요가나 명상이 인기를 끌고 있다. 이 운동들은 일상생활의 긴장을 완화하고 긍정적인 생활 태도를 갖는 데에 도움을 준다. 그러나 이 운동들은 하루 이틀 사이에 효과를 보기 힘들다. 따라서 ( ) 정신 건강이 좋아질 수 있다.

① 꾸준히 실천해야   ② 편안하게 쉬어야
③ 긴장을 많이 해야   ④ 평소처럼 생활해야

17.
서핑할 때는 반드시 서핑복을 입어야 한다. 서핑복은 서핑 시 생길 수 있는 상처를 방지하고 차가운 바닷물로부터 체온을 유지하는 데 중요한 역할을 하기 때문이다. 서핑복을 착용하지 않으면 ( ) 이는 심각한 건강 문제로 이어진다. 만약 저체온증에 걸리면 쇼크로 사망에 이를 수도 있으므로 서핑복을 반드시 착용해야 한다.

① 서핑이 편해질 수 있고   ② 피부가 빨개질 수 있고
③ 체온이 떨어질 수 있고   ④ 옷을 빨리 바꿀 수 없고

18.
아무리 쉬운 일이라도 여러 사람이 한다면 훨씬 쉽게 할 수 있다. 이것을 한국어 속담으로 '백지장도 맞들면 낫다'라고 한다. 백지장은 하얀색 종이 한 장, 한 장을 뜻한다. 백지장은 아주 가벼워서 혼자 드는 것도 쉽다. 하지만 이렇게 쉬운 일도 ( ) 더 쉬워진다. 이런 상황에서 사용할 수 있는 속담이 바로 '백지장도 맞들면 낫다'이다.

① 함께 마주 들면   ② 한 사람이 일하면
③ 종이를 들지 않으면   ④ 다른 종이를 선택하면

※ [19~20] 다음을 읽고 물음에 답하십시오. (각 2점)

더운 여름, 개미들은 끊임없이 움직이며 먹이를 찾는다. 개미들은 서로 협력하여 큰 먹이를 들고 함께 운반한다. 먹이를 운반하는 과정에서 여러 개미가 동시에 힘을 합쳐 먹이를 들어 올린다. 무거운 먹이를 들어 올리는 동안 지친 개미는 잠시 쉬고 다른 개미가 그 자리를 대신한다. (   ) 개미들의 협력은 먹이를 더 빠르고 효율적으로 운반하는 데 큰 도움이 된다.

19. (   )에 들어갈 알맞은 것을 고르십시오.

① 만약　　　　　② 비록　　　　　③ 이처럼　　　　　④ 게다가

20. 윗글의 주제로 가장 알맞은 것을 고르십시오.

① 개미들은 서로 도우면서 먹이를 운반한다.
② 개미들은 여름이 되면 날씨 정보를 알린다.
③ 개미들은 경쟁에서 이기기 위해 빨리 움직인다.
④ 개미들은 자신보다 무거운 먹이는 운반하지 않는다.

※ [21~22] 다음을 읽고 물음에 답하십시오. (각 2점)

지구 온난화를 예방하기 위하여 각 지자체에서 환경 보호에 (   ). 그중 가온 시에서는 숲의 중요성을 인식하며 도시 주변의 소나무 숲을 보존하는 프로젝트를 시작했다. 이 프로젝트는 시민들을 숲에 초대하여 나무 심기 활동을 함으로써 환경 보호에 대한 인식을 심어주고 있다. 그리고 숲을 지키기 위해 시민들 대상으로 정기적인 숲 청소 봉사활동을 진행하고 불법 캠핑 시설을 감시하는 활동도 함께 하고 있다. 이러한 노력의 결과로 가온시의 소나무 숲은 도심의 자연 공간 역할을 하고 있다.

21. (   )에 들어갈 알맞은 것을 고르십시오.

① 발 뻗고 잤다
② 발 벗고 나섰다
③ 얼굴이 뜨거워졌다
④ 얼굴이 반쪽이 됐다

22. 윗글의 내용과 같은 것을 고르십시오.

① 가온시 시민들은 소나무를 자기 집 정원에 심을 수 있다.
② 가온시는 깨끗한 소나무 숲을 위해 청소 직원을 채용했다.
③ 가온시는 숲에 캠핑장을 설치하여 시민들을 초대하고 있다.
④ 가온시의 프로젝트를 통해 시민들은 환경 보호 활동을 할 수 있다.

서랍장을 아무리 뒤져도 할머니의 시계가 보이지 않았다. 할머니께서 작년에 돌아가시기 전에 선물로 주신 시계라 소중히 간직해 왔다. 그런데 지난주에 이사하면서 시계가 사라져 버린 것이었다. 나는 이사한 집에 새로 들어온 서랍장을 모두 열어 봤지만, 시계는 보이지 않았다. 아버지께서는 나에게 찾는 것을 그만 포기하라고 하셨다. 나는 할머니의 마지막을 지켜드리지 못한 것 같아 마음이 아팠다. 그리고 그날은 <u>멍하니 아무것도 먹지 못하고 있었다</u>. 다음 날 저녁, 아버지께서 내게 상자를 하나 주셨다. 상자를 열어 보니 내가 잃어버린 할머니 시계와 비슷한 시계가 들어 있었다. 그리고 그 위에는 '시간이 지나가고 물건은 없어져도 추억은 남아 있단다.'라고 적힌 카드가 있었다. 나는 아버지께서 주신 시계와 카드를 보면서 할머니와 함께 보낸 추억이 떠올랐다. 아버지께서는 조용히 나를 안아 주셨다. 그날은 내가 지나간 시간 속에서도 소중한 것들은 언제나 우리 마음속에 남아 있다는 것을 알게 된 순간이었다.

23. 밑줄 친 부분에 나타난 '나'의 심정으로 가장 알맞은 것을 고르십시오.

① 편하고 후련하다
② 슬프고 얼떨떨하다
③ 초조하고 답답하다
④ 재미있고 흥미롭다

24. 윗글의 내용과 같은 것을 고르십시오.

① 할머니는 지난주에 돌아가셨다.
② 나는 아버지에게 시계와 카드를 받았다.
③ 우리 가족은 다음 주에 이사할 계획이다.
④ 아버지는 할머니께서 주신 시계를 잃어버렸다.

※ [25~27] 다음 신문 기사의 제목을 가장 잘 설명한 것을 고르십시오. (각 2점)

25. 　드라마 '눈물'의 계속되는 반전, 시청률 1위

① 드라마 '눈물'은 반전이 많아 시청자들에게 큰 인기를 끌고 있다.
② 드라마 '눈물'에서 갈등이 해결되면서 시청자들의 관심이 줄었다.
③ 드라마 '눈물'은 반복되는 내용으로 시청자들의 비판을 받고 있다.
④ 드라마 '눈물'은 배우들의 실감 나는 연기로 시청률이 높은 편이다.

26. 　세계 경기 불황, 국내 수출에도 '빨간불'

① 국내 수출품으로 빨간 색깔 물건들이 잘 팔리고 있다.
② 세계 경제가 좋지 않아서 국내 수출도 힘든 상황이다.
③ 세계 경제가 어려운 환경에서 국내 수출이 호황을 겪고 있다.
④ 국내 수출이 힘들었던 과거를 극복하고 세계에서 주목을 받고 있다.

27. 　모바일 결제의 급속한 성장, 현금 '위협'

① 현금 결제는 지금도 많이 사용되는 결제 방법이다.
② 모바일 쇼핑에서는 현금 대신 카드 결제만 가능하다.
③ 모바일 결제 사용이 감소하고 현금이 다시 인기를 얻고 있다.
④ 모바일 결제가 빠르게 성장하면서 현금을 대신할 위험이 있다.

※ [28~31] (　　)에 들어갈 말로 가장 알맞은 것을 고르십시오. (각 2점)

28.　　햇빛에는 해바라기에 필요한 옥신이라는 호르몬이 있다. 따라서 해바라기는 옥신을 받기 위하여 아침에는 동쪽을 바라보다가 저녁이 되면 서쪽을 바라본다. 해가 동쪽에서 떠서 서쪽으로 지기 때문이다. 이처럼 해바라기는 일정 시간 동안 햇빛을 최대한 많이 받기 위해 (　　　　　　　　) 자라는 특성이 있다.

① 서쪽만 바라보고
② 옥신을 다시 배출하고
③ 해가 뜨는 방향을 보고
④ 저녁 시간에 동쪽을 보고

29.　　전 세계에서 다양한 연령층의 사람들이 게임으로 소통한다. 사회적 소통과 교류의 한 형태로 게임의 역할이 점점 커지고 있는 셈이다. 이것은 단순한 게임을 넘어 국경을 초월한 문화 교류의 장이 되고 있다. 게임 이용자들은 온라인 공간에서 만나 협력하고 경쟁하며 (　　　　　　　　) 여러 나라의 문화를 접하게 된다.

① 게임을 그만두거나
② 새로운 친구를 사귀거나
③ 다른 나라에 직접 가거나
④ 나이가 많은 사람을 피하거나

※ [28~31] (   )에 들어갈 말로 가장 알맞은 것을 고르십시오. (각 2점)

30.　　소비자들의 환경에 대한 관심이 높아짐에 따라 기업들은 친환경 마케팅을 강화하고 있다. 일부 기업들은 전 제품 생산을 친환경 소재로만 하겠다는 결정을 발표하기도 했다. 그러나 대부분의 환경친화적 제품은 (   ) 소비자들이 쉽게 구매할 수 없다는 한계가 있다. 정부는 이러한 문제점을 해결하기 위하여 친환경 기업에 보조금을 지원하는 방법을 모색하고 있다.

① 높은 가격으로 인해
② 구매자 중심으로 인해
③ 안전에 대한 우려로 인해
④ 정부의 지나친 관심으로 인해

31.　　우주는 무수히 많은 별과 은하로 이루어져 있다. 별들은 자신만의 빛을 발하며 우주를 밝히고 있다. 그러나 별과 행성이 너무 가까이 있으면 강력한 중력과 방사선으로 인해 생명체가 존재하기 어렵다. 그렇다고 별로부터 에너지를 받지 못할 정도로 떨어져 있으면 생태계가 위험해진다. (   ) 지구상에 생명체가 살아갈 수 있는 환경이 조성된다.

① 별이 아주 멀리 있어야
② 별과의 거리가 적절해야
③ 행성과 별에 관계가 없어야
④ 우주에 별이 존재하지 않아야

32.　　낙타는 물을 절약하고 오랜 기간 물 없이 버티는 능력이 뛰어나 사막에서 잘 살아갈 수 있다. 낙타의 등에 있는 혹은 지방을 저장할 수 있어 긴 시간 동안 에너지를 사용할 수 있다. 그리고 낙타의 눈에는 모래와 먼지로부터 눈을 보호할 수 있는 두꺼운 속눈썹이 있고, 발바닥은 넓고 두꺼워 뜨거운 곳에서도 잘 걸을 수 있다. 이러한 신체적 특성 덕분에 낙타는 사막에서 이동 수단으로 많이 활용된다.

① 낙타는 속눈썹으로 사막의 모래와 먼지를 막는다.
② 낙타는 물을 마시고 싶을 때 혹에서 물을 꺼내어 마신다.
③ 낙타의 신체는 도시에서 교통수단으로 사용되기에 적합하다.
④ 낙타의 발바닥은 모래 위를 걸을 수 있도록 뾰족하게 생겼다.

33.　　배드민턴에 사용되는 셔틀콕은 깃털 또는 나일론으로 만들어진다. 전통적인 셔틀콕은 오리나 거위의 깃털로 제작되어 가격이 비싼 편이다. 이러한 깃털 셔틀콕의 경우 속도 변화가 빠르고 날아가는 방향이 일정해서 선수들이 경기 중에 많이 사용한다. 반면에 나일론 셔틀콕은 튼튼하고 저렴해서 연습용으로 많이 사용한다. 그러나 깃털 셔틀콕보다 무겁고 날아가는 방향이 일정하지 않아 경기용으로는 잘 사용되지 않는다.

① 깃털 셔틀콕은 천연 소재로 제작되어 저렴하다.
② 깃털 셔틀콕은 배드민턴 경기에서 많이 사용된다.
③ 나일론 셔틀콕은 깃털 셔틀콕에 비해 가벼운 편이다.
④ 나일론 셔틀콕은 저렴한 대신에 속도가 빨리 바뀐다.

※ [32~34] 다음을 읽고 글의 내용과 같은 것을 고르십시오. (각 2점)

34.　　뉴턴의 제1법칙에 따르면 물체는 외부 힘이 작용하지 않는 한 현재의 운동 상태를 유지하려는 성질을 가지는데 이것을 관성이라고 한다. 즉 외부 힘이 없으면 정지해 있는 물체는 계속 정지해 있으려 하고, 움직이고 있는 물체는 계속해서 같은 속도와 방향으로 운동하려고 한다는 것이다. 예를 들어 자동차가 갑작스럽게 멈출 때 몸이 앞으로 쏠리는 현상도 관성에 의한 것이다. 이처럼 일상생활에서 관성을 흔히 관찰할 수 있다.

① 자동차가 갑자기 멈추기 전에 내리는 것이 안전하다.
② 외부 힘이 없으면 정지해 있는 물체는 움직이려고 한다.
③ 관성의 법칙은 물체가 현재 상태를 유지하려고 하는 것이다.
④ 움직이고 있는 물체는 끊임없이 다른 방향으로 운동하려고 한다.

※ [35~38] 다음을 읽고 글의 주제와 가장 알맞은 것을 고르십시오. (각 2점)

35.　　자신의 감정을 자유롭게 표현하는 것이 좋다. 하지만 일상생활을 하면서 모든 상황에서 자유롭게 감정을 표현하기는 어렵다. 다른 사람의 기분을 무시하고 나의 감정만 표현하는 사람은 원활한 인간관계를 맺을 수 없기 때문이다. 인간관계를 원활하게 하기 위해서는 자신의 감정을 자유롭게 표현하기보다 상대방을 배려해서 감정을 드러낼 수 있어야 한다.

① 자신의 기분을 솔직하게 말해야 한다.
② 상황에 따라 감정이 변하지 않아야 한다.
③ 상대방을 생각해서 감정을 표현해야 한다.
④ 인간관계를 잘 맺으려면 자주 소통해야 한다.

36.　　　고려 시대는 청자의 황금기라고 불릴 정도로 청자가 유행했다. 이 시기에는 공예가들이 왕실이나 귀족의 후원을 받아 청자를 만들었다. 당시 만들어진 청자는 특유의 푸른빛과 아름다운 무늬로 오늘날까지도 그 가치를 인정받고 있다. 현재 고려청자는 다양한 방식으로 재현되고 있으며 많은 사람이 이에 관한 연구와 복원에 힘쓰고 있다. 이러한 노력을 통해 고려청자의 위상은 앞으로도 계속될 것이다.

① 고려청자의 제작법은 현대에도 영향을 미치고 있다.
② 새로운 청자 개발을 위한 사람들의 관심이 필요하다.
③ 오늘날 고려청자를 완벽하게 재현하는 것이 가능하다.
④ 고려청자는 중요한 문화재로 그 가치를 인정받고 있다.

37.　　　공용 자전거는 도시의 교통 문제뿐만 아니라 환경 문제를 해결할 수 있고 시민들의 건강에도 도움을 줄 수 있다. 그러나 이러한 장점에도 불구하고 자전거를 안전하게 탈 수 있는 자전거 전용 도로가 부족하다는 문제점이 대두되고 있다. 공용 자전거의 활성화를 위하여 먼저 도시에 자전거 도로가 갖추어지기를 희망한다.

① 자전거 이용은 교통 문제를 해결하는 데 도움이 된다.
② 자전거 전용 도로가 있어야 공용 자전거 이용이 많아진다.
③ 환경 친화 도시에는 자전거 도로 환경이 잘 갖추어져 있다.
④ 시민의 건강 유지를 위해 공용 자전거를 설치하는 추세이다.

38.
반도체는 현대 전자기기의 핵심 부품으로 컴퓨터, 스마트폰, 자동차 등에 필수적이다. 그러나 최근 반도체 수요가 급증하면서 공급 부족 현상이 발생하고 있다. 이는 전 세계적인 경제 불황과 맞물려 반도체 생산 공장의 가동률이 떨어지고 공급망 문제가 발생한 결과이다. 반도체 부족은 다양한 산업에 영향을 미치며 제품 생산 지연과 가격 상승을 초래하고 있다. 반도체 생산을 확대하기 위해서는 국제적인 협력과 투자가 필요하다.

① 컴퓨터, 스마트폰 등의 전자제품 가격을 낮춰야 한다.
② 경제 불황과 관계없이 반도체 공장의 가동률을 유지해야 한다.
③ 반도체를 생산하기 위해서 국내 기업이 적극적으로 투자해야 한다.
④ 반도체 공급 부족으로 발생한 문제들은 국제적으로 해결해야 한다.

※ [39~41] 주어진 문장이 들어갈 곳으로 가장 알맞은 것을 고르십시오. (각 2점)

39.
이후 도시와 전 세계로 퍼져 나가면서 한국의 문화를 대표하는 예술로 자리 잡았다.

사물놀이는 꽹과리, 장구, 북, 징을 사용하여 신나는 음악을 만들어 내는 예술이다. (㉠) 이 예술은 서로 다른 악기들이 조화롭게 어우러져 강렬한 음악을 만드는 것이 특징이다. (㉡) 사물놀이는 과거 농촌 사회에서 풍년을 기원하기 위해 시작된 것으로 알려져 있다. (㉢) 현재 사물놀이는 현대 음악과 더불어 새로운 장르를 만들며 국내외 공연이나 축제에 등장하고 있다. (㉣)

① ㉠   ② ㉡   ③ ㉢   ④ ㉣

40.
> 이 부분에서 독자들은 각 요리가 지역 사회 내에서 어떤 의미를 지니는지 이해하게 된다.

박지원의 『맛의 고향』은 세계 각지의 음식과 문화를 탐색하는 책이다. (㉠) 이 책의 앞부분에서는 세계 여러 나라의 대표적인 전통 요리들을 소개하면서 그 요리가 탄생하게 된 역사적 배경과 지역적 특색을 설명한다. (㉡) 책의 뒷부분에서는 전통 요리가 현대의 변화된 맛의 기준에 어떻게 적응해 가고 있는지를 알려준다. (㉢) 이를 통해 독자들은 과거와 현재의 다른 음식 문화를 간접적으로 경험할 수 있다. (㉣)

① ㉠   ② ㉡   ③ ㉢   ④ ㉣

41.
> 퇴행성 관절염 초기에는 운동 후 가벼운 관절 통증으로 나타나며 적절한 체중 관리로 치료할 수 있다.

연골은 관절을 보호하고 뼈가 부드럽게 움직일 수 있도록 도와주는 역할을 한다. (㉠) 퇴행성 관절염은 이러한 연골이 손상되면서 발생하는 염증과 통증을 동반하는 질환이다. (㉡) 중년 이후의 사람들에게서 자주 관찰되며 주요 원인으로 노화를 꼽고 있다. (㉢) 그러나 쉬는 중에도 통증이 지속되고 일상생활의 움직임에도 제한이 있다면 병원을 방문해야 한다. (㉣)

① ㉠   ② ㉡   ③ ㉢   ④ ㉣

> 도청 소재지에는 남녀 고등학교 문예반에서 한두 명씩 뽑혀 나와 만들어진 문학동인회가 있었고, 마침내 나도 거기에 가입하게 되었다. 일주일에 한 번 만나서 서로 작품을 돌려 읽고 평을 하는 식의 모임이었는데, 신입 회원으로 첫인사를 하던 때의 기억을 나는 아직도 잊지 않고 있다. 아무리 무기를 지니고 단단히 무장을 했다고 해도 역시 어린 나이였다. 나에 대한 호기심으로 반짝이는 눈들을 대하는 순간 나는 또다시 얼굴이 붉게 달아오르는 것을 느꼈다.
>
> '지금 저 아이들은 혹시 내 치부를 보고 있는지도 모른다.'
>
> 그러자 어쩔 수 없이 <u>온몸이 후들후들 떨려 왔고</u>, 그것을 숨기기 위하여 나는 이를 악문 채 고개를 빳빳이 세웠다. 당시의 나에게, 적어도 그들만큼은 세상을 속이는 나와는 달리 올바르게 문학을 하는 셈이었고, 무엇보다도 그들은 정상적인 가정에서 정상적으로 자란 아이들이었다. 바로 그들에게 내 치부를 들킨 것이었다. 그런 나를 누군가가 구해 주었다.
>
> "댁의 명성은 잘 알고 있으니까 그만 목에 힘 빼세요."
>
> 얼굴이 달걀처럼 갸름한 여학생이었다. 여학생의 말에 모두 기다렸다는 듯이 크게 입을 벌려 웃었다. 그 순간 나는 정말로 온몸에서 힘이 빠져나가는 것을 느꼈다.
>
> 송기원 〈아름다운 얼굴〉

42. 밑줄 친 부분에 나타난 '나'의 심정으로 가장 알맞은 것을 고르십시오.

① 유쾌하다   ② 서운하다
③ 불안하다   ④ 성가시다

43. 윗글의 내용으로 알 수 있는 것을 고르십시오.

① 문학동인회 회원들은 나를 궁금해했다.
② 여학생은 나를 문예반 신입 회원으로 추천했다.
③ 나는 문학동인회에서 여학생에게 먼저 말을 걸었다.
④ 나는 정상적인 가정에서 올바르게 문학을 하고 있었다.

3D 프린팅 기술은 디지털 모델을 기반으로 재료를 층층이 쌓아 올려 물체를 형성하는 방식이다. 이 기술은 (   ) 제작할 수 있는 장점이 있어 전통적인 제조 방식과는 큰 차이를 보인다. 이처럼 제조업에 혁신을 가져온 3D 프린팅은 최근 들어 자동차, 항공, 의료 등 다양한 산업 분야에서 활용되고 있다. 예를 들어, 복잡한 자동차 부품을 3D 프린팅으로 제작하면 생산 시간을 단축하고 비용을 절감할 수 있다. 그리고 의료 분야에서는 환자 맞춤형 임플란트와 보형물을 제작하는 데 사용되며 환자의 치료 효과를 극대화하는 데 기여하고 있다. 그러나 3D 프린팅 기술의 발전은 윤리적 문제와 안전성에 대한 논란을 초래하기도 한다. 예를 들어, 불법 제품을 제작하는 데 악용될 가능성도 있어 이러한 문제들을 충분히 고려하여 신중하게 접근해야 한다는 목소리가 커지고 있다.

44. (   )에 들어갈 말로 가장 알맞은 것을 고르십시오.

① 안전성과 윤리성을 고려해서
② 규모가 큰 물건들을 축소해서
③ 다양하고 저렴한 재료로 쉽게
④ 복잡한 형태의 물체를 신속하게

45. 윗글의 주제로 가장 알맞은 것을 고르십시오.

① 3D 프린팅 기술로 제조업 시장이 축소되고 있다.
② 3D 프린팅 기술로 의료 분야의 발전이 빨라졌다.
③ 3D 프린팅 기술과 전통적인 제조 방식을 결합해야 한다.
④ 3D 프린팅 기술의 문제점을 보완하여 개발하는 것이 중요하다.

사람들은 때로 자신의 선입견이나 믿음에 부합하는 정보만을 선택하여 믿는 경향이 있다. 이를 심리학 용어로 확증 편향이라고 한다. 사람들은 다양한 매체에서 많은 정보를 얻을 수 있지만 그중 자신이 믿고 싶은 정보만을 골라 보게 되면서 편협한 사고를 가지게 된다. 예를 들어 어떤 사람은 자신이 지지하는 정치인에 대한 긍정적인 기사만을 찾아 읽고 비판적인 기사는 무시하는 경향이 있다. 이로 인해 정치적 논쟁에서 각자가 가진 정보가 서로 달라 대화가 어려워지기도 한다. 확증 편향은 자신도 모르게 균형 잡힌 시각을 잃고 일방적인 견해에 더 깊이 빠질 위험이 있다. 그리고 우리가 정보를 받아들이는 방식에 영향을 미쳐 객관적인 판단을 방해하고 결국에 사회 전체의 이해와 의사소통에 걸림돌이 될 수 있다.

46. 윗글에 나타난 필자의 태도로 가장 알맞은 것을 고르십시오.

　① 정치적 확증 편향에 대해 의문을 제기하고 있다.
　② 확증 편향은 정보 해석에 도움이 됨을 강조하고 있다.
　③ 매체에서 편리하게 정보를 찾는 방법에 대해 설명하고 있다.
　④ 확증 편향이 개인과 사회에 문제가 될 수 있음을 우려하고 있다.

47. 윗글의 내용과 같은 것을 고르십시오.

　① 정치인들은 객관적으로 정보를 잘 전달하지 못한다.
　② 사람들은 선입견으로 정보를 선택하는 경향이 있다.
　③ 긍정적인 기사가 많을수록 사회적 소통이 원활해진다.
　④ 정치적 논쟁에서는 개인의 의견보다 정보가 우선시된다.

※ [48~50] 다음을 읽고 물음에 답하십시오. (각 2점)

범죄율 감소를 위해 지역 사회 차원에서 다양한 예방책이 제시되고 있다. 한 연구에 따르면 지역 사회 내에서 교육의 질을 높이고 (   ) 범죄율은 감소 추세를 보였으며, 오랜 시간에 걸쳐 실행된 체계적인 범죄 예방 프로그램과 규정이 범죄율을 낮추는 데 기여하는 것으로 분석됐다. 한 지역 사회의 경우, 청소년을 대상으로 음악, 미술 등의 예술 프로그램과 문화 체험을 널리 시행함으로써 청소년 범죄 참여율이 줄어든 것으로 나타났다. 그리고 다양한 연령층의 주민들을 위해 개설된 직업 훈련 프로그램이 많을수록 범죄 관련 사고들이 감소한다는 것을 증명했다. 이에 비해 단기간에 집중된 범죄 단속이나 막대한 예산을 투입한 강경한 법 집행은 범죄율 감소에 효과적이지 않은 것으로 드러났다. 이는 범죄율 감소를 위해 체계적인 범죄 예방 정책과 사회 환경 개선이 장기적으로 이루어져야 함을 보여준다.

48. 윗글을 쓴 목적으로 가장 알맞은 것을 고르십시오.

① 청소년과 성인의 범죄율을 비교하려고
② 범죄율 증가로 인한 사회적 문제를 지적하려고
③ 직업 교육 프로그램을 통한 취업률을 분석하려고
④ 장기적인 범죄율 감소를 위한 예방책을 설명하려고

49. (   )에 들어갈 말로 가장 알맞은 것을 고르십시오.

① 학교를 많이 설치할수록
② 예산을 많이 투입할수록
③ 문화 활동을 확대할수록
④ 범죄 단속을 엄격히 할수록

50. 윗글의 내용과 같은 것을 고르십시오.

① 직업 훈련 프로그램과 범죄율에는 상관성이 없다.
② 지역에서 범죄율을 줄이기 위해 다양한 노력을 하고 있다.
③ 강력한 법 집행은 범죄율을 낮출 수 있는 가장 좋은 방법이다.
④ 짧은 시간 시행되는 범죄 단속은 장기적으로 범죄율을 낮춘다.

part 5

TOPIK II 읽기 모의고사

한국어능력시험
Test of Proficiency in Korean

TOPIK II

2교시 **읽기** (Reading)

수험번호(Registration No.)	
이름 (Name) 한국어(Korean)	
영 어(English)	

유 의 사 항
Information

1. 시험 시작 지시가 있을 때까지 문제를 풀지 마십시오.
   Do not open the booklet until you are allowed to start.

2. 접수번호와 이름은 정확하게 적어 주십시오.
   Write your name and application number on the answer sheet.

3. 답안지를 구기거나 훼손하지 마십시오.
   Do not fold the answer sheet; keep it clean.

4. 답안지의 이름, 접수번호 및 정답의 기입은 컴퓨터용 펜을 사용하여 주십시오.
   Use the optical mark reader(OMR) pen only.

5. 정답은 답안지에 정확하게 표시하여 주십시오.
   Mark your answer accurately and clearly on the answer sheet.

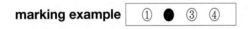

6. 문제를 읽을 때에는 소리가 나지 않도록 하십시오.
   Keep quiet while answering the questions.

7. 질문이 있을 때에는 손을 들고 감독관이 올 때까지 기다려 주십시오.
   When you have any questions, please raise your hand.

TOPIK II 읽기(1번~50번)

※ [1~2] (   )에 들어갈 말로 가장 알맞은 것을 고르십시오. (각 2점)

1. 나는 이번 여름휴가에 제주도를 (   )

   ① 여행하게 했다   ② 여행한 것 같다
   ③ 여행하려고 한다   ④ 여행한 적이 있다

2. 아침에 일어나서 (   ) 커피를 마셨다.

   ① 운동한 지   ② 운동하거든
   ③ 운동하려면   ④ 운동하고 나서

※ [3~4] 밑줄 친 부분과 의미가 가장 비슷한 것을 고르십시오. (각 2점)

3. 무슨 일을 <u>하든지</u> 열심히 하는 것이 중요하다.

   ① 하고자   ② 하다가
   ③ 하느라고   ④ 하더라도

4. 일주일에 5번 영화를 보니까 매일 <u>보는 거나 마찬가지이다.</u>

   ① 보는 셈이다   ② 보는 척한다
   ③ 보기 나름이다   ④ 보려던 참이다

※ [5~8] 다음은 무엇에 대한 글인지 고르십시오. (각 2점)

5.

> **편안한 잠자리를 위한 선택,
> 하루의 피로를 풀어 보세요!**

① 식탁　　　　　② 침대　　　　　③ 청소기　　　　　④ 냉장고

6.

> **당신의 공간을 아름답게 꾸며 보세요.
> 첫 구매 시 화분 증정!**

① 은행　　　　　② 학교　　　　　③ 꽃집　　　　　④ 병원

7.

> **외출 시 난방 끄기! 사용하지 않는 불 끄기!**
> 우리들의 작은 실천이 지구를 지킵니다.

① 건강 관리　　　　　② 전화 예절　　　　　③ 안전 운전　　　　　④ 절약 습관

8.

> • 미술관 안에서는 사진 촬영을 금지합니다.
> • 손으로 만지지 말고 눈으로만 보십시오.

① 사용 순서　　　　　② 제품 소개　　　　　③ 예약 문의　　　　　④ 관람 규칙

※ [9~12] 다음 글 또는 그래프의 내용과 같은 것을 고르십시오. (각 2점)

9.

가온시 가을 음악회 안내
아름다운 음악과 함께 하는 가을 밤의 휴식 시간

- 장소 : 가온시립콘서트홀
- 일시 : 10월 15일(목) 19:00~21:00
- 요금 : 성인 2,000원 / 학생 1,000원 (7세 이하 무료)
- 예매 방법 : 홈페이지(www.gaon-culuter.com)에서 하루 전까지 예매

① 음악회는 주말마다 열린다.
② 요금은 성인과 학생이 동일하다.
③ 예약 없이 음악회를 감상할 수 있다.
④ 음악회는 가온시립콘서트홀에서 한다.

10.

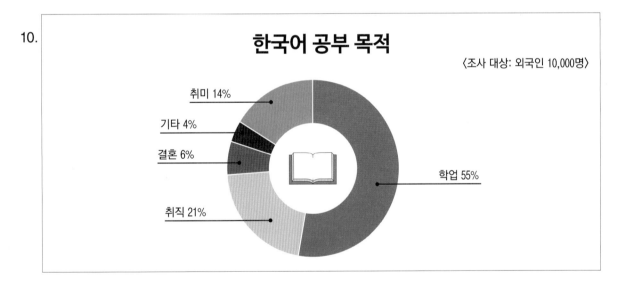

① 결혼 목적은 취미 목적보다 두 배 이상 많다.
② 한국어 공부 목적 중 취직의 비율이 가장 낮다.
③ 외국인 절반 이상이 학업을 목적으로 한국어를 공부한다.
④ 외국인들은 취미를 목적으로 한국어를 가장 많이 공부한다.

※ [9~12] 다음 글 또는 그래프의 내용과 같은 것을 고르십시오. (각 2점)

11.　국립과학관에서는 9월 12일부터 14일까지 과학 박람회가 열린다. 이번 박람회에는 다양한 과학 실험, 강연 등 여러 프로그램이 준비되어 있다. 박람회는 오전 9시부터 오후 5시까지 국립과학관 대강당과 소회의실에서 진행된다. 박람회 기간에 일반 관람객들은 국립과학관에 입장할 수 없다.

① 과학 박람회는 일주일 동안 진행된다.
② 과학 박람회는 오후 네 시부터 시작된다.
③ 과학 박람회는 국립과학관 야외 전시장에서 열린다.
④ 일반 관람객들은 9월 15일부터 국립과학관에 갈 수 있다.

12.　전라도는 매운맛이 강한 음식으로 유명하며 전주비빔밥과 김치찌개가 대표적이다. 경상도는 간이 센 음식이 많고 밀면과 돼지국밥이 유명하다. 강원도는 산지에서 나는 재료를 활용한 음식이 많아 감자떡과 메밀국수가 대표적이다. 이처럼 한식은 각 지역의 문화적 배경과 자연환경에 따라 차이가 있다.

① 경상도에는 매운 음식이 많다.
② 밀면은 전라도의 대표적인 음식이다.
③ 지역마다 유명한 한식과 맛이 다르다.
④ 한식은 강원도 지역에서 처음 발달했다.

13.   (가) 먼저 아침 식사를 챙겨 먹는 것이 중요하다.

      (나) 건강한 생활을 위해서는 몇 가지 습관을 기르는 것이 필요하다.

      (다) 충분한 숙면을 하는 것도 건강에 매우 중요하다.

      (라) 뿐만 아니라 긍정적으로 생각하는 것이 좋다.

① (가)-(다)-(나)-(라)   ② (가)-(라)-(나)-(다)
③ (나)-(다)-(라)-(가)   ④ (나)-(가)-(다)-(라)

14.   (가) 처음에는 언어 때문에 친해질 수 있을까 걱정했다.

      (나) 지난 방학에 프랑스로 해외여행을 다녀왔다.

      (다) 프랑스 곳곳을 여행하다가 여러 나라의 친구들을 만났다.

      (라) 그러나 여행을 같이 하면서 우리들은 친한 친구가 되었다.

① (나)-(다)-(가)-(라)   ② (나)-(가)-(라)-(다)
③ (다)-(가)-(나)-(라)   ④ (다)-(라)-(가)-(나)

15.   (가) 이제는 클릭 몇 번으로 원하는 정보를 찾을 수 있다.

      (나) 그러나 개인정보 유출 문제가 발생하고 있다.

      (다) 인터넷의 발달로 정보 접근이 매우 쉬워졌다.

      (라) 그래서 많은 사람들이 필요한 정보를 빨리 얻을 수 있게 되었다.

① (가)-(다)-(나)-(라)   ② (가)-(나)-(라)-(다)
③ (다)-(가)-(라)-(나)   ④ (다)-(나)-(가)-(라)

※ [16~18] (   )에 들어갈 말로 가장 알맞은 것을 고르십시오. (각 2점)

16.　　사람은 코와 입을 통해 공기 중의 산소를 들이마시고 호흡한다. 그러나 물고기는 아가미를 통해 물속에 있는 산소를 들이마시며 바닷속에서 호흡한다. 물고기는 (   ) 때문에 물 밖에서는 산소를 흡수하지 못하고 숨을 쉴 수 없다. 반면에 사람은 아가미가 없기 때문에 물속에서는 숨을 쉬기 어렵다.

① 알을 낳지 못하기　　　　　　　② 아가미로 호흡하기
③ 코와 입이 작아지기　　　　　　④ 지느러미가 없어지기

17.　　재능 기부는 개인이나 단체가 자신들의 전문적인 지식이나 기술을 무료로 제공하는 것이다. 재능 기부를 받는 사람들은 재능 기부자에게서 새로운 기술이나 능력을 배울 수 있다. 그리고 재능 기부자는 자신이 가진 (   ) 보람을 느낄 수 있고 경험을 쌓을 수 있다. 이처럼 재능 기부는 개인과 공동체 모두에게 의미 있는 활동이 될 수 있다.

① 돈을 기부함으로써　　　　　　② 기술을 배움으로써
③ 재능을 나눔으로써　　　　　　④ 지식을 생각함으로써

18.　　자동차의 타이어는 일정 주기마다 점검하고 새 타이어로 바꿔줘야 한다. 타이어를 오래 사용하면 마모가 심해지는데 마모된 타이어는 제동력이 크게 떨어지기 때문이다. 특히 마모된 타이어는 눈길이나 빙판길과 같은 미끄러운 도로에서 제동력이 급격히 떨어져 위험할 수 있다. 그러므로 겨울철에는 자동차 타이어의 마모 상태를 확인하고 (   ) 사고를 예방해야 한다.

① 제동력을 떨어뜨려서　　　　　② 평소보다 속도를 높여
③ 여름철 운전을 조심해서　　　　④ 마모된 타이어는 교체하여

성공한 사람들의 이야기를 들어보면 실패는 성공으로 가는 중요한 단계라고 한다. 그리고 실패를 인정할 때 성공을 할 수 있다고 말한다. 그러나 우리 사회에서는 사회적 압박과 두려움 때문에 실패를 인정하기 쉽지 않다. 실패한 사람은 자신의 경험을 부끄러워하기 때문이다. 실패를 두려워하지 않고 도전하는 것이 진정한 용기이다. (   ) 우리는 실패로부터 배우려는 태도를 가져야 한다.

19. (   )에 들어갈 알맞은 것을 고르십시오.

① 비록　　　　　　　② 만약　　　　　　　③ 그러나　　　　　　　④ 그러므로

20. 윗글의 주제로 가장 알맞은 것을 고르십시오.

① 성공 경험이 많을수록 실패를 덜 한다.
② 실패를 통해서 배우고 성공할 수 있다.
③ 두려움 때문에 성공을 놓치면 안 된다.
④ 성공은 공개적으로 자랑하지 않는 게 좋다.

최근 공공 미술 프로젝트가 도시 환경을 개선하고 시민들의 문화적 경험을 풍부하게 하는 데 기여하고 있다. 그러나 일부 프로젝트는 예산 낭비와 관리 소홀로 인해 시민들의 불만을 사고 있다. 몇몇 작품은 설치 후 유지와 관리가 제대로 이루어지지 않아 훼손된 상태로 방치되기도 한다. 전문가들은 이러한 문제가 공공 미술의 (   ) 수 있다고 경고한다. 시민들이 공공 미술에 대한 신뢰를 잃을 수 있기 때문이다.

21. (   )에 들어갈 알맞은 것을 고르십시오.
   ① 귀를 기울일
   ② 입맛에 맞을
   ③ 마음을 먹을
   ④ 앞길을 막을

22. 윗글의 내용과 같은 것을 고르십시오.
   ① 공공 미술 프로젝트는 예산이 풍부하다.
   ② 최근 공공 미술 프로젝트가 감소하고 있다.
   ③ 일부 공공 미술 작품은 유지가 잘되지 않는다.
   ④ 전문가들은 공공 미술에 대해 긍정적으로 생각한다.

퇴근 후 집에 돌아와 오랜만에 옷장을 정리하기 시작했다. 옷들이 어지럽게 쌓여 있어서 먼지가 많이 쌓여 있었다. 그런데 옷장 한쪽 구석에서 오래된 스웨터가 있는 게 아닌가. <u>이건 언제 적 옷인가 싶어 고개를 갸우뚱했다.</u> 먼지가 붙은 스웨터를 꺼내보니, 그 옷은 바로 내가 대학 시절에 자주 입던 옷이었다. 스웨터를 보면서 나는 그때의 추억에 잠겼다. 시간이 지나면서 많은 부분을 잊고 살았지만, 이 스웨터를 입고 대학 수업을 들었던 기억, 친구들과 동아리 활동을 했던 기억들은 여전히 내 마음속에 남아 있었다. 오래되고 낡은 스웨터를 다시 입어 보니, 따뜻한 감촉이 그대로 느껴졌다. 어느 날, 스웨터를 입고 친구들의 모임에 나가니, 친구들 모두가 내가 대학 시절에 입던 스웨터를 기억하고 있었다. 우리는 그 시절의 추억을 다시 한번 느끼며 긴 시간 이야기를 나누었다. 그 순간, 나는 오래된 물건이 우리에게 줄 수 있는 추억들이 얼마나 소중한지 알게 되었다.

23. 밑줄 친 부분에 나타난 '나'의 심정으로 가장 알맞은 것을 고르십시오.

① 궁금하다

② 답답하다

③ 초조하다

④ 상쾌하다

24. 윗글의 내용과 같은 것을 고르십시오.

① 나는 오래되고 낡은 스웨터를 버렸다.

② 나는 옷장을 자주 정리하고 청소하는 편이다.

③ 나는 대학 시절에 동아리 활동을 하지 못했다.

④ 나는 스웨터를 입고 친구들과의 모임에 나갔다.

※ [25~27] 다음 신문 기사의 제목을 가장 잘 설명한 것을 고르십시오. (각 2점)

25. 해외여행 수요 증가, 국내 관광지 '썰렁'

① 국내 관광지는 해외 관광지만큼 유명하다.
② 해외여행을 가는 사람보다 국내 여행을 가는 사람이 많다.
③ 국내 관광지가 한산해지면서 해외여행 수요도 감소하고 있다.
④ 해외여행을 가는 사람이 많아지면서 국내 관광지는 한산해졌다.

26. 전자상거래 성장, 물류 산업 '호황'

① 물류 산업은 전자상거래에 비해 인기가 좋지 않다.
② 전자상거래의 성장으로 물류 산업이 침체하고 있다.
③ 전자상거래 성장은 물류 산업에 영향을 주지 않는다.
④ 전자상거래 성장 덕분에 물류 산업의 경기가 좋아졌다.

27. 심각한 저출산, 사회 안전망까지 '휘청'

① 저출산이 심각해져서 사회 안전망을 강화했다.
② 저출산 문제는 사회에 심각한 문제가 되고 있다.
③ 저출산 문제로 사회 안전망이 불안정해지고 있다.
④ 저출산이 심각해졌지만 사회 안전망은 유지되고 있다.

28. 자동차 번호판이 처음 도입되었을 때는 단순한 숫자와 문자의 조합으로만 구성되었다. 그러나 차량의 수가 급격히 증가하면서 번호판의 식별이 어려워졌다. 이를 해결하기 위해 번호판에 색상과 반사 재질을 추가하게 되었다. (　　　　　　　) 덕분에 밤에도 번호판을 쉽게 식별할 수 있게 되었다. 그리고 멀리서도 번호판을 쉽게 확인할 수 있게 되었다.

① 번호판의 숫자를 줄인
② 번호판에 그림을 추가한
③ 번호판을 그대로 사용한
④ 번호판이 빛을 반사하도록 만든

29. 독서는 지식과 교양을 쌓는 중요한 방법 중 하나이다. 책을 읽으면서 우리는 다양한 정보를 얻고 새로운 시각을 가지게 된다. 특히 문학 작품은 우리의 감정을 자극하고 상상력을 풍부하게 해준다. 예를 들어, 소설을 읽으면서 우리는 주인공의 상황에 공감하고 (　　　　　　　) 새로운 교훈을 얻는다. 주인공 덕분에 우리는 직접 겪을 수 없는 부분을 간접적으로 체험하게 되고 이는 우리의 삶에 깊은 영향을 미친다.

① 그들의 경험을 통해
② 논리적인 사고를 통해
③ 책의 정보를 살펴보며
④ 감정을 표현하지 않으며

※ [28~31] (   )에 들어갈 말로 가장 알맞은 것을 고르십시오. (각 2점)

30.　　　정보 격차는 특정 계층이나 지역이 다른 계층이나 지역에 비해 정보 접근성이 떨어지는 것이다. 인터넷 사용이 익숙하지 않은 노년층, 저소득층, 농어촌 지역 주민들은 새로운 기술에 접근하기 어렵고 (　　　　　　　　　) 힘들다. 이러한 정보 격차를 해소하지 않으면 특정 계층은 새로운 정보에서 멀어지게 되고 사회적 격차가 더욱 커질 것이다.

① 정보를 쉽게 얻기
② 특정 계층을 없애기
③ 인터넷으로 정보를 믿기
④ 다른 지역으로 이동하기

31.　　　재생 가능 에너지는 환경을 보호하는 중요한 수단이다. 태양광, 풍력, 수력 등 다양한 재생 가능 에너지원이 개발되고 있다. 이는 화석 연료 사용을 줄이고 온실가스 배출을 감소시키는 데 큰 역할을 한다. 그러나 전문가들은 (　　　　　　　　　) 방법을 찾아야 한다고 말한다. 재생 가능 에너지를 한번 생산할 때 많은 에너지를 발생시킬 수 있어야 지속 가능한 에너지 발전이 가능하기 때문이다.

① 재생 가능 에너지를 개발하지 않는
② 태양광보다 풍력 에너지를 사용하는
③ 재생 가능 에너지의 효율성을 높이는
④ 화석 연료를 사용하면서 지구를 보호하는

※ [32~34] 다음을 읽고 글의 내용과 같은 것을 고르십시오. (각 2점)

32.　　선인장은 건조한 환경에 잘 적응하는 식물로 물을 거의 필요로 하지 않는다. 선인장은 두꺼운 줄기와 가시를 가지고 있으며 줄기는 물을 저장하기 위해 두꺼운 모양을 하고 있다. 가시는 잎이 변형된 것으로 물의 증발을 줄이고 동물로부터 자신을 방어하는 역할을 한다. 이러한 특징 때문에 선인장은 극한의 환경에서도 생존할 수 있으며 주로 건조한 사막 지역에서 자라는 것으로 알려져 있다.

① 선인장은 어려운 환경에서도 잘 자란다.
② 선인장의 가시는 줄기에서 변형된 것이다.
③ 선인장이 잘 자라려면 물을 매일 줘야 한다.
④ 선인장의 줄기는 물의 증발을 막기 위해 두꺼워졌다.

33.　　『삼국사기』는 고려 시대 김부식이 쓴 역사서이다. 이 책은 고구려, 백제, 신라 삼국의 역사를 다루고 있으며 1145년에 완성되었다. 김부식은 이 책을 쓰면서 다양한 기록과 자료를 참고하였고 책 안에 삼국의 역사와 문화를 상세히 기록하였다. 『삼국사기』는 조선 시대에도 중요한 역사서로 인정받았으며 오늘날에도 한국 고대사의 이해에 중요한 자료로 활용되어 귀중한 사료로 평가받고 있다.

① 이 책은 고려 시대 이전에 출판된 역사 소설이다.
② 이 책은 현재 한국사 연구에서는 거의 활용되지 않는다.
③ 이 책은 김부식이 다양한 기록과 자료를 보고 만들었다.
④ 이 책은 주로 신라의 역사를 다루고 있어 역사적 가치가 크지 않다.

※ [32~34] 다음을 읽고 글의 내용과 같은 것을 고르십시오. (각 2점)

34.　　보리가 완전히 익기 전 녹색일 때 수확해서 가공한 '녹색 보리'는 일반 보리보다 많은 영양소를 가지고 있다. 그리고 일반 보리가 도정 과정에서 영양소를 많이 잃는 것에 비해 녹색 보리는 겨층, 배아, 배유 등이 거의 손상되지 않아 영양소가 풍부하다. 또한 식이섬유를 비롯해 단백질, 안토시아닌 등이 풍부하여 소비자에게 큰 사랑을 받고 있다. 그러나 몸이 차가운 체질의 사람들이 섭취하면 설사나 복통을 유발할 수 있어 주의해야 한다.

① 녹색 보리는 식이섬유가 풍부한 편이다.
② 일반 보리가 다 익으면 초록색으로 변한다.
③ 도정 과정에서 녹색 보리는 영양소를 많이 잃는다.
④ 몸이 따뜻한 사람들은 녹색 보리를 먹으면 안 된다.

※ [35~38] 다음을 읽고 글의 주제와 가장 알맞은 것을 고르십시오. (각 2점)

35.　　한국의 전통 무용 중 하나인 태평무는 조선 시대부터 전해져 내려온 춤이다. 태평무는 화려한 의상과 우아한 동작이 특징이며 과거에 궁중에서 주로 공연되었다. 오늘날에는 현대 무용과 결합하는 등 다양한 방식으로 공연되고 있다. 태평무는 한국의 전통문화를 대표하는 예술 중 하나로 지금도 많은 사람들에게 감동을 주고 있다.

① 과거에 비해 태평무의 의상이 더 화려해졌다.
② 전통 예술 공연에서 태평무를 거의 볼 수 없다.
③ 태평무는 현대에 새롭게 창작된 대표적인 춤이다.
④ 태평무는 한국의 전통문화를 보여주는 중요한 무용이다.

36.　　미세먼지는 대기 중에 떠다니는 작은 입자로 건강에 심각한 영향을 미칠 수 있다. 미세먼지는 호흡기 질환, 심혈관 질환 등을 발생시키는데 특히 노약자와 어린이에게 더욱 위험하다. 이를 해결하기 위해 정부는 자동차 배출가스 규제 강화, 공장 배출물 관리, 대중교통 이용 장려 등 다양한 대책을 시행해야 한다. 그리고 개인도 미세먼지 경보 시 외출을 자제하고 마스크를 착용하는 등의 주의가 필요하다.

① 미세먼지 위험 단계에서는 외출하면 안 된다.
② 어린이들은 성인보다 건강 관리가 더 필요하다.
③ 미세먼지를 줄이기 위해 배출가스를 배출하면 안 된다.
④ 미세먼지 문제를 해결하기 위해 정부와 개인의 노력이 필요하다.

37.　　최근 많은 직장인들이 일과 생활의 균형을 추구하면서 유연 근무제의 중요성이 커지고 있다. 유연 근무제는 직원들이 근무 시간과 장소를 선택할 수 있어 개인의 생활에 맞춰 업무가 가능하다. 그러나 업무와 사적인 시간의 경계가 모호해지는 문제도 발생하고 있다. 이러한 명확하지 않은 경계 때문에 일과 생활 사이의 균형을 잃고 오히려 스트레스를 받는 사람들도 늘고 있다.

① 직장인들은 스트레스를 잘 관리해야 한다.
② 유연 근무제는 장점뿐만 아니라 단점도 있다.
③ 유연 근무제는 오늘날 직장 문화의 유행이 되었다.
④ 회사 생산성을 높이기 위해 유연 근무제가 필요하다.

38.　　한국의 사법제도는 헌법에 따라 독립적으로 운영되며 법원의 판결은 법치주의 원칙으로 이루어진다. 한국의 법원은 크게 대법원, 고등법원, 지방법원으로 구성되어 있고 각 법원은 다양한 사건에 대해 판결한다. 한편 '국민의 형사재판 참여에 관한 법률'이 제정되어 2008년 1월부터 국민이 배심원으로 참여하는 국민참여재판 제도가 도입되었다. 이처럼 사회적 변화에 따라 사법제도도 발전을 거듭하고 있으며 이를 통해 법률의 공정성을 높이고 있다.

① 사회적 변화는 사법제도의 발전과 무관하다.
② 한국의 사법제도는 지방법원의 원칙으로 운영된다.
③ 법원의 판결은 법보다 국민의 의견에 따라 이루어진다.
④ 사법제도는 사회적 변화를 따르고 법적 공정성에 기여한다.

※ [39~41] 주어진 문장이 들어갈 곳으로 가장 알맞은 것을 고르십시오. (각 2점)

39.　　단점을 보완하기 위해 온라인 교육 플랫폼은 실시간 토론 기능을 제공하고 있다.

　　온라인 교육은 인터넷을 통해 이루어지는 학습 형태로 전 세계적으로 인기를 끌고 있다. (㉠) 학생들은 시간과 장소에 구애받지 않고 원하는 강의를 들을 수 있고 다양한 멀티미디어 자료를 활용하여 학습 내용을 더욱 쉽게 이해할 수 있다. (㉡) 그러나 온라인 교육은 대면 수업에서 느낄 수 있는 사회적 상호 작용이 부족할 수 있다. (㉢) 이러한 기능을 효율적으로 사용하면 온라인 교육의 효과를 보다 높일 수 있다. (㉣)

① ㉠　　　　② ㉡　　　　③ ㉢　　　　④ ㉣

40. 발효 과정에서 유산균이 생성되어 장 건강을 개선하기 때문이다.

발효 식품은 미생물의 발효 작용을 통해 만들어진 식품으로 건강에 유익하다. (㉠) 이는 면역력을 강화하는 데 도움을 줄 뿐만 아니라 영양소 흡수율도 높여준다. (㉡) 이러한 이유로 많은 사람이 발효 식품을 선호하고 꾸준히 먹고 있다. (㉢) 대표적인 발효 식품으로는 김치, 된장, 요구르트 등이 있으며 최근에는 발효차를 만들어 마시기도 한다. (㉣)

① ㉠   ② ㉡   ③ ㉢   ④ ㉣

41. 그중에서도 특히 고대 유적지의 건축물들이 독자들의 관심을 끌고 있다.

최근 건축학자 박지훈 씨가 『역사의 흔적을 담은 건축물』을 출간했다. (㉠) 이 책은 세계 각국의 다양한 시대와 문화에서 유래한 역사적 건축물들을 분석하고 있다. (㉡) 이집트의 피라미드, 이탈리아의 콜로세움 등을 통해 고대 건축물이 보여주는 시대의 역사와 문화를 설명한다. (㉢) 작가가 이 건축물들을 시대를 초월한 예술 작품으로 비유하는 것이 인상적이다. (㉣)

① ㉠   ② ㉡   ③ ㉢   ④ ㉣

동네가 재개발이 된다고 해서 속없이 좋아라 한 지 일 년도 안 돼 철수와 영희는 자신들의 생활 터전이던 재개발구역에서 쫓겨나고 말았다. 건물 주인이 세입자들도 모르게 벌써 개발업자에게 건물을 팔아버렸다는 사실은 다 쫓겨나게 되어서야 알았다. 유일한 생계 수단이었던 가게가 철거되고 개업할 때 물고 들어온 권리금과 시설 투자금은 그대로 날리고 숱한 대거리질과 욕설과 싸움과 하소연 끝에 손에 받아쥔 보상금은 말 그대로 이사비용에 불과했다. (중략)

그렇게 해서 철수와 영희는 그들의 소망대로 이곳 진평리에 돈 안 주고도 살 수 있는 거처를 마련하게 되었다. 철수의 대구탕집이 철수하자, 끝까지 투쟁하겠다고 머리띠를 두르고 모여 앉아 있던 순댓국집, 떡볶이집, 수예점, 빵집 들이, "이름이 철수라 철수하는 거여, 뭐여. 철수 가니 영희도 가는 거고이." 하는데, <u>부부는 뒷덜미가 붉어져서 뭐라고 할 말이 없었다.</u> 그 전날 누나가 와서, "버텨봤자 소용없더라. 한푼이라도 더 준다고 할 때 빠져나오는 것이 그나마 현명하지." 서울 살 때 두 번이나 철거민이 되어본 경험이 있는 누나의 조언이 헛말은 아니다 싶어 다른 사람들보다 이사비용에 위로금 조로 몇백을 더 얹어 준다고 할 때 빠져나오기로 결심했던 게 아무래도 잘한 일 같다고 생각하려 애쓰며, 철수는 난생처음 본 남의 빈집 마루에 누워 안도감에서 나오는지 속이 상해서 나오는지 알 수 없는 긴 한숨을 내쉬었다.

공선옥 〈꽃 같은 시절〉

42. 밑줄 친 부분에 나타난 '부부'의 심정으로 가장 알맞은 것을 고르십시오.

① 창피하다   ② 감동스럽다
③ 유쾌하다   ④ 자랑스럽다

43. 윗글의 내용으로 알 수 있는 것을 고르십시오.

① 철수와 영희는 계속해서 대구탕집을 운영했다.
② 철수와 영희는 다른 가게와 함께 끝까지 투쟁했다.
③ 철수와 영희는 보상금을 받고 다른 지역으로 떠났다.
④ 철수와 영희는 처음부터 동네 재개발을 싫어해서 반대했다.

※ [44~45] 다음을 읽고 물음에 답하십시오. (각 2점)

언어는 사회적 상호 작용의 기본적인 도구이면서 문화와 정체성을 형성하는 수단이다. 개개인의 언어 사용은 사회적, 문화적 배경과 밀접한 연관성을 지니며, 이는 곧 사회 구성원들 간의 관계를 설정하고 유지하는 데 영향을 미친다. 따라서 언어는 단순한 의사소통의 수단을 넘어서 사회적 가치와 규범을 반영하고 전달하는 중요한 매개체라 할 수 있다. 우리는 일상에서 지역 방언, 전문 용어, 젊은이들의 신조어 등 다양한 언어의 형태를 접하게 된다. 이러한 다양한 언어의 사용은 특정 집단의 소속감을 강화하거나 사회적 신분과 역할을 드러내는 기능을 수행한다. 반면에 언어는 어휘 선택, 문법적 정확성, 발음 등으로 교육 수준이나 지위를 반영하기도 한다. 또한 언어는 해당 언어를 사용하지 않는 사람에 대해서 배타성을 가지고 있어 (   ) 수단이 되기도 한다.

44. (   )에 들어갈 말로 가장 알맞은 것을 고르십시오.

① 의사소통 능력을 향상하는
② 사회적인 소속을 구분하는
③ 현대 표준어의 규범을 반영하는
④ 사회 구성원들과 관계를 유지하는

45. 윗글의 주제로 가장 알맞은 것을 고르십시오.

① 언어는 사회적으로 중요한 영향을 미친다.
② 정확한 발음으로 사회적 격차를 해소할 수 있다.
③ 언어는 역사적으로 다양하게 형성되고 발전했다.
④ 신조어는 배타성이 있어 계층적 지위를 반영한다.

※ [46~47] 다음을 읽고 물음에 답하십시오. (각 2점)

> 금융 위기는 사람들에게 직접적인 물리적 피해를 주지 않는다고 여기기 때문에 그 심각성을 간과하기 쉽다. 그러나 금융 위기의 원인은 점점 복잡해지고 있고 그 결과로 인해 사회에 미치는 영향도 막대하다. 최근 한 나라에서 발생한 금융 위기는 수많은 사람들이 직업을 잃고 기업들이 파산하는 사태를 야기했다. 이러한 금융 위기는 개인의 경제적 손실을 넘어 국가 경제 전체에 심각한 타격을 줄 수 있다. 따라서 금융 위기를 가볍게 여겨서는 안 되며 철저히 대비하고 관리해야 한다. '위기를 기회로'라는 생각으로 지금까지 소홀히 다루었던 금융 교육도 적극적으로 실시하여 개인과 기업이 금융 위기에 잘 대응할 수 있도록 해야 할 것이다. 그리고 금융 기관의 투명성을 높이고 정부와 금융 기관이 금융 위기의 재발을 막기 위해 더 강력한 정책을 시행해야 한다.

46. 윗글에 나타난 필자의 태도로 가장 알맞은 것을 고르십시오.

① 금융 위기의 원인을 과소평가하고 있다.
② 금융 시장의 자유와 책임을 강조하고 있다.
③ 경제 교육의 필요성을 적극적으로 부정하고 있다.
④ 금융 위기 관리와 관련 정책 시행을 촉구하고 있다.

47. 윗글의 내용과 같은 것을 고르십시오.

① 금융 위기의 원인은 과거에 비해 단순해지고 있다.
② 금융 기관의 투명성은 금융 위기와 큰 관련이 없다.
③ 금융 위기는 국가 경제에 좋지 않은 영향을 미칠 수 있다.
④ 금융 위기를 막기 위해서는 정부보다 개인의 노력이 중요하다.

조선 후기는 여러 사회적 변화가 일어나는 시기였다. 특히 실학이 발달하여 농업, 상업, 수공업 등 다양한 분야에서 개혁이 시도되었다. 실학자들은 현실 사회의 문제를 해결하기 위해 실질적이고 실용적인 지식을 강조하였다. 그 중에서도 정약용은 대표적인 조선 후기 실학자로, 그의 저서인 '목민심서'는 지방 관리들이 지켜야 할 윤리와 행정 내용을 담고 있다. 정약용은 이뿐만 아니라 '경세유표' 책에서 조선의 정치, 경제, 사회 제도를 체계적으로 분석하고 개선 방안을 제시하였다. 다른 실학자들도 다양한 분야에서 활동하며 실학의 발전에 기여했다. 예를 들어 박지원은 '열하일기'를 통해 청나라의 문물을 소개하고 조선의 산업 발전에 대한 견해를 제시하였다. 그러나 실학은 당시의 보수적인 양반층의 반발을 사기도 했다. 양반층은 (　　　　　　　　) 실학자들의 개혁 시도에 강하게 반대하며 옛 사상을 지키려고 하였다. 그럼에도 불구하고 실학자들의 노력은 근대 한국의 발전에 중요한 토대를 제공하였고 실학은 조선 후기의 사회적, 경제적 변화를 이끄는 중요한 원동력이 되었다.

48. 윗글을 쓴 목적으로 가장 알맞은 것을 고르십시오.

① 정약용이 쓴 책 내용을 소개하려고
② 실학자들의 역할과 업적을 설명하려고
③ 조선 후기의 경제적 문제를 지적하려고
④ 조선 후기의 사회적 갈등을 분석하려고

49. (　　　)에 들어갈 말로 가장 알맞은 것을 고르십시오.

① 기존의 질서를 유지하고자
② 경제적 이익을 추구하고자
③ 조선 전기의 권력에 따르고자
④ 실학자들의 사상을 존중하고자

50. 윗글의 내용과 같은 것을 고르십시오.

① 실학의 발전은 당시 양반층의 강력한 지지를 받았다.
② 박지원은 '열하일기'에서 조선의 정치 제도를 비판하였다.
③ 정약용은 '목민심서'에서 주로 경제적 개혁 방안을 제시하였다.
④ 정약용은 '경세유표'에서 조선의 정치, 경제, 사회 제도를 분석하였다.

MEMO

MEMO

유니
토픽 II
읽기

초판 인쇄	2025년 2월 10일
초판 발행	2025년 2월 17일
저자	김지현, 김정, 나선혜, 윤진영, 박은경
감수	송복승
편집	김아영, 권이준
펴낸이	엄태상
디자인	이건화
조판	이서영
콘텐츠 제작	김선웅, 장형진
마케팅본부	이승욱, 왕성석, 노원준, 조성민, 이선민
경영기획	조성근, 최성훈, 김로은, 최수진, 오희연
물류	정종진, 윤덕현, 신승진, 구윤주
펴낸곳	한글파크
주소	서울시 종로구 자하문로 300 시사빌딩
주문 및 문의	1588-1582
팩스	0502-989-9592
홈페이지	http://www.sisabooks.com
이메일	book_korean@sisadream.com
등록일자	2000년 8월 17일
등록번호	제300-2014-90호

ISBN 979-11-6734-082-5 (13710)

유니
토픽 II
읽기

✳

Univ. TOPIK II
Reading

 책 속의 책

한글파크

유니
토픽 II
읽기

✳

Univ. TOPIK II
Reading

 책 속의 책

부록

① 정답 및 해설
② 어휘 목록

PART 1. 사회 분야
❶ 경영 · 경제

25	26	27	28	29	30	31
④	④	③	③	②	①	①
32	33	34	35	36	37	38
②	①	①	②	④	③	②

25.

편의점 즉석 치킨, 일부 메뉴 가격 인상

→ '즉석 치킨'은 '인스턴트 치킨'이라는 뜻이고 '가격 인상'은 '가격이 올랐다/가격이 비싸졌다'를 의미한다. 따라서 정답은 ④번이다.

26.

청년 일자리 창출 기업, 세금 혜택 확대해야

→ '청년 일자리 창출 기업'은 '청년 일자리를 만들어 주는 기업'이라는 뜻이고 '세금 혜택 확대'는 '세금을 줄이거나 낮추는 등의 혜택'을 의미한다. 따라서 정답은 ④번이다.

27.

고금리 · 고물가, 빚 못 갚는 서민 급증

→ '고금리'는 '금리가 높다', '고물가'는 '물가가 높다'라는 뜻이고 '빚 못 갚는'은 '돈을 갚지 못하는', '급증'은 '갑자기 늘어나다/높아지다'를 의미한다. 따라서 정답은 ③번이다.

28.

마케팅(marketing)은 기업이 소비자를 만족시키며 최대한의 이익을 남기기 위해 하는 모든 활동을 포함한다. 기업이 소비자를 만족시키기 위해서는 먼저 소비자가 필요로 하는 상품이 무엇인지 조사해야 한다. 이러한 조사를 통해 알게 된 (소비자의 필요와 욕구를) 상품에 반영해야 마케팅이 성공할 수 있다.

→ 빈칸의 내용은 상품에 반영해야 할 것에 대한 것이다. 이 글에서는 소비자가 필요로 하는 상품이 무엇인지 조사해야 한다고 하며, 그렇게 해야 마케팅이 성공할 수 있다고 하였다. 따라서 정답은 ③번이다.

29.

충동구매란 물건을 살 생각이 없었는데 충동적으로 물건을 사는 것을 말한다. 충동구매는 (계획에 없는 소비를 하기) 때문에 후회하는 경우가 많을뿐더러 개인의 경제에도 악영향을 끼친다. 충동구매를 줄이기 위해서는 쇼핑하러 가기 전에 구입할 목록을 미리 정해 놓고 계획을 세우는 것이 좋다. 또한 자신의 소득과 지출을 살펴보는 것도 충동구매를 막는 좋은 방법이 될 수 있다.

→ 빈칸의 내용은 충동구매의 단점에 대한 것이다. 이 글에서는 충동구매가 충동적으로 물건을 사는 것이기 때문에 쇼핑하러 가기 전에 구입할 목록을 미리 정해놓고 계획을 세우는 것이 좋다고 하였다. 따라서 정답은 ②번이다.

30.

소비자는 보통 물건을 사거나 서비스를 받기 위해 돈을 쓴다. 그런데 소비자가 물건을 살 때, 자신에게 꼭 필요한 물건만 구입하는 것은 아니다. 다른 사람들에게 (자랑을 하기 위해서) 소비를 하기도 한다. 자신의 생활 수준에 맞지 않은 고급 차를 소유한다거나 비싼 다이아몬드를 사는 행위는 모두 다른 사람에게 보여주기 위한 소비라고 할 수 있다.

→ 빈칸의 내용은 소비자가 소비를 하는 이유에 대한 것이다. 이 글에서는 자신에게 꼭 필요한 물건을 구입하는 것만 소비가 아니라, 다른 사람에게 보여주기 위한 것도 소비라고 말하고 있다. 따라서 정답은 ①번이다.

31.

흔히 직장 상사를 잘 만나면 직장 생활을 즐겁게 할 수 있다고 한다. 좋은 직장 상사는 몇 가지 특징이 있다. 먼저 좋은 직장 상사는 기분 좋게 일하고 자신의 감정을 드러내지 않는다. 즉, 자신의 기분을 일에 연관시키지 않아 직원들이 상사의 감정을 살피며 눈치를 볼 필요가 없다. 또 좋은 직장 상사는 일을 대충 시키지 않고 명확하게 지시한다. 그래서 그들은 업무를 지시할 때 (간결하게 정리해서 알려) 준다.

→ 빈칸의 내용은 좋은 직장 상사에 대한 것이다. 이 글에서는 좋은 직장 상사는 일을 대충 시키지 않고 명확하게 지시한다고 하였다. 일을 명확하게 지시하는 방법으로 간결하게 정리해서 지시하는 것이 있다. 따라서 정답은 ①번이다.

32.

경제활동은 인간의 생활에 필요한 물건이나 서비스를 생산하고 분배하며 소비하는 모든 활동을 말한다. 경제활동 중 Ⓐ생산은 인간이 생활하는 데 필요한 물건을 만드는 일이고 Ⓓ소비는 이러한 물건을 쓰는 활동이다. 그리고 Ⓒ생산에 참여한 사람들이 적절한 보상을 받는 일이 분배라 할 수 있다. 이처럼 Ⓑ생산과 소비, 분배는 경제활동을 이루는 중요한 요소가 된다.

➡ ① 분배는 인간이 필요한 물건을 만드는 활동이다.
　　→ 생산은 인간이 필요한 물건을 만드는 일이다. Ⓐ

② 경제는 생산과 분배, 소비 활동으로 이루어진다. Ⓑ 정답

③ 생산은 생산 활동에 참여한 개인이 보상받는 일이다.
　　→ 분배는 생산에 참여한 사람들이 적절한 보상을 받는 일이다. Ⓒ

④ 소비는 ~~서비스를 생산하는 것~~으로 경제활동에서 중요하다.
　　→ 소비는 생산된 물건을 쓰는 것이다. Ⓓ

33.

통화량은 나라 안에서 실제로 사용되는 돈의 총량을 의미한다. Ⓐ통화량은 물가에 영향을 끼쳐서 통화량에 따라 물가가 비례하는 경향을 보인다. 지난 코로나19가 유행할 때 ⒸⒹ국가가 모든 국민에게 재난지원금을 준 적이 있다. 그때 통화량이 늘어나 물가도 올라갔다. 이를 통해 Ⓑ통화량이 증가하면 물가가 상승하고 통화량이 감소하면 물가가 하락한다는 것을 알 수 있다.

➡ ① 통화량은 물가와 비례하며 밀접한 관련이 있다. Ⓐ 정답

② 통화량이 ~~줄어들면~~ 물가는 상승하는 경향을 보인다.
　　→ 통화량이 증가하면 물가는 상승한다. Ⓑ

③ 국가가 전 국민에게 재난지원금을 지원하자 ~~통화량이 감소했다.~~
　　→ 재난지원금을 줬을 때 통화량이 늘어났다. Ⓒ

④ 국가가 코로나19로 인해 ~~생활이 어려운 가정에~~ 지원금을 지원했다.
　　→ 모든 국민에게 (재난)지원금을 줬다. Ⓓ

34.

ⒷⒸ금리가 낮을 때는 사람들이 은행에서 돈을 쉽게 빌릴 수 있었다. 사람들은 빌린 돈으로 주식에 투자하거나 Ⓑ건물, 아파트 등을 구입하는 데에 주로 사용하였다. 이처럼 빌린 돈으로 투자하는 사람들이 늘어나자 건물이나 Ⓒ아파트 가격이 급격히 오르는 등 부작용이 생겼다. 이러한 문제를 해결하기 위해 Ⓐ최근 한국은행에서 금리를 0.25% 인상하여 이자율을 높였다.

➡ ① 한국은행은 금리를 조절하는 역할을 한다. Ⓐ 정답

② 금리가 높으면 건물을 사는 사람이 늘어난다.
　　→ 금리가 낮으면 사람들은 건물을 구입하는 데 빌린 돈을 사용한다. Ⓑ

③ 저금리로 인해 아파트 가격이 ~~낮게 유지된다.~~
　　→ 금리가 낮을 때 아파트 가격이 급격히 오른다. Ⓒ

④ 금리가 낮으면 은행에서 돈을 쉽게 빌릴 수 없다.
　　→ 금리가 낮을 때 사람들이 은행에서 돈을 쉽게 빌릴 수 있다. Ⓓ

35.

환율이란 자국 화폐와 외국 화폐 간의 교환 비율을 말한다. 환율의 변화는 수입과 수출의 변화와 밀접한 관련이 있다. 만약 환율이 인상되면 외국에서 물건을 수입할 때 지급해야 하는 자국 화폐의 양이 늘어난다. 그만큼 자국 화폐의 가치가 떨어지는 셈이다. 이처럼 <u>환율은 수출입에 많은 영향을 미치기 때문에 환율이 너무 높거나 낮은 것은 좋지 않다.</u>

➡ 이 글은 환율에 대해 말하고 있다. '<u>환율은 수출입에 많은 영향을 미치기 때문에 환율이 너무 높거나 낮은 것은 좋지 않다.</u>'라는 내용을 통해 환율은 적정하게 유지하는 것이 중요함을 알 수 있다. 따라서 정답은 ②번이다.

36.

직장인들이 상사의 부당한 업무 지시 등의 갑질 문제로 스트레스를 받고 있다. 이것은 단순히 한 개인의 문제가 아니라 기업의 업무 및 생산성과 직접 관련된다. 상사의 갑질 행위는 직원들의 업무 만족도와 생산성을 크게 떨어뜨리기 때문이다. <u>기업과 정부는 직장 내 갑질 문제를 막고 직원들을 보호하기 위한 정책을 마련해야 한다.</u>

➡ 이 글은 직장 내 갑질 문제에 대해 말하고 있다. '<u>기업과 정부는 직장 내 갑질 문제를 막고 직원들을 보호하기 위한 정책을 마련해야 한다.</u>'라는 내용을 통해 기업 내 갑질 문제를 방지하기 위해서는 대비책이 필요하다는 것을 알 수 있다. 따라서 정답은 ④번이다.

37.

> 물가가 오르면서 돈을 아끼고 **꼭 필요한 곳에 지출하는 알뜰족이 크게 늘고 있다.** 이에 따라 **알뜰족을 잡기 위한 기업들의 마케팅이 활발하게 일어나고 있다.** 이동통신 회사들은 멤버십 제도를 활용하여 외식, 쇼핑 및 영화를 저렴하게 이용할 수 있게 한다. 또한 유통기한이 임박한 상품이나 미세한 흠집이 있는 상품을 저렴하게 판매하는 쇼핑몰이 인기를 얻기도 한다.

➡ 이 글은 알뜰족과 기업의 마케팅에 대해 말하고 있다. '**꼭 필요한 곳에 지출하는 알뜰족이 크게 늘고 있다.**' 이에 따라 '**알뜰족을 잡기 위한 기업들의 마케팅이 활발하게 일어나고 있다.**'라는 내용을 통해 기업에서는 알뜰족의 성향을 파악해서 이들을 잡기 위한 마케팅(멤버십 제도, 유통기한 임박 상품이나 미세한 흠집 상품 판매)을 하고 있음을 알 수 있다. 따라서 정답은 ③번이다.

38.

> 소비자에게 선택지를 많이 주면 상품을 더 많이 구입할 것이라고 예상하기 쉽다. 그러나 한 연구에 따르면, 하나의 상품에 대해 6가지 종류와 24가지 종류를 진열했을 때를 비교해 보면 6가지 종류를 진열했을 때의 구매 효과가 더 큰 것으로 나타났다. 이러한 결과는 **선택지가 너무 많을 경우 소비자가 오히려 상품을 쉽게 구매하지 못함을 보여준다.**

➡ 이 글은 소비자와 선택지의 관계에 대해 말하고 있다. '**선택지가 너무 많을 경우 소비자가 오히려 상품을 쉽게 구매하지 못함을 보여준다.**'라는 내용을 통해 소비자에게 선택지를 많이 주면 구매 효과가 떨어질 수 있음을 알 수 있다. 따라서 정답은 ②번이다.

<table>
<tr><td colspan="7">**PART 1.** 사회 분야</td></tr>
<tr><td colspan="7">❷ 국제 · 심리</td></tr>
</table>

25	26	27	28	29	30	31
①	②	②	④	②	②	④

32	33	34	35	36	37	38
④	①	③	④	④	③	①

25.

> 우울증, 조기 발견과 치료가 관건

➡ '조기 발견과 치료'는 '빨리 발견/진단하고 치료받는 것'이라는 뜻이고 '관건'은 '중요하다'를 의미한다. 따라서 정답은 ①번이다.

26.

> G7 정상회의, 기후 변화 대응 방안 성공적 논의

➡ '기후 변화 대응 방안'은 '기후 변화 대응 대책'으로 바꿀 수 있고 '성공적 논의'는 '성공적으로 논의했다/협의했다'를 의미한다. 따라서 정답은 ②번이다.

27.

> 반도체 제외한 한국, 무역수지 '적자' 경고등

➡ '반도체 제외한 한국'은 '반도체 외/반도체 없는 한국'이라는 뜻이고 '무역수지'는 '수출입과 관련된 이익', '적자'는 '수입보다 지출이 많은 상황', '경고등'은 '위험하다'를 의미한다. 따라서 정답은 ②번이다.

28.

> 많은 사람들이 이용하고 있는 소셜 미디어(SNS)는 국제관계에서 중요한 역할을 하고 있다. 사람들은 소셜 미디어를 통해 개인적으로 다른 국가의 문화를 배우며 그 나라 사람들과 다양한 정보를 교환하기도 한다. 이러한 과정을 통해 서로 다른 문화를 더 깊이 이해하게 된다. 결국 (개인 간의 교류가 활발해지면서) 국가 간의 이해가 높아지고, 원만한 국제관계를 유지하는 데에도 도움이 되는 것이다.

➡ 이 글은 국제관계에서 소셜 미디어의 역할에 대한 것이다. 빈칸은 소셜 미디어가 국가 간의 이해를 높이고 원만한 관계를 유지하는 방법을 설명하는 부분이다. 소셜 미디어를 통해 개인이 다른 국가의 문화를 배우고, 다양한 정보를 교환하는 것이 이에 해당한다. 따라서 정답은 ④번이다.

29.

'세 살 버릇 여든까지 간다'는 속담에서 보듯이, 어린 시절의 버릇은 시간이 지나면 고치기 어렵다. 예를 들어, 어릴 때 손톱을 물어뜯는 버릇이 있었다면 성인이 되어서 자신도 모르게 그 행동을 반복하게 된다. 이러한 행동은 주로 스트레스나 불안을 푸는 방법 중 하나로 사용되는 경우가 많다. 따라서 긴장 상황이 발생할 때마다 (스트레스를 줄일 수 있기) 때문에 손톱을 물어뜯는 행동이 더욱 심해진다.

→ 빈칸의 내용은 손톱 물어뜯는 버릇에 대한 것이다. 이 글에서는 손톱을 물어뜯는 버릇이 스트레스나 불안을 푸는 방법 중 하나로 사용된다고 하였다. 이에 따라 긴장 상황이 발생할 때마다 스트레스를 줄일 수 있기 때문에 손톱을 물어뜯는 행동이 심해짐을 말하고 있다. 따라서 정답은 ②번이다.

30.

사람들과 잘 지내기 위해서는 다른 사람의 감정을 이해하는 능력이 중요하다. 감정을 잘 이해하는 사람은 다른 사람과 쉽게 친해질 수 있다. 하지만 타인의 감정에만 신경을 쓰고 집중하다 보면 (자신의 감정을 돌보지 않고) 소홀히 다룰 가능성이 높아진다. 이런 상황이 반복되면 갑자기 기분이 우울해지거나, 일상생활이 힘들게 느껴질 수가 있다. 따라서 타인의 감정에 적절히 공감하면서 자신의 내면도 살펴야 한다.

→ 빈칸의 내용은 공감 능력이 높은 사람들에 대한 것이다. 이 글에서는 공감 능력이 지나치게 높으면 갑자기 우울해지거나 일상생활이 힘들 수가 있다고 하였다. 그래서 자신의 내면도 살펴야 한다고 하였다. 따라서 정답은 ②번이다.

31.

국제적으로 유명한 한 다국적 커피 기업은 성공의 비결로 두 가지를 꼽는다. 하나는 고객에게 최고의 서비스를 제공한다는 고급화 전략이다. 이는 커피가 밥 한 끼보다 비쌀 수 있고 이를 소비하는 고객이 특별하다는 인식을 주어 성공하였다. 두 번째는 현지화 전략으로 (여러 나라의 문화나 정서를 고려하여) 커피를 생산, 판매, 마케팅을 하는 것이다. 예를 들어 한국에서는 빨리빨리 문화를 고려하여 휴대전화로 미리 커피를 주문하는 시스템을 개발하기도 했다.

→ 빈칸의 내용은 유명한 다국적 커피 기업의 현지화 전략에 대한 것이다. 이 글에서는 현지화 전략으로서 한국에서는 빨리빨리 문화를 고려하여 휴대전화로 미리 커피를 주문하는 시스템을 개발했다고 하였다. 따라서 정답은 ④번이다.

32.

ⒶⒷ전쟁이나 정치적 문제로 인해 고향을 떠나야 하는 사람들이 있다. 이들은 안전한 삶을 찾아 다른 나라로 가게 되지만 새로운 환경에서 적응하는 데 많은 어려움을 겪는다. ⒷⒸ국제 사회는 난민 문제를 심각하게 여기고 이들을 돕기 위해 다양한 프로그램들을 운영하고 있다. Ⓓ국제 사회의 노력 덕분에 이들은 기본적인 생활을 유지하며 안전을 보장받을 수 있다.

→ ① 난민은 고향으로 돌아가는 사람들이다.
　　→ 난민은 고향을 떠나야 하는 사람들이다. Ⓐ

② 난민들은 경제적인 이유로 고향을 떠난다.
　　→ 난민은 전쟁이나 정치적 문제 때문에 고향을 떠난다. Ⓑ

③ 국제 사회에서 난민 문제는 큰 문제가 아니다.
　　→ 국제 사회에서 난민 문제를 심각하게 여기고 있다. Ⓒ

④ 국제 사회는 난민을 위해 많은 노력을 기울이고 있다. Ⓓ
　　정답

33.

거울은 우리의 모습을 비추어 주는 물건이다. 우리는 Ⓐ거울을 통해 외모를 확인하고 꾸미며 자신을 보게 된다. 거울은 단순한 Ⓑ도구 이상의 역할을 하며 우리의 자존감과 연결될 수 있다. 즉 Ⓓ자존감이 높은 사람들은 거울 속 자기 모습을 긍정적으로 받아들이지만, Ⓒ자존감이 낮은 사람들은 자신을 비판적으로 바라본다.

→ ① 거울은 자기 외모를 확인하고 평가하는 데 사용된다. Ⓐ
　　정답

② 거울은 다른 사람을 관찰하기 위해 만들어진 도구다.
　　→ 거울은 자기를 관찰하는 도구 이상의 역할을 한다. Ⓑ

③ 자존감 낮은 사람들은 거울을 통해 자신감을 얻는다.
　　→ 자존감이 낮은 사람들은 거울 속 자신을 비판적으로 바라본다. Ⓒ

④ 자존감이 높은 사람들은 거울 속 자신을 부정적으로 본다.
　　→ 자존감이 높은 사람들은 거울 속 자기 모습을 긍정적으로 본다. Ⓓ

34.

> ©ⓓ감정 노동자는 자신의 감정을 감추고 고객을 대해야 하는 사람이다. ④서비스 산업에서 근무하는 이들은 고객의 요구에 맞추기 위해 늘 밝은 미소를 지어야 한다. 그러나 자신의 감정을 살피지 않고 상대방을 대하는 감정 노동은 개인의 정신 건강에 큰 영향을 미치며 장기적으로 사회 전체에도 부정적인 영향을 줄 수 있다. ⑧이를 해결하기 위해 감정 노동자에게 정기적으로 심리치료를 받게 하는 등의 적극적인 지원을 제공해야 한다.

➜ ① 감정 노동자는 주로 생산업에서 일하고 있다.

　　→ 감정 노동자는 서비스 업종에서 주로 근무한다. ④

② 감정 노동 문제는 개인의 노력으로 해결할 수 있다.

　　→ 정기적인 심리치료 등의 지원책이 필요하다. ⑧

③ 감정 노동자는 일할 때 자신의 감정을 조절해야 한다. ©

　　정답

④ 감정 노동자는 고객을 대할 때 자신의 감정을 표현한다.

　　→ 감정 노동자는 자신의 감정을 감추고 고객을 응대해야 한다. ⓓ

35.

> 현대 사회는 다양한 문화적 배경을 가진 사람들이 함께 어울려 살아가는 다문화사회이다. **다문화적 환경에서는 서로의 차이를 인정하고 존중하는 것이 중요하다.** 서로의 문화를 이해하고 활발하게 소통하면서 우리는 더욱 풍부한 사회적 경험을 할 수 있다. 이러한 다문화적 경험은 개인과 사회 모두에 긍정적인 영향을 미친다.

➜ 이 글은 다문화사회에 대해 말하고 있다. '**다문화적 환경에서는 서로의 차이를 인정하고 존중하는 것이 중요하다.**'라는 내용을 통해 다문화사회에서는 서로 다른 점을 인정하고 존중하는 것이 중요함을 알 수 있다. 따라서 정답은 ④번이다.

36.

> 인터넷은 세계화를 가능하게 하는 중요한 수단이 된다. 정보와 문화가 인터넷을 통해 전 세계로 빠르게 퍼지면서 국가 간의 경계는 점점 더 사라지고 있다. 그러나 인터넷은 국제적인 소통을 활발하게 하는 동시에 거짓 정보의 확산이라는 위험도 가지고 있다. 거짓 정보가 확산되면 **사회적 불안이 커질 수 있기 때문에 거짓 정보를 효과적으로 막고 믿을 수 있는 정보를 제공하는 방법을 찾아야 한다.**

➜ 이 글은 인터넷의 세계화와 함께 거짓 정보 확산으로 인한 사회적 불안의 위험성에 대해 말하고 있다. '**거짓 정보를 막고 믿을 수 있는 정보를 제공하는 방법을 찾아야 한다.**'라는 내용을 통해 거짓 정보를 방지하기 위한 방안이 필요함을 알 수 있다. 따라서 정답은 ④번이다.

37.

> 전염병 확산을 막기 위한 사회적 거리두기는 일상생활의 일부가 되었다. 사람들은 사회적 거리두기를 실천하면서 서로 가까이 접촉하지 않도록 조심하며 일상생활을 유지하고 있다. 그러나 사람을 가까이 하지 못하다 보면 외로움과 스트레스로 정신 건강에 부정적인 영향을 받을 수 있다고 한다. **전문가들은 거리두기를 실천할 때 신체적 건강뿐만 아니라 정신적인 안정을 유지하는 방법도 함께 고려해야 한다**고 조언하고 있다.

➜ 이 글은 사회적 거리두기에 대해 말하고 있다. 전문가들은 '**사회적 거리두기를 할 때 신체적 건강뿐만 아니라 정신적인 안정을 유지하는 방법도 고려해야 한다.**'고 하였다. 따라서 정답은 ③번이다.

38.

> **국제 사회는 기후 변화, 경제 불안정 등 다양한 국제적 문제를 해결하기 위해 지속적으로 협력하고 있다.** 각국은 이러한 문제에 대응하기 위해 자원을 함께 나누고 기술을 교환하며 공동의 목표를 설정하고 있다. 이 과정에서 국제기구는 국제적인 문제 해결을 위해 중요한 역할을 맡고 있으며, **이러한 국제적인 협력과 노력**은 전 세계가 과제를 해결하는 데 필수적인 요소로 자리잡고 있다.

➜ 이 글은 국제 사회의 문제와 해결 방법에 대해 말하고 있다. '**국제 사회는 기후 변화, 경제 불안정 등 다양한 국제적 문제를 해결하기 위해 지속적으로 협력하고 있다.**', '**이러한 국제적인 협력과 노력**' 등의 문장을 통해 국제 문제는 국제 사회에서 협력하여 해결하는 것이 필요함을 알 수 있다. 따라서 정답은 ①번이다.

❶ 언어 · 교육

25	26	27	28	29	30	31
③	②	③	②	②	①	①
32	33	34	35	36	37	38
②	③	④	②	④	③	①

25.

> 사라지는 사투리, 정부의 다양한 보존 정책 필요

➜ '보존'은 '잘 보호하고 남김'이라는 뜻이고 '정책 필요'는 '정책을 마련해야 한다'를 의미한다. 따라서 정답은 ③번이다.

26.

> 지나친 외래어 사용, 세대 간 소통 가로막아

➜ '지나치다'는 '일정한 한도를 넘어 정도가 심하다'라는 뜻이고 '가로막아'는 '못하도록 방해하거나 막다'를 의미한다. 따라서 정답은 ②번이다.

27.

> 유아의 언어 발달 지연, 4년 새 두 배 '훌쩍'

➜ '지연'은 '늦게 나타나다/느리다'라는 뜻이고 '훌쩍'은 '단숨에 가볍게 뛰거나 날아오른 모양'을 나타내는 말로, 여기서는 '늘어나다/증가하다'를 의미한다. 따라서 정답은 ③번이다.

28.

> 한 국가에서 공통적으로 사용하기로 정한 언어를 표준어라고 한다. 표준어는 지역에 따라 (사용되는 언어가 다르기) 때문에 생기는 의사소통의 어려움을 덜기 위한 것이다. 대체로 그 나라의 수도 및 문화의 중심지에서 교양 있는 사람들이 두루 쓰는 현대어가 표준어가 된다. 예를 들면, 한국의 서울말, 영국의 런던어, 프랑스의 파리어, 일본의 도쿄어 등이 있다.

➜ 빈칸의 내용은 의사소통의 어려움이 생기는 원인에 대한 것이다. 이 글에서는 표준어를 한 국가에서 공통적으로 사용하기로 정한 언어라고 했다. 표준어를 정한 이유는 지역에 따른 언어의 차이 때문에 생기는 의사소통의 어려움을 덜기 위한 것이라 하였다. 따라서 정답은 ②번이다.

29.

> 가온초등학교는 전체 학생이 스무 명밖에 되지 않는 작은 시골 학교이다. 올해는 학교와 지역 사회가 학교를 살리기 위해 발 벗고 나섰다. 학교에서는 모든 학생들에게 외국어, 컴퓨터, 피아노 등의 특성화 수업을 무료로 실시하기로 했다. 또한 지역 사회는 학교 근처에 체험장을 만들어 학생들이 다양한 생태 체험 학습을 할 수 있도록 돕기로 했다. 이처럼 이 학교는 (특성화 수업과 다양한 활동으로) 폐교 위기에서 벗어날 수 있었다.

➜ 빈칸의 내용은 학교가 폐교 위기에서 벗어날 수 있었던 방법에 대한 것이다. 이 글에서는 학교에서 특성화 수업을 무료로 실시하고 지역 사회에서 다양한 체험 학습을 할 수 있도록 돕는다고 하였다. 따라서 정답은 ②번이다.

30.

> 국제 음성 기호는 전 세계에서 사용되는 모든 말소리를 정밀하게 표기하기 위해 만든 것이다. 모음과 자음뿐만 아니라 소리의 높낮이, 세기 등을 나타낼 수 있는 기호로 구성되어 있다. 이 기호를 알고 있으면 외국어를 배우는 데 도움이 된다. 특히 영어와 같이 글자와 말소리가 일치하지 않아서 발음을 알기 어려운 언어를 배울 때 (정확한 말소리를 알 수 있어서) 편리하다.

➜ 빈칸의 내용은 국제 음성 기호를 알면 편리한 이유에 대한 것이다. 이 글에서 국제 음성 기호는 전 세계에서 사용되는 모든 말소리를 정밀하게 표기하기 위해 만든 것이라 하였다. 따라서 정답은 ①번이다.

31.

> 제2언어를 학습할 때 어린이가 어른보다 뛰어나다는 점을 보여주는 연구가 많다. 한 연구에 따르면, 어린이의 두뇌에는 세포 자체 내에 언어 습득과 관련된 수용성이 있어서 외국어를 빨리 익힌다고 한다. 어린이와 달리 어른의 두뇌는 이 수용성이 감소해서 (외국어 습득이 느리다고) 한다. 실제로 주변에서 어린 나이에 외국어를 배울수록 더 빨리 습득하는 것을 볼 수 있다.

➜ 빈칸의 내용은 외국어를 습득할 때 어린이의 두뇌와 어른의 두뇌를 비교하여 설명한 것이다. 이 글에서는 어린이의 두뇌에는 언어 습득과 관련된 수용성이 들어 있어서 외국어 습득이 빠르다고 하였다. 반면 어른의 두뇌는 이 수용성이 감소한다고 하였다. 따라서 정답은 ①번이다.

32.

> 한 언어가 지역에 따라 달라진 것을 사투리라고 한다. Ⓐ 사투리는 주로 산이나 바다 같은 지형과 행정 구역에 따라 달라진다. ⒷⒸ사투리는 독립적인 언어 체계를 가지고 있는 자연 언어로서 그 지역의 독특한 생활 문화를 반영한다. Ⓓ 그리고 같은 사투리를 사용하는 지역은 생활 방식이나 사고 방식 등에서 비슷한 모습을 갖는다.

➡ ① 사투리는 행정 구역의 차이와 관련이 없다.
　　→ 사투리는 주로 산이나 바다 같은 지형과 행정 구역에 따라 달라진다. Ⓐ
　② 사투리는 그 지역의 고유한 생활 문화를 반영한다. Ⓑ 정답
　③ 사투리는 독립적인 언어 체계를 가지지 않는 자연 언어이다.
　　→ 사투리는 독립적인 언어 체계를 가지고 있는 자연 언어이다. Ⓒ
　④ 사투리는 생활 방식이나 사고방식이 비슷한 사람들이 사용한다.
　　→ 사투리를 사용하는 지역에서 생활 방식이나 사고방식 등이 비슷하게 나타난다. Ⓓ

33.

> Ⓑ한국어에는 소리나 모양을 흉내 내는 다양한 표현이 있다. Ⓐ가벼운 기침 소리는 '콜록콜록'이라고 하고 심한 기침 소리는 '쿨럭쿨럭'이라고 한다. Ⓒ그리고 큰 걸음으로 걷는 모양은 '성큼성큼'이라고 하고, 작은 걸음으로 조용히 걷는 모양은 '살금살금'이라고 한다. Ⓓ글을 쓰거나 말을 할 때 흉내 내는 말을 적절하게 사용하면 전달하려는 느낌을 훨씬 생생하게 표현할 수 있다.

➡ ① '콜록콜록'은 기침하는 모양을 흉내 내는 말이다.
　　→ '콜록콜록'은 가벼운 기침 소리를 흉내 내는 말이다. Ⓐ
　② 한국어는 소리를 흉내 내는 표현이 발달하지 않았다.
　　→ 한국어에는 소리나 모양을 흉내 내는 다양한 표현이 있다. Ⓑ
　③ '살금살금'과 '성큼성큼'은 걷는 모양을 흉내 내는 말이다. Ⓒ 정답
　④ 흉내 내는 말을 많이 사용할수록 느낌이 더 생생하게 전달된다.
　　→ 흉내 내는 말을 적절하게 사용하면 느낌을 훨씬 생생하게 전달할 수 있다. Ⓓ

34.

> Ⓐ『훈민정음』은 조선 시대 집현전 학자들이 쓴 한글 해설서이다. Ⓒ이 책에는 세종대왕이 한글을 만든 이유와 한글에 대한 자세한 설명 그리고 사용법 등이 기록되어 있다. Ⓓ 특히 한글을 만들 때 자음은 발음 기관의 모양과 움직임을 본떴으며, 모음은 하늘과 땅 그리고 사람의 모양을 본떴다는 제자원리가 담겨 있다. Ⓑ이 책은 한국의 소중한 문화유산일 뿐만아니라 유네스코에서 지정한 세계기록유산이기도 하다.

➡ ① 『훈민정음』은 세종대왕이 쓴 한글 해설서이다.
　　→ 『훈민정음』은 조선 시대 집현전 학자들이 쓴 한글 해설서이다. Ⓐ
　② 이 책은 한국의 문화유산이지만 세계 기록 유산은 아니다.
　　→ 이 책은 한국의 문화유산으로 유네스코에서도 세계 기록 유산으로 선정했다. Ⓑ
　③ 이 책에는 세종대왕이 한글을 만든 이유가 나타나지 않는다.
　　→ 이 책에는 한글을 만든 이유와 이에 대한 자세한 설명이 기록되어 있다. Ⓒ
　④ 한글의 자음은 발음 기관의 모양과 움직임을 본떠서 만들어졌다. Ⓓ 정답

35.

> 신조어는 현대 사회의 변화에 따라 새로 생긴 말이나 새롭게 들어온 외래어를 말한다. 신조어는 표준어로 인정되어 사전에 실리기도 하고 유행이 지나면 사라지기도 한다. 이런 신조어에 대해 세대 간 의사소통을 어렵게 하고 기존의 글자 체계를 벗어나 언어 파괴를 불러일으킨다는 우려가 있다. 하지만 신조어는 현대 사회의 변화를 빠르게 반영하기 때문에 시대의 흐름을 파악하는 데 도움을 준다.

➡ 이 글은 신조어에 대해 말하고 있다. '신조어는 현대 사회의 변화를 빠르게 반영하기 때문에 시대의 흐름을 파악하는 데 도움을 준다.'라는 내용을 통해 신조어가 시대의 흐름을 이해하는 데 도움이 됨을 알 수 있다. 따라서 정답은 ②번이다.

36.

> 아동을 대상으로 하는 조기 교육이 열풍이다. 과거에도 재능이 있는 아동에게 음악과 같은 예체능을 가르치는 경우가 있었다. 그런데 요즘은 예체능을 포함하여 대학 입시와 관련된 국어, 영어, 수학과 같은 교과목을 가르치는 경우가 많다. 조기 교육이 재능 계발보다는 학교에서 좋은 성적을 얻기 위해 이루어지는 것이다. 이런 교육은 아동의 자발적 동기보다 부모의 바람이 반영된 것으로 개선될 필요가 있다.

➜ 이 글은 조기 교육의 문제에 대해 말하고 있다. '이런 교육은 아동의 자발적 동기보다 부모의 바람이 반영된 것으로 개선될 필요가 있다.'라는 내용을 통해 아동의 자발적 동기가 반영되지 않은 조기 교육은 바람직하지 않다는 것을 알 수 있다. 따라서 정답은 ④번이다.

37.

> 공공 기관에서 일반 국민을 대상으로 공공의 목적을 실현하기 위해 사용하는 언어를 '공공 언어'라고 한다. 공공 기관에서는 정확한 정보를 전달해야 하므로 누구나 쉽게 이해할 수 있는 공공 언어를 사용해야 한다. 어려운 한자어나 낯선 외래어 대신 쉬운 한국어를 사용하고 전문 용어는 쉽게 풀어서 설명해야 한다. 만약 공공 기관에서 일반 국민이 이해할 수 없는 어려운 공공 언어를 사용한다면 사회 구성원 간의 소통을 방해해서 불필요한 오해를 초래할 수 있다.

➜ 이 글은 공공 기관에서 사용하는 공공 언어에 대해 말하고 있다. '공공 기관에서는 정확한 정보를 전달해야 하기 때문에 누구나 쉽게 이해할 수 있는 공공 언어를 사용해야 한다.'라는 내용을 통해 공공 기관에서는 누구나 쉽게 이해할 수 있는 공공 언어를 써야 함을 알 수 있다. 따라서 정답은 ③번이다.

38.

> 평생 교육은 성인 학습자에게 다양한 학습 기회를 제공함으로써 이들의 직업 능력을 개발하고 지적 호기심을 충족시켜 주는 역할을 한다. 각 지역의 대학은 이러한 평생 교육이 이루어지는 대표적인 장소이다. 특히 대학은 지역 주민들을 위한 맞춤형 프로그램을 개발하고 제공하는 데 앞장선다. 평생 교육이 필수적인 재교육으로 인식되고 있는 만큼 정부에서는 대학이 지역에 맞는 프로그램을 개발할 수 있도록 적극적으로 지원해야 한다.

➜ 이 글은 평생 교육을 담당하는 대학에 대한 정부의 지원에 대해 말하고 있다. '평생 교육이 필수적인 재교육으로 인식되고 있는 만큼 정부에서는 대학이 지역에 맞는 프로그램을 개발할 수 있도록 적극적으로 지원해야 한다.'라는 내용을 통해 정부는 대학이 지역별 프로그램을 만들 수 있도록 도와야 함을 알 수 있다. 따라서 정답은 ①번이다.

PART 2. 인문 분야
❷ 문학 · 역사

25	26	27	28	29	30	31
④	③	①	③	①	①	③

32	33	34	35	36	37	38
③	③	④	②	④	④	③

25.

> 해외 문학상 후보에 줄줄이 오른 한국 문학, 서점가 북적

➜ '줄줄이'는 '잇따라'라는 뜻이고 '서점가 북적'은 '서점가를 찾는 사람이 많아 붐비는 것'을 의미한다. 따라서 정답은 ④번이다.

26.

> 드라마 '졸업' 인기, 원작 소설 매출 8배 껑충

➜ '매출'은 '물건 등을 파는 것'을 뜻하고 '껑충'은 '어떠한 단계나 순서를 단번에 많이 건너뛰는 모양'을 의미하여 '크게 늘다'의 뜻이다. 따라서 ③번이다.

27.

> 독특한 제목의 도서, 전 세계 독자들 시선 끌어

➜ '독특한 제목'은 '특별하게 다른, 즉 눈에 띄는 색다른 제목'이라는 뜻이고 '시선을 끌다'는 '눈길을 사로잡다'를 의미한다. 따라서 정답은 ①번이다.

28.

> 독자는 책을 읽는 동안 작품 속의 인물, 사건, 배경을 끊임없이 상상하고 분석한다. 그러면서 작품에 가까이 다가가기도 하고 멀어지기도 한다. 이러한 과정은 독자가 작품을 이해하고 그 작품을 독자 자신의 것으로 만드는 데 필수적인 요소이다. 즉, 독자가 (작품과 상호 작용하는 과정)에서 글의 의미가 구성되는 것이다.

➜ 빈칸의 내용은 독자가 작품과 상호 작용하는 과정에서 글의 의미를 구성하는 것에 대해 말하고 있다. 이 글에서는 독자가 책을 읽는 동안 작품의 내용을 상상하고 분석하면서 작품을 자기 것으로 만든다고 하였다. 이는 곧 독자가 작품과 상호 작용한다는 것을 의미한다. 따라서 정답은 ③번이다.

29.

> 오래전 시는 사랑의 메세지를 담은 노래로 사람들의 입에서 입으로 전해졌다. 중세까지도 시는 노래로 불리는 것이 일반적이었으며, 근대에 들어선 이후에야 읽는 산문시로 변화되었다. 이는 (시의 근원이 노래였음)을 의미한다. 노래가 기록되기 시작하면서 노래의 기능보다 형식이 강조되고 끝내 음악적 특징이 줄어든 것이다.

➡ 빈칸의 내용은 시의 근원에 대한 것이다. 이 글에서는 오래전부터 시가 노래였으며 근대에 들어서 산문시로 변화되었다고 하였다. 따라서 정답은 ①번이다.

30.

> 우리는 역사를 배우면서 과거의 세계를 만나게 된다. 역사를 통해 과거의 사건을 간접적으로 경험하게 되면서 과거의 사실을 바르게 이해할 수 있다. 또한 역사 속에서 여러 어려움을 슬기롭고 용감하게 극복한 인물을 만나게 됨으로써 인간적으로 성장하고 성숙해질 수 있다. 이는 과거에 펼쳐진 그들의 역사적인 경험이 우리에게 (삶의 지혜와 용기를 주기) 때문이다.

➡ 빈칸의 내용은 역사를 배우면서 얻을 수 있는 것에 대한 것이다. 이 글에서는 역사 속에서 여러 어려움을 슬기롭고 용감하게 극복한 인물을 만나게 됨으로써 인간적으로 성장하고 성숙해질 수 있다고 하였다. 따라서 정답은 ①번이다.

31.

> '문학이란 무엇인가?'에 대한 답은 '인생이란 무엇인가'라는 질문에서부터 시작될 수 있다. 인생은 사회, 정치, 경제, 역사 등 우리 주변의 수많은 요소와 관련되어 있는데 이런 복잡한 인생을 글로 표현한 예술이 바로 문학이기 때문이다. 따라서 '문학은 곧 인생이다'라고 말할 수 있다. 다시 말해, 문학은 (수많은 사람의 삶의 기록)이라고 할 수 있을 것이다.

➡ 빈칸의 내용은 문학이란 무엇인가에 대한 것이다. 이 글에서 문학은 복잡한 인생을 글로 표현한 예술이기 때문에 곧 인생이라고 했다. 즉 문학은 사람들의 삶을 기록한 것이라고 할 수 있다. 따라서 정답은 ③번이다.

32.

> 역사에는 두 가지 의미가 있는데 그것은 있는 그대로의 '과거의 사실'과 역사가에 의해 '기록된 사실'이다. ⓓ'과거의 사실'은 객관적인 것이고, '기록된 사실'은 역사가가 주관적으로 다시 구성한 것이다. 즉, 역사는 기록하는 사람에 따라 다르게 표현될 수 있다. ⒶⒷⒸ결국 역사책에는 역사가가 중요하다고 여기는 사실과 주관적인 해석이 함께 담기게 된다.

➡ ① 역사가는 누구나 인정하는 사실만 책에 담는다.
   → 역사책에는 역사가가 중요하다고 여기는 사실과 주관적인 해석이 담긴다. Ⓐ

② 역사가는 모든 역사적 사실을 객관적으로 표현한다.
   → 역사책에는 역사가가 중요하다고 여기는 사실과 주관적인 해석이 담긴다. Ⓑ

③ 역사가는 사실을 선택하고 그것에 의미를 부여한다. Ⓒ
   정답

④ 역사가는 역사를 주관적으로 평가하여 기록하지 않는다.
   → '기록된 사실'은 역사가가 주관적으로 다시 구성한 것이다. ⓓ

33.

> Ⓐ어떤 사람들은 모든 예술이 생활에서의 필요로 인해 시작되었다고 주장한다. 이들은 동굴에 그려진 들소 그림이 원시인이 사냥하기에 가장 적합한 대상을 그려놓은 것이라고 말한다. Ⓒ후손들에게 사냥의 효과적인 방법을 교육하기 위한 용도였다는 것이다. ⒷⒹ또한 지금은 우리에게 장식품처럼 여겨지는 것도 원시인 생활에서는 필수 도구로 활용되었다고 강조한다.

➡ ① 모든 예술은 심리적인 이유로 시작된 것이다.
   → 어떤 사람들은 모든 예술이 생활에서의 필요로 인해 시작되었다고 주장한다. Ⓐ

② 인간의 생활과 예술 작품의 관계는 가깝지 않다.
   → 장식품으로 여겨지는 것도 원시인 생활에서는 필수 도구로 활용되었다. Ⓑ

③ 동굴 속 그림은 후손 교육을 목적으로 그려졌다. Ⓒ **정답**

④ 원시인들의 장식품은 인간의 즐거움을 위한 도구였다.
   → 원시인들의 장식품은 원시인 생활에서는 필수 도구로 활용되었다. ⓓ

34.

ⓒ역사는 선사 시대와 역사 시대로 나뉘는데 그 기준은 문자의 사용이다. 문자를 사용하기 이전의 시대를 선사 시대, 문자를 사용한 이후의 시대를 역사 시대라고 한다. Ⓐ선사 시대는 돌, 구리와 주석, 철 등 사용한 도구에 따라 구분한다. Ⓑ이에 반해 역사 시대는 시간의 흐름과 특정한 정치적, 사회적, 경제적, 문화적 측면 등을 고려하여 구분한다.

➡ ① 인류의 시작은 역사 시대로 거슬러 올라간다.
　　→ (글에서 알 수 없음)

② 선사 시대는 문자의 종류에 따라 구분될 수 있다.
　　→ 선사 시대는 돌, 구리와 주석, 철 등 사용한 도구에 따라 시대를 구분한다. Ⓐ

③ 역사 시대는 사용한 도구에 따라 다시 나누어진다.
　　→ 역사 시대는 시간의 흐름과 특정한 정치적, 사회적, 경제적, 문화적 측면 등을 고려하여 구분한다. Ⓑ

④ 시대를 나누는 기준은 문자의 사용과 관련이 있다. ⓒ
정답

35.

문학에서 작가는 어떤 것보다 중요한 요소이다. 작가가 있어야 작품이 존재할 수 있고 작가의 사상과 감정이 그대로 작품에 담길 수밖에 없기 때문이다. 따라서 작품을 해석할 때는 작가와 관련된 다양한 요소를 살펴볼 필요가 있다. 작가의 인적 사항이나 사상, 심리 상태 등이 작품을 이해하는 데 많은 도움이 될 수 있다.

➡ 이 글은 문학 작품에서 작가의 중요성에 대해 말하고 있다. '작품을 해석할 때는 작가와 관련된 다양한 요소를 살펴볼 필요가 있다.'라는 내용을 통해 작가에 관한 연구를 통해 작품의 의미를 파악해야 함을 알 수 있다. 따라서 정답은 ②번이다.

36.

아무리 훌륭한 작품이라도 독자가 읽지 않는다면 그 작품은 존재 의미가 없다고 볼 수 있다. 문학은 작가와 독자의 소통을 전제로 하므로 작가의 창작만큼 독자의 독서 행위도 중요하다. 따라서 작품의 의의를 말할 때는 독자의 독서 과정을 들여다봐야 한다. 작품을 읽으면서 독자가 무엇을 알게 되었는지, 독자가 무엇을 느끼고 생각했는지, 어떤 교훈을 얻었는지에 대해 살펴봐야 한다.

➡ 이 글은 작품과 독자의 관계에 대해 말하고 있다. '따라서 작품의 의의를 말할 때는 독자의 독서 과정을 들여다봐야 한다'라는 내용을 통해 작품의 진정한 의미는 독자의 능동적인 독서로부터 비롯됨을 알 수 있다. 따라서 정답은 ④번이다.

37.

인류는 두 발로 걸으면서 가장 많은 변화를 이루었다. 두 다리로 일어선 순간부터 손이 자유로워지면서 두 손으로 열매를 따 먹고 도구를 제작할 수 있게 되었다. 그리고 불을 사용하여 추운 곳에서 따뜻하게 지내고 음식도 익혀 먹을 수 있게 되었다. 이처럼 인류가 획기적으로 발전하게 된 결정적인 계기는 직립 보행에서 찾을 수 있다.

➡ 이 글은 인류의 직립 보행에 대해 말하고 있다. '이처럼 인류가 획기적으로 발전하게 된 결정적인 계기를 직립 보행에서 찾을 수 있다.'라는 내용을 통해 인간은 두 발로 걷기 시작하면서 뛰어난 존재가 될 수 있었음을 알 수 있다. 따라서 정답은 ④번이다.

38.

과거에 있었던 일을 직접 겪을 수 없으므로 역사가는 역사적 상상력을 더해 과거의 일을 재현해 낸다. 그런데 이때 상상력은 과학적이고 타당한 근거를 바탕으로 해야 한다. 객관적인 사실을 기준으로 삼지 않고 역사를 자신에게 유리하도록 왜곡하는 것은 옳지 않다. 역사적 사실을 조작하는 것은 분명한 범죄 행위라는 것을 알아야 한다.

➡ 이 글은 역사적 사실을 왜곡하는 것에 대해 말하고 있다. '역사적 사실을 조작하는 것은 분명한 범죄 행위라는 것을 알아야 한다.'를 통해 역사를 거짓으로 꾸며내는 것은 위법한 행위임을 알 수 있다. 따라서 정답은 ③번이다.

PART 3. 예체능 분야
❶ 예술 · 스포츠

25	26	27	28	29	30	31
③	④	④	③	①	②	①

32	33	34	35	36	37	38
④	②	④	③	④	④	③

25.

> 세계 유명 오케스트라, 서울 첫 연주회 '호평 일색'

→ '세계 유명 오케스트라'는 '세계적 명성을 가진 오케스트라'라는 의미이고, '호평 일색'은 '좋은 평가만 있다'는 뜻이다. 따라서 정답은 ③번이다.

26.

> 현대 미술전, 다양한 작품으로 관람객 발길 이어져

→ '발길(이) 이어지다'는 '어디에 찾아오는 사람이 끊이지 않고 계속되다'라는 의미이다. 따라서 정답은 ④번이다.

27.

> 한국 다이빙 선수단, 올림픽 메달 노린다!

→ '노리다'는 '어떤 목적을 가지고 하려고 하다'라는 의미이다. 따라서 정답은 ④번이다.

28.

> 우리는 화가들이 직접 자기 모습을 그린 자화상을 볼 수 있다. 화가는 가장 잘 알고 있는 자신의 모습을 그리면서 (자신의 겉모습과 속마음을) 표현하고자 하였다. 그래서 자화상 속에는 화가 자신의 외모뿐만 아니라 감정과 생각도 함께 담겨 있다. 우리는 이러한 자화상을 통해 화가의 가치관이나 작품 세계를 쉽게 이해할 수 있다.

→ 빈칸의 내용은 화가가 자화상 속에 표현한 것에 대한 것이다. 이 글에서는 화가가 그린 자화상 속에 자신의 외모, 감정, 생각이 담겨 있다고 말하고 있다. 따라서 정답은 ③번이다.

29.

> 사람들은 음악을 들으면서 우울한 기분을 달래기도 하고 즐거운 기분을 북돋우기도 한다. 음악에는 뇌에 있는 신경 전달 물질의 분비를 촉진해 (기분을 좋게 만들어 주는) 기능이 있기 때문이다. 또한 음악은 진통제 역할을 하는 엔도르핀의 분비를 도와 환자들의 통증을 줄일 수도 있다. 이렇게 음악은 우리에게 긍정적인 영향을 미친다.

→ 빈칸의 내용은 음악의 긍정적 영향에 대한 것이다. 이 글에서는 사람들이 음악을 들으면서 우울한 기분을 달래기도 하고 즐거운 기분을 북돋우기도 한다고 말하고 있다. 따라서 정답은 ①번이다.

30.

> 씨름은 한국의 전통 운동이자 민속놀이로 지금도 한국의 명절에는 씨름 대회가 열린다. 씨름은 두 명의 선수가 샅바나 옷을 잡고 상대방을 넘어뜨려 상대방의 신체가 땅에 닿으면 이기는 경기이다. 얼핏 보면 무조건 (키가 크고 힘이 센 사람이) 이길 것 같지만 꼭 그렇지는 않다. 씨름은 기술도 중요하기 때문에 상대방의 힘을 이용할 줄 알아야 경기에서 이길 수 있다.

→ 빈칸의 내용은 보통 씨름에서 이길 것으로 예상되는 사람의 신체적 특징에 대한 것이다. 이 글에서는 상대방을 넘어뜨릴 수 있는 신체적 조건을 가진 사람이 무조건 이길 것 같지만 꼭 그렇지는 않다고 말하고 있다. 따라서 정답은 ②번이다.

31.

> 디지털 기술의 도입으로 공연 예술에 큰 변화가 일어나고 있다. 먼저 전통적인 무대 공연 외에도 가상 현실과 같은 새로운 형태의 공연이 등장했다. 그리고 예술가들은 (더 많은 관객과 만날 수 있는) 방법을 찾아 온라인 플랫폼으로 작품을 홍보하여 많은 사람이 공연을 즐길 수 있게 하였다. 이처럼 공연에 도입된 디지털 기술은 관객들에게 생생한 경험을 제공하고 공연의 접근성도 높이고 있다.

→ 빈칸의 내용은 예술가들이 디지털 기술을 도입하는 이유에 대한 것이다. 예술가들은 온라인 플랫폼을 통해 작품을 홍보하면서 많은 사람이 공연을 즐길 수 있게 하고 있으며 공연에 도입된 디지털 기술이 관객들의 접근성을 높인다고 말하고 있다. 따라서 정답은 ①번이다.

32.

Ⓐ아리랑은 한국의 대표적인 민요로 사랑과 이별 그리고 생활의 어려움 등 민족의 삶을 담고 있다. Ⓑ이 노래는 혼자 또는 여럿이 함께 부를 수 있다. Ⓒ과거 민중들은 아리랑을 함께 부르며 마음속 슬픔을 잊고 서로 힘을 얻었다고 한다. Ⓓ이렇게 아리랑은 함께 일을 할 때 서로에게 힘을 주며 공동체의 의미를 강화하는 역할을 하기도 했다.

➡ ① 아리랑은 개인의 기쁨을 주로 노래한다.
   → 아리랑은 민족의 삶을 담고 있다. Ⓐ

② 아리랑은 힘들 때 혼자 부르는 것이 좋다.
   → 아리랑은 혼자 또는 여럿이 부를 수 있다. Ⓑ

③ 아리랑은 함께 부르면 슬픔이 더 커지는 노래이다.
   → 아리랑을 함께 부르는 동안 마음속 슬픔은 잊고 힘을 얻는다. Ⓒ

④ 아리랑은 함께하는 공동체의 의미를 느끼게 해 준다. Ⓓ
   정답

33.

언제 어디서나 Ⓓ남녀노소 불문하고 할 수 있는 운동 중 하나가 달리기이다. Ⓐ그러나 걷기와 다르게 달리기는 운동 강도가 높기 때문에 자신의 건강을 고려해서 해야 한다. Ⓒ또한 달리기는 심장, 폐, 근육에 자극을 많이 주므로 준비 운동과 마무리 운동이 필수적이다. Ⓑ무엇보다 자신의 체력에 맞는 속도로 달리는 것이 가장 중요하다.

➡ ① 달리기는 걷기보다 운동 강도가 낮다.
   → 걷기와 달리 달리기는 운동 강도가 높다. Ⓐ

② 달리기는 자신의 체력에 맞게 하는 것이 좋다. Ⓑ 정답

③ 달리기는 준비 운동보다 마무리 운동이 더 중요하다.
   → 달리기는 반드시 준비 운동과 마무리 운동을 해야 한다. Ⓒ

④ 달리기는 심장에 무리를 주므로 노인은 하지 않는 게 좋다.
   → 달리기는 남녀노소 불문하고 할 수 있다. Ⓓ

34.

메달은 운동 경기에서 좋은 결과를 얻은 사람에게 주어지는 상이다. Ⓒ Ⓐ초기에는 동전 모양의 단순한 형태로 제작되었지만 시간이 지나면서 점점 화려하고 정교해졌다. Ⓓ오늘날의 메달은 다양한 형태와 디자인으로 예술성과 상징성을 강조하고 있다. Ⓑ이러한 변화는 메달의 가치를 높이고 선수들에게 특별한 의미를 부여한다.

➡ ① 현대 메달은 동전 모양의 형태로 제작된다.
   → 초기에 동전 모양의 단순한 형태로 제작되었다. Ⓐ

② 메달 디자인의 변화는 선수들에게 큰 의미를 주지 않는다.
   → 메달 디자인의 변화는 선수들에게 특별한 의미를 부여한다. Ⓑ

③ 메달은 정교하고 화려한 디자인으로부터 시작되었다.
   → 초기 메달은 단순한 모양과 재료로 제작되었다. Ⓒ

④ 메달의 디자인은 시간이 지남에 따라 예술적으로 발전했다. Ⓓ 정답

35.

일상에서 피아노는 매우 친숙하며 수많은 음악가에게 사랑을 받는 악기이다. 이 악기는 오랜 시간에 걸쳐 무수히 많은 장인의 시행착오와 도전으로 만들어졌다. 그래서 현존하는 악기 중 가장 복잡하고 정밀하여 정확하면서도 다양한 음정을 표현할 수 있다. 이러한 이유로 **피아노는 현재까지 많은 음악가와 밀접한 관계를 맺으며 클래식 음악의 발전에 없어서는 안 되는 역할을 한다.**

➡ 이 글은 피아노에 대해 말하고 있다. '피아노는 현재까지 많은 음악가와 밀접한 관계를 맺으며 클래식 음악의 발전에 없어서는 안 되는 역할을 한다.'라는 내용을 통해 피아노가 클래식 음악의 발전에 큰 영향을 미친다는 것을 알 수 있다. 따라서 정답은 ③번이다.

36.

올림픽은 4년마다 열리는 국제 운동 경기로 전 세계의 선수들이 나라를 대표하여 경쟁한다. 그런데 경기를 보는 대다수의 사람이 선수들의 경기 결과와 메달에만 관심을 갖는 경향이 있다. 그러나 **선수들이 경기에서 최선을 다하는 모습과 경기에 참여하기까지 해 온 노력이야말로 주목해야 할 부분이라고 할 수 있다.** 선수들이 올림픽에 참가하기 위해 오랜 시간 열심히 훈련하고 노력한 과정을 간과해서는 안 된다.

➡ 이 글은 올림픽 참가 선수들에 대한 평가 요소를 말하고 있다. '선수들이 경기에서 최선을 다하는 모습과 경기에 참여하기까지 해 온 노력이야말로 주목해야 할 부분이라고 할 수 있다.'라는 내용을 통해 올림픽에 참가한 선수들의 노력에 관심을 가져야 함을 알 수 있다. 따라서 정답은 ④번이다.

37.

> 공공장소를 활성화하기 위해 미술 작품을 설치하고 전시하는 공공 미술은 전시 장소와 깊은 관련이 있다. 최근에는 공공 미술이 활기를 잃고 사라져가는 마을을 되살리는 데 활용되고 있다. 그러나 단순히 아름다운 작품을 완성하는 행사로 끝난다면 마을에 큰 도움이 되지 못할 수 있다. **마을을 살리기 위한 공공 미술은 마을의 특색에 맞추고 주민의 관심과 참여를 통해 지속적으로 실시해야 할 것이다.**

➔ 이 글은 공공 미술에 대해 말하고 있다. '**마을을 살리기 위한 공공 미술은 마을의 특색에 맞게 주민의 관심과 참여를 통해 지속적으로 실시해야 할 것이다.**'라는 내용을 통해 공공 미술은 마을 주민의 관심과 참여를 이끌어 내야 효과적이라는 것을 알 수 있다. 따라서 정답은 ④번이다.

38.

> 미술관 안을 가득 채운 다양한 색의 거대한 그물과 놀이터처럼 작품에 매달리고 기어오르는 아이들의 모습은 현대 미술의 새로운 경향을 보여준다. 관객들은 작품을 통해 마음껏 웃고 떠들고 뛰어다니면서 온몸으로 작품을 경험한다. 이러한 체험 형태의 미술 작품은 관객 스스로가 작품의 일부분이 되어 작품을 완성하는 과정을 보여준다. **작품과 관객의 소통은 현대 미술에서 작품의 표현 방식이자 중요한 감상법으로 제시되고 있다.**

➔ 이 글은 현대 미술의 새로운 경향에 대해 말하고 있다. '**작품과 관객의 소통은 현대 미술에서 작품의 표현 방식일 뿐만 아니라 중요한 감상법의 하나로 제시되고 있다.**'라는 내용을 통해 현대 미술에서 작품과 관객의 소통이 중요한 요소라는 것을 알 수 있다. 따라서 정답은 ③번이다.

PART 3. 예체능 분야
② 문화 · 미디어

25	26	27	28	29	30	31
④	③	④	④	④	①	③
32	33	34	35	36	37	38
②	④	③	③	④	①	④

25.

> 파리 올림픽에 간 식품 회사 Ⓐ, 세계에 한식 알릴 것

➔ '파리 올림픽에 간(가다)'은 '파리 올림픽에서'라는 의미이고, '한식'은 '한국 음식', '알리다'는 '홍보하다'라는 의미이다. 따라서 정답은 ④번이다.

26.

> 부산 전시관, 세계 최대 '미디어 아트' 선보여

➔ '세계 최대'는 '세계에서 가장 크다'는 의미이고, '선보여(선보이다)'는 '모습을 드러내다/보여주다/전시되다'라는 뜻이다. 따라서 정답은 ③번이다.

27.

> 잘나가는 K 콘텐츠, 국경 넘어 유럽으로

➔ '잘나가다'는 것은 '유명해지다'라는 의미이고, '국경 넘어 유럽으로'는 '유럽까지'라는 의미이다. 따라서 정답은 ④번이다.

28.

> 한강은 한국 중부를 흐르는 매우 넓은 강으로, 파리의 센강이나 런던의 템스강처럼 서울 도심을 지나간다. 한국의 급속한 경제성장을 이르는 '한강의 기적'이라는 말이 이 강에서 유래했다. 한강 주변은 사람들의 휴식 공간으로, 강변을 따라 산책이나 운동을 할 수 있고 강 옆에는 잔디밭이 있어서 (소풍을 즐기려는 사람들을 볼 수) 있다. 주말에는 서울시에서 시민들을 위해 한강공원에 야외 도서관을 개장하기도 한다. 이처럼 다양한 이벤트로 한강을 찾는 사람들이 더 많아지고 있다.

➔ 빈칸의 내용은 사람들의 휴식 공간인 한강에서 할 수 있는 일에 대한 것이다. 사람들이 휴식을 취하며 즐기는 일, 잔디밭에서 할 수 있는 일을 말하고 있다. 따라서 정답은 ④번이다.

29.

창덕궁은 한국의 대표적인 문화재로 유네스코에서 세계문화유산으로 선정하였다. 창덕궁은 지형에 따라 건물을 배치하여 다른 궁궐에 비해 그 배치가 자유롭다. 이곳은 언덕과 계곡 등 자연경관을 해치지 않고 그대로 보존하면서 자연과 어우러지게 지어진 것으로 유명하다. 그래서 사람들은 창덕궁을 보면 (자연과 조화로운 궁궐의 아름다움에) 감탄하게 된다.

→ 빈칸의 내용은 사람들이 창덕궁을 보며 감탄하는 이유에 대한 것이다. 이 글에서는 창덕궁이 자연경관을 헤치지 않고 그대로 보존하면서 자연과 어우러지게 지어진 것으로 유명하다고 말하고 있다. 따라서 정답은 ④번이다.

30.

한국에는 방바닥에 앉아 TV를 보거나 차를 마시는 좌식 문화가 있다. 이것은 한국의 전통적 난방 장치인 온돌로 인해 생긴 문화이다. 온돌로 난방하는 방법은 먼저 아궁이에 불을 때고 그 열기로 방바닥 아래에 놓인 구들장을 덥히는 것이다. 그러면 (데워진 구들장의 열기가) 방 전체에 전달되면서 방이 따뜻해진다. 한번 데워진 구들장은 따뜻한 열기를 오랫동안 간직하기 때문에 장시간 방 안의 따뜻함을 유지할 수 있다.

→ 빈칸의 내용은 온돌을 이용해 난방하는 방법에 대한 것이다. 이 글에서는 온돌로 난방을 하기 위해 아궁이에 불을 때서 구들장을 덥힌다고 하며, 데워진 구들장이 장시간 방 안의 따뜻함을 유지한다고 말하고 있다. 따라서 정답은 ①번이다.

31.

팬클럽은 누군가를 좋아하는 사람인 팬의 모임을 뜻한다. 팬클럽에는 보통 가수나 배우와 같은 스타 연예인의 팬이 모인 경우가 많다. 이들은 스타를 만나기 위해 스타의 집 앞에서 밤을 새우며 기다리거나 행사가 있는 곳마다 따라다니기도 한다. 이처럼 팬클럽 회원들은 다양한 방법으로 스타에 대한 사랑을 표현한다. 그러나 이들은 (스타에게 지나친 관심과 애정을 쏟아서) 사회 문제로 떠오르기도 한다.

→ 빈칸의 내용은 팬클럽 활동이 사회 문제가 되는 이유에 대한 것이다. 팬클럽은 스타를 향한 사랑을 표현하는 곳이지만, 이것이 지나치면 사회 문제가 될 수 있다. 따라서 정답은 ③번이다.

32.

한국에는 계절에 따라 다양한 체험을 즐길 수 있는 축제가 많다. ⑩봄에는 벚꽃 축제가 열려서 벚꽃을 배경으로 사진을 찍으며 영화 속의 주인공이 된 것 같은 환상에 빠질 수 있다. Ⓐ여름에는 머드 축제가 있어서 갯벌의 진흙을 체험하며 얼굴과 몸에 직접 발라 볼 수도 있다. Ⓑ가을에는 단풍 축제가 열리는데 선선한 바람을 쐬면서 산을 알록달록 물들이는 단풍을 구경할 수 있다. 그리고 Ⓒ겨울에는 눈꽃 축제가 열려 얼음 조각을 보거나 눈사람을 만들 수 있다.

→ ① 머드 축제는 겨울에 갯벌 근처에서 열린다.
  → 머드 축제는 여름 축제이다. Ⓐ

② 단풍 축제는 가을에 산에서 즐길 수 있는 축제이다. Ⓑ 정답

③ 눈꽃 축제에서는 벚꽃과 얼음 조각을 구경할 수 있다.
  → 눈꽃 축제에서는 얼음 조각을 보거나 눈사람을 만들 수 있다. Ⓒ

④ 봄에는 벚꽃길에서 영화 주인공을 볼 수 있는 축제가 있다.
  → 봄 축제에서는 영화 속의 주인공이 된 것 같은 환상에 빠질 수 있다.⑩

33.

⑩주 5일 근무의 영향으로 다양한 문화생활을 즐기려는 사람들이 늘어나고 있다. Ⓐ바쁜 일상에 지친 현대인들이 영화 관람이나 전시회 관람과 같은 문화생활을 통해 삶의 활기를 얻기 때문이다. 이에 Ⓒ가온시에서는 시민들이 쉽게 문화를 접하고 즐길 수 있도록 새로운 문화 정책을 시행하기로 했다. Ⓑ매달 마지막 주 수요일을 '문화가 있는 날'로 정해 관람료를 할인해 주거나 무료로 볼 수 있는 정책을 추진한다.

→ ① 사람들은 회사 생활이 바쁘기 때문에 문화생활을 포기하고 있다.
  → 바쁜 일상생활에 지친 현대인들이 문화생활을 통해 삶의 활력을 얻고 있다. Ⓐ

② 가온시에서 시행하는 '문화가 있는 날'은 모든 관람료가 무료이다.
  → 가온시에서는 관람료를 할인해 주거나 무료로 볼 수 있게 하였다. Ⓑ

③ 가온시에서는 문화 정책을 시행하기 위해 시민들의 의견을 모았다.
  → 가온시에서 시민들의 문화생활을 돕기 새로운 문화 정책을 시행하기로 했다. Ⓒ

④ 사람들의 여가 시간이 늘어나면서 문화생활에 관심이 많아지고 있다.⑩ 정답

34.

> 한국에서는 추운 겨울을 대비하기 위해 김장을 한다. ⓐ김장은 온 가족이 겨울에 먹을 김치를 한꺼번에 담그는 것으로 한국의 전통문화 중 하나이다. ⓒ김장을 할 때는 많은 김치를 담가야 하기 때문에 가족이 모여 함께 담그거나 이웃끼리 도와가며 담근다. 그리고 ⓑ김장이 끝난 후에는 담근 김치를 이웃과 나누어 먹으며 정을 느낀다. 이처럼 ⓓ김장 문화에는 힘든 일을 함께 도와가며 해내는 한국인의 공동체 의식이 담겨 있다.

→ ① 김장은 계절마다 다양한 김치를 담그는 것이다.
  → 김장은 온 가족이 겨울에 먹을 김치를 한꺼번에 담그는 것이다. ⓐ
② 김장을 한 후에는 가족끼리 나누어 먹으며 정을 느낀다.
  → 김장이 끝난 후에는 이웃과 나누어 먹으며 정을 느낀다. ⓑ
③ 김장이 힘들기 때문에 가족이나 이웃이 함께 모여 담근다. ⓒ 정답
④ 김장은 힘든 일을 스스로 견뎌내는 한국인의 문화와 관련이 있다.
  → 김장은 힘든 일을 함께 도와가며 해내는 한국인의 공동체 의식과 관련이 있다. ⓓ

35.

> 옛날부터 동양에는 사람이 태어난 해를 열두 가지 동물의 이름으로 부르는 '띠' 문화가 있다. '띠'를 통해 개인의 성격이나 운세를 예측하는 것이다. 그런데 나라마다 '띠'로 정한 동물이 조금씩 다르다. 한국에서는 '쥐, 소, 호랑이, 토끼, 용, 뱀, 말, 양, 원숭이, 닭, 개, 돼지'를 '띠'로 정한다. 그러나 일본에서는 '돼지' 대신 '멧돼지'를 '띠'로 정하고 베트남에서는 '토끼' 대신 '고양이'를 '띠'로 정한다. 주변에서 흔히 볼 수 있는 동물로 '띠'를 정한 것이다.

→ 이 글은 동양의 '띠' 문화에 대해 말하고 있다. '나라마다 "띠"로 정한 동물이 조금씩 다르다.'라는 내용과 주변에서 흔히 볼 수 있는 동물로 "띠"를 정한 것이다.'라는 내용을 통해 '띠'로 정한 동물은 각 나라의 환경에 따라 조금씩 달라진다는 것을 알 수 있다. 따라서 정답은 ③번이다.

36.

> 한국인은 '나의 집' 대신 '우리 집'이라고 말하고 '나의 가족' 대신 '우리 가족'이라고 말하는 것을 좋아한다. 이것은 한국이 전통적으로 농사를 중요하게 생각했던 것과 관련이 있다. 예로부터 한국인은 가족과 이웃이 서로 도와서 농사를 지었다. 그리고 힘든 농사일을 하면서 '나'보다 공동체를 더 중요하게 생각하는 의식이 생겨났다. '우리'라는 말 속에는 이런 한국인의 마음과 따뜻한 정이 담겨 있다.

→ 이 글은 '우리'라는 말에 담긴 의미를 말하고 있다. '힘든 농사일을 하면서 "나"보다 공동체를 더 중요하게 생각하는 의식이 생겨났다.'라는 내용에 이어 '"우리"라는 말 속에는 이런 한국인의 마음과 따뜻한 정이 담겨 있다.'라는 내용을 통해 '우리'라는 말 속에 한국인의 사고(생각)와 공동체 의식이 포함되어 있음을 알 수 있다. 따라서 정답은 ④번이다.

37.

> 한국 회사에는 한 달에 한두 번 정도 회사 동료들이 모여 밥을 먹거나 술을 마시며 친목을 다지는 회식 문화가 있다. 예전의 회사원들은 회식에 참석하는 것이 당연하다고 생각했다. 그러나 요즘 젊은 회사원들은 퇴근한 이후는 회사에 얽매이지 않고 개인이 자유롭게 시간을 보내야 한다고 생각한다. 이런 시대의 변화에 따라 회식 문화도 참석을 강요하기보다는 개인의 의견을 존중하는 방향으로 변화하고 있다.

→ 이 글은 변화하는 직장인의 회식 문화에 대해 말하고 있다. '이런 시대의 변화에 따라 회식 문화도 개인의 의견을 존중하는 방향으로 변화하고 있다.'라는 내용을 통해 시대의 변화에 맞춰 직장의 회식 문화도 변화하고 있음을 알 수 있다. 따라서 정답은 ①번이다.

38.

> 기존의 방송은 방송사가 직접 프로그램을 제작해서 내보내는 것을 의미했다. 그런데 최근에는 인터넷의 발달로 프로그램의 제작과 유통이 편리해지면서 1인 방송이 늘고 있다. 이런 방송은 제작과 유통 과정에서 비용이 거의 들지 않을 뿐만 아니라 단기간에 프로그램을 제작할 수 있기 때문에 쉽게 만들 수 있다. 또한 실시간으로 시청자들과 소통할 수 있는 장점 때문에 그 영향력이 점점 커지고 있다.

→ 이 글은 1인 방송에 대해 말하고 있다. '인터넷의 발달로 1인 방송이 늘고 있다.'라는 내용과 '그 영향력이 점점 커지고 있다.'라는 내용을 통해 1인 방송이 점차 증가하면서 영향력도 확대되고 있다는 것을 알 수 있다. 따라서 정답은 ④번이다.

❶ 의학 · 환경

25	26	27	28	29	30	31
④	④	③	④	①	①	②

32	33	34	35	36	37	38
③	④	②	③	④	②	③

25.

> 붙이는 비만 약, 꿈의 치료제로 떠올라

→ '꿈'은 희망이라는 의미이고, '떠오르다'는 '관심의 대상이 되거나 중요하게 나타나고 있다'는 뜻이다. 즉, 붙이는 비만 약이 개발되었는데 이 약의 효과에 대해 사람들이 갖는 기대나 희망이 아주 큰 상황이라는 의미이다. 따라서 정답은 ④번이다.

26.

> 가온시 일회용 쓰레기로 '몸살', 환경 규제는 제자리걸음

→ '몸살'은 '어떤 일로 인하여 고통을 겪는다'는 뜻이고, '제자리걸음'은 '앞으로 나아가지 못하고 한자리에 머무르는 상태'를 말한다. 즉, 쓰레기 문제로 고통을 받지만 환경 규제가 적절하게 이루어지지 않는 상황이라는 의미이다. 따라서 정답은 ④번이다.

27.

> 주말도 최대 150mm 곳곳 '물 폭탄', 잠깐 그치면 '폭염'

→ '물 폭탄'은 '폭우 등으로 물이 폭탄처럼 쏟아지는 것'을 비유적으로 이르는 말이고, '폭염'은 '매우 심한 더위'를 뜻한다. 즉, 주말에 비가 많이 내릴 것이고 비가 잠깐 그칠 때는 심하게 더울 것이라는 의미이다. 따라서 정답은 ③번이다.

28.

> 나트륨 섭취가 지나치면 우리 몸속의 수분이 배출되지 않아 몸이 붓게 된다. 이럴 때는 호박이나 바나나와 같은 칼륨이 풍부한 과일이나 채소를 많이 먹는 것이다. 칼륨이 몸속 나트륨의 배출을 돕기 때문이다. 나트륨의 배출이 활발해지면 자연스럽게 불필요한 (수분도 몸 밖으로 빠져나가) 몸의 부기가 빠지게 된다.

→ 빈칸의 내용은 몸의 부기가 빠지는 이유에 대한 것이다. 이 글에서는 나트륨을 많이 먹으면 몸이 수분을 배출하지 않아 붓게 된다고 말하고 있다. 그러므로 몸의 부기가 빠지려면 나트륨의 배출과 함께 수분도 빠져나가야 한다. 따라서 정답은 ④번이다.

29.

> 최근 음식 배달과 포장이 늘어나면서 일회용품의 사용량도 증가하고 있다. 일회용품의 사용으로 늘어난 쓰레기는 환경을 오염시키는 주요 원인이 된다. 또한 일회용품을 생산하는 데 많은 자원이 사용되지만 재활용할 수 없어 자원을 낭비하는 요인이 되기도 한다. 그러므로 환경을 보호하고 (자원을 절약하기 위해서) 일회용품의 사용을 줄여야 한다.

→ 빈칸의 내용은 일회용품의 사용을 줄여야 하는 이유에 대한 것이다. 이 글에서는 일회용품 사용량 증가로 인해 환경 오염과 자원 낭비가 발생한다고 말하고 있다. 따라서 정답은 ①번이다.

30.

> 생물체의 디엔에이 속에는 생물체의 모든 모양을 결정하는 유전 정보가 담겨 있다. 사람마다 외모가 다른 것은 (디엔에이 속에 담긴) 유전 정보가 다르기 때문이다. 사람들은 양쪽 부모로부터 디엔에이를 절반씩 물려받아 부모와 비슷하면서도 다른 외모를 갖는다. 이런 디엔에이의 다양함은 사람들을 서로 구별할 수 있게 해 주고 사람들이 환경에 적응할 수 있도록 도와주는 역할을 한다.

→ 빈칸의 내용은 사람마다 외모가 다른 이유에 대한 것이다. 이 글에서는 유전 정보가 모든 모양을 결정하며 이러한 유전 정보는 디엔에이 속에 들어 있다고 말하고 있다. 따라서 정답은 ①번이다.

31.

> 습지란 갯벌이나 늪처럼 하천이나 연못 주변의 습한 땅을 말한다. 습지에는 미생물부터 포유류까지 다양한 생물들이 살고 있어 생물 다양성을 보존하는 데 중요한 역할을 한다. 그런데 세계 곳곳에서 갯벌과 늪을 간척하여 땅으로 만드는 일이 많아지면서 (습지가 점점 사라지고) 있다. 이에 전 세계는 '람사르 협약'을 맺어 습지를 보호하기 위해 함께 노력하고 있다.

→ 빈칸의 내용은 갯벌과 늪이 땅으로 변하면서 생기는 결과에 대한 것이다. 이 글에서는 갯벌과 늪이 곧 습지라 하였고, 갯벌과 늪(습지)이 땅이 된다는 것은 습지가 사라지고 있다는 것을 의미한다. 따라서 정답은 ②번이다.

32.

> '플로깅'은 ⒜천천히 뛰면서 눈에 띄는 쓰레기를 줍는 환경 보호 운동이다. 이 운동에 참여하기 위해서는 뛰기 전에 ⒝쓰레기봉투와 장갑을 챙겨야 한다. 그리고 목적지까지 달리면서 눈에 보이는 쓰레기를 줍고, ⒞목적지에 도착하면 쓰레기를 분리해서 버리면 된다. 꼭 뛰지 않더라도 ⒟걷기 운동이나 산책을 할 때 쓰레기를 줍는 것도 좋은 방법이다.

→ ① 플로깅은 쓰레기 분리수거를 홍보하는 운동이다.
    → 플로깅은 뛰면서 쓰레기를 줍는 환경 보호 운동이다. ⒜

② 플로깅을 시작하기 전에 따로 준비해야 할 물건은 없다.
    → 플로깅에 참여하기 전에는 쓰레기봉투와 장갑을 챙겨야 한다. ⒝

③ 플로깅을 하면서 주운 쓰레기는 도착지에서 버리면 된다. ⒞ 정답

④ 플로깅은 달리기를 할 때만 참여할 수 있도록 정해져 있다.
    → 플로깅은 걷기 운동이나 산책을 하면서도 가능하다. ⒟

33.

> '구강 알레르기 증후군'은 꽃가루 알레르기를 가진 사람이 생과일을 먹었을 때 알레르기 반응을 일으키는 현상을 말한다. 이는 꽃가루와 ⒜특정 과일의 단백질 구조가 비슷해서 우리 몸이 구별하지 못하기 때문에 생기는 것이다. ⒟주로 입 주변에 가려움이나 부종 등의 가벼운 증상이 나타나지만 ⒞심하면 구토와 복통 등의 전신 반응이 나타나기도 한다. ⒝과일에 열을 가하면 알레르기 단백질이 파괴되므로 증상이 가벼운 사람은 생과일 대신 익힌 과일을 먹는 것이 좋다.

→ ① 꽃가루는 모든 과일과 단백질 구조가 동일하다.
    → 꽃가루는 특정 과일의 단백질 구조와 비슷하다. ⒜

② 꽃가루 알레르기를 가진 사람은 과일을 먹을 수 없다.
    → 증상이 가벼운 사람은 익힌 과일을 먹을 수 있다. ⒝

③ 구강 알레르기 증후군은 전신 반응을 동반하지 않는다.
    → 증상이 심하면 구토와 복통 등 전신 반응이 나타날 수도 있다. ⒞

④ 구강 알레르기 증후군은 주로 입 주위에 증세가 나타난다. ⒟ 정답

34.

> 바이러스는 ⒜세균처럼 감염병을 일으키면서도 세균과 달리 혼자서는 살 수 없는 물질이다. 몸이 단백질 껍질과 그 안의 유전 물질로만 이루어져 있기 때문이다. 그래서 바이러스는 ⒝항상 살아 있는 생물의 숙주 세포에 붙어서 살아간다. 바이러스는 자신의 유전 물질을 숙주 세포 안에 넣어서 ⒞자신과 같은 바이러스를 만들어 내는데 이 과정에서 ⒟숙주 세포를 손상시키거나 파괴하면 질병이 발생한다.

→ ① 바이러스는 세균과 달리 감염병을 유발하지 않는다.
    → 바이러스는 세균처럼 감염병을 일으킨다. ⒜

② 바이러스는 살아 있는 생물에 붙어서 함께 생활한다. ⒝ 정답

③ 바이러스는 숙주 세포와 같은 바이러스를 만들어 낸다.
    → 바이러스는 숙주 세포 안에 자신과 같은 바이러스를 만들어 낸다. ⒞

④ 바이러스가 숙주 세포를 손상시키거나 파괴하지는 않는다.
    → 바이러스가 숙주 세포를 손상시키거나 파괴하면 질병이 발생한다. ⒟

35.

> 지역 농산물은 약 50km 이내의 지역에서 생산된 농산물을 말한다. 가까운 지역에서 생산된 농산물을 이용하면 환경을 보호하고 건강을 지킬 수 있다. 먼 지역에서 생산된 농산물은 운반 과정에서 많은 연료를 소비하게 되어 환경에 나쁜 영향을 미친다. 또한 운반하는 동안 장시간 신선한 상태를 유지하기 위해서 방부제나 살충제와 같은 화학 약품을 사용하기 때문에 건강에도 좋지 않다.

→ 이 글은 지역 농산물에 대해 말하고 있다. '가까운 지역에서 생산된 이 농산물을 이용하면 환경을 보호하고 건강을 지킬 수 있다.'라는 내용을 통해 지역 농산물을 이용하면 환경과 건강에 모두 좋은 영향을 준다는 것을 알 수 있다. 따라서 정답은 ③번이다.

36.

> 우리의 몸을 만들고 움직이는 데 필요한 요소를 영양소라고 하며, 탄수화물, 단백질, 지방, 무기질, 비타민, 물 등이 있다. 이 영양소들은 에너지를 발생시키고 우리 몸을 구성하며 몸의 기능을 조절하는 역할을 한다. 그런데 이 영양소들은 우리 몸속에서 만들어지지 않고 음식을 통해 섭취해야 한다. 전문가들은 영양소를 골고루 섭취하기 위해 편식을 하지 않는 것이 중요하다고 말한다.

→ 이 글은 음식을 통한 영양소의 섭취에 대해 말하고 있다. '전문가들은 영양소를 골고루 섭취하기 위해 편식을 하지 않는 것이 중요하다고 말한다.'라는 내용을 통해 건강을 위해서는 여러 종류의 음식을 골고루 섭취해야 함을 알 수 있다. 따라서 정답은 ④번이다.

37.

> 유전자 검사란 건강 문제를 일으킬 수 있는 유전자의 이상을 찾아내는 검사이다. 유전자 정보를 알면 질병을 예방할 수 있을 뿐만 아니라 개인의 특성에 맞는 적절한 치료법을 선택할 수 있다. 또한 비만 확률이나 알코올 분해 효소 유무 등 일상생활과 관련된 건강 정보도 알 수 있다. 이런 이유로 전문가들은 질병의 예방이나 치료뿐만 아니라 일상적인 건강 확인을 위해서 유전자 정보를 적극적으로 활용하는 것이 좋다고 한다.

→ 이 글은 유전자 검사의 필요성에 대해 말하고 있다. '질병의 예방이나 치료뿐만 아니라 일상적인 건강 확인을 위해서 유전자 정보를 적극적으로 활용하는 것이 좋다.'라는 내용을 통해 유전자 검사가 질병 예방, 치료, 건강 확인 등 전반적인 건강 관리에 도움이 될 수 있음을 알 수 있다. 따라서 정답은 ②번이다.

38.

> 최근 대기 오염 때문에 외출하거나 야외 활동을 할 때 불편한 날이 많다. 대기 오염 물질은 에너지를 얻기 위해 석탄이나 석유 같은 화석 연료를 태우는 과정에서 가장 많이 발생하는데 한 번 배출되고 나면 제거하기 어렵다. 전문가들은 에너지를 절약하여 오염 물질의 배출을 최소화하는 것이 중요하다고 말한다. 예를 들어 가까운 거리는 걷거나 자전거를 이용하고 적절한 냉방과 난방 온도를 유지하는 등의 노력이 필요하다.

→ 이 글은 대기 오염 물질을 줄이는 방법에 대해 말하고 있다. '전문가들은 에너지를 절약하여 오염 물질의 배출을 최소화하는 것이 중요하다고 말한다.'라는 내용을 통해 대기 오염 물질을 적게 배출하기 위해서는 에너지를 절약해야 한다는 사실을 알 수 있다. 따라서 정답은 ③번이다.

25	26	27	28	29	30	31
④	①	①	③	①	②	③

32	33	34	35	36	37	38
④	③	③	②	①	②	③

25.

> 남부 지방 비 '오락가락', 내일까지 이어져

→ '오락가락'은 '비나 눈이 내렸다 그쳤다하는 모양'을 뜻하고, '이어지다'는 '끊어지지 않고 계속되다'라는 의미이다. 따라서 정답은 ④번이다.

26.

> 평년보다 포근한 날씨, 봄꽃 개화 앞당겨

→ '평년'은 '평소의 해'라는 뜻으로 '예년'과 비슷한 의미이다. '포근하다'는 '따뜻하다', '앞당기다'는 '정해진 시간을 앞으로 당기다'를 뜻한다. 따라서 정답은 ①번이다.

27.

> 황금연휴, 디지털 교육 박람회 관람객 넘쳐

→ '황금연휴'는 '명절이나 공휴일이 이어져 있는 연휴'를 비유적으로 이르는 말'이며, '넘치다'는 '일정한 정도를 훨씬 넘다'라는 뜻이다. 따라서 정답은 ①번이다.

28.

> 최근 빅 데이터를 분석해 활용하는 기업이 늘어나고 있다. 인터넷 검색 기록, 동영상 조회 기록, SNS에 올리는 글의 내용 등이 모두 데이터로 변하여 저장되는데 이것을 분석하면 (사람의 취향과 생각까지) 추측할 수 있다. 예를 들어 인터넷에서 물건을 검색하면 추천 상품이 나열되거나 유튜브에서 자주 본 영상과 비슷한 영상들이 관련 영상으로 뜬다. 이것은 모두 빅 데이터를 분석해서 그 사람이 찾는 것을 자동으로 보여주는 것이다.

→ 빈칸의 내용은 빅 데이터 분석을 통해 알 수 있는 범위에 대한 것이다. 이 글에서는 누군가의 빅 데이터를 분석하면 그 사람이 좋아할 만한 상품이나 영상 등을 보여줄 수 있다고 하였다. 따라서 정답은 ③번이다.

29.

> 인터넷에 기록되는 수많은 정보의 유통기한은 거의 무한대이다. 그러다 보니 원하지 않아도 개인 정보가 삭제되지 않고 남아 있는 경우가 많다. 그래서 인터넷에 있는 자신에 대한 (개인 정보를 지워 달라고) 요청할 수 있는 권리가 생겼다. 2010년에 한 변호사가 어떤 사이트에서 자신과 관련된 과거 신문 기사를 보게 되었다고 한다. 그런데 지금과는 다른 정보였기 때문에 기사를 삭제해 달라고 요구했고 법원에서는 이를 받아들여 줬다고 한다.

➡ 빈칸의 내용은 개인 정보 관련 요청에 대한 것이다. 이 글에서는 한 변호사가 자신의 개인 정보가 담긴 기사를 삭제해 달라고 요청했고 법원에서 이를 받아들였다고 하였다. 따라서 정답은 ①번이다.

30.

> 사막에는 혹독한 환경을 견뎌 낼 수 있을 만한 구조를 가진 특별한 식물들이 자란다. 크게 건기에는 씨앗의 형태로 지내다가 비가 오면 재빨리 자라 꽃을 피우고 열매를 맺는 종과 평소 잎이나 줄기 등에 최대한 물을 저장해 두는 종으로 나뉜다. 사막 식물을 대표하는 선인장과 같은 다육 식물은 (물을 많이 저장할 수 있도록) 발달했다. 줄기에도 물을 담을 수 있는 부분이 많아 비가 적게 올 때는 가늘어졌다가도 비가 오면 통통하게 부풀어 오른다.

➡ 빈칸의 내용은 다육 식물의 특징에 대한 것이다. 이 글에서는 다육 식물의 줄기에 물을 담을 수 있는 부분이 많아서 비가 오면 물을 저장하여 통통해진다고 하였다. 따라서 정답은 ②번이다.

31.

> 물에 사는 식물 중에는 (해로운 물질을 흡수하는 능력이) 뛰어난 것들이 있다. 물에 떠서 사는 식물인 '부레옥잠'도 그중 하나이다. 더러워진 저수지나 연못에는 질소나 인 등이 많은데 '부레옥잠'은 물속에 늘어뜨린 뿌리로 이런 물질들을 빨아들인다. 그래서 농약이나 중금속에 오염된 물이나 동물의 배설물 등으로 더러워진 물에 '부레옥잠'을 넣어 기르면 물이 깨끗해진다.

➡ 빈칸의 내용은 '부레옥잠'의 특징에 대한 것이다. 이 글에서는 부레옥잠이 더러워진 물속 질소나 인과 같은 물질을 빨아들여 물을 깨끗하게 한다고 하였다. 따라서 정답은 ③번이다.

32.

> 디지털 기술이 교육 현장에 도입되면서 미래 교실의 모습이 크게 변화할 것으로 보인다. 학생들은 인터넷과 미디어 기술을 활용해 필요한 정보를 검색하거나 ⓓ먼 우주에 방문하는 등 가상 현실을 체험할 수 있을 것이다. 또한 ⓐ교사 외에도 학습 도우미 로봇이 교실에서 각각의 학생에게 맞춤 학습을 지원할 가능성이 크다. 이뿐만 아니라 온라인 수업이 지금보다 활발하게 이루어져 ⓒ꼭 필요한 경우에만 교실에서 수업이 이루어질지도 모른다.

➡ ① 미래 교실에서는 교사의 모습을 찾아보기 힘들 것이다.
→ 교사를 포함해 학습 도우미 로봇을 찾아볼 수 있을 것이다. ⓐ

② 미래 교실에서는 학습 로봇을 활용하는 기술을 배울 것이다.
→ (글에서 알 수 없음)

③ 미래 교실에서는 수업의 형태가 바대면으로만 한정될 수 있다.
→ 꼭 필요한 경우에는 교실에서 대면 수업이 이루어질 수도 있다. ⓒ

④ 미래 교실에서는 실제로 가기 어려운 곳도 실감 나게 체험할 수 있다. ⓓ 정답

33.

> 인공 지능 열풍과 함께 등장한 가상 인간은 기업 마케팅에 효과적으로 쓰일 것이라는 기대를 모았다. 그러나 실제로 ⓐ이들을 향한 관심은 잠깐 반짝이고 말았다. 그 이유는 ⓑ가상 인간이 아무리 정교해도 인간과 소통할 수 없기 때문이다. ⓓ가상 인간은 그들만의 이야기가 없고 이는 호감으로 연결되지 않는다. ⓒ인간을 움직이는 것은 결국 이야기와 그것의 원동력인 감성인 것이다.

➡ ① 가상 인간은 기업에 지속적인 홍보 효과를 가져왔다.
→ 가상 인간을 향한 관심은 잠깐 반짝이고 말았다. ⓐ

② 가상 인간은 인간과 모습이 달라 큰 관심을 끌지 못했다.
→ 가상 인간은 인간과 같은 모양으로 아주 정교하게 만들어졌다. ⓑ

③ 가상 인간은 인간의 감성을 움직이지 못해 결국 실패했다. ⓒ 정답

④ 가상 인간은 자신만의 이야기를 통해 호감을 느끼게 했다.
→ 가상 인간은 자신만의 이야기가 없어서 호감으로 연결되지 않는다. ⓓ

34.

> 고래는 왜 바다를 옮겨 다닐까? Ⓐ그 이유는 고래의 몸에서 찾을 수 있다. Ⓑ물고기들은 바닷물의 온도가 바뀌면 자기 몸의 온도를 바꾸지만 Ⓒ고래는 사람처럼 몸의 온도가 늘 일정하다. 그래서 Ⓓ고래는 여름이 되면 더위를 피해 남극이나 북극 같은 시원한 곳을 찾아가고 추운 겨울이 되면 다시 따뜻한 바다로 옮겨 간다. 세계 곳곳에서 고래를 볼 수 있는 것은 바로 이런 이유 때문이다.

➡ ① 고래는 활동성이 강해 여러 바다를 옮겨 다닌다.

　　→ 고래가 바다를 옮겨 다니는 이유는 몸의 온도 때문이다. Ⓐ

　② 고래는 바닷물의 온도 변화에 자신의 몸을 맞춘다.

　　→ 물고기들은 바닷물의 온도 변화에 자기 몸의 온도를 맞춘다. Ⓑ

　③ 고래는 물고기와 다르게 체온을 항상 비슷하게 유지한다. Ⓒ 정답

　④ 고래는 여름에 따뜻한 곳으로 가고 겨울에 시원한 곳으로 간다.

　　→ 고래는 여름에 시원한 곳으로 가고 겨울에 따뜻한 곳으로 간다. Ⓓ

35.

> 스마트폰이나 노트북 등이 일상화되었지만 학교에서는 여전히 학생들의 디지털 기기 사용을 반가워하지 않는다. 그 이유는 학생 지도가 어렵고 디지털 중독 등의 부작용이 발생하기 때문이다. 그러나 디지털 기기를 활용하여 필요한 정보를 찾거나 다른 사람들과 생각을 공유하고 소통하는 것은 미래 인재에게 필수적인 능력이다. <u>이제 학교에서는 무조건 디지털 기기 사용을 반대할 것이 아니라 이것을 잘 활용할 방법을 찾아야 한다.</u>

➡ 이 글은 학교에서의 디지털 기기 사용에 대해 말하고 있다. '<u>이제 학교에서는 무조건 디지털 기기 사용을 반대할 것이 아니라 이것을 잘 활용할 방법을 찾아야 한다.</u>'라는 내용을 통해 이제는 학교에서 디지털 기기 사용 능력의 필요성을 알고 디지털 기기 사용에 대한 부정적 인식을 바꾸어야 함을 알 수 있다. 따라서 정답은 ②번이다.

36.

> 많은 사람이 기술의 발전으로 삶이 편해졌다고 한다. 그러나 장애인이나 고령자들에게는 다른 이야기이다. 이들은 일상생활 전반에 들어와 있는 IT 기계를 사용하지 못해 어려움을 겪고 소외감을 느낀다. 이러한 디지털 격차는 생활의 불편을 넘어 경제적, 사회적, 문화적 불평등으로 이어질 수도 있다. 즉 <u>디지털 격차는 우리 사회가 해결해야 할 중요한 인권 문제로 정부의 재정적, 기술적 지원 등 적극적인 대처가 필요하다.</u>

➡ 이 글은 디지털 격차로 인한 문제점에 대해 말하고 있다. '<u>디지털 격차는 우리 사회가 해결해야 할 중요한 인권 문제로 정부의 재정적, 기술적 지원 등 적극적인 대처가 필요하다.</u>'라는 내용을 통해 정부가 디지털 격차 문제를 해결하기 위해 적극적으로 나설 필요가 있음을 알 수 있다. 따라서 정답은 ①번이다.

37.

> 최근 가온산의 케이블카 개발 허가로 멸종 위기종인 반달가슴곰의 생존이 위기에 처했다. 만약 어떤 동물이 완전히 사라지게 되면 생태계의 불균형이 심해져 더욱 많은 야생 동물이 멸종하게 될 수도 있다. 건강한 생태계를 유지하기 위해서는 야생 동물의 보호가 절실하다. 우리는 주변의 다양한 생물들이 우리와 함께 살아가야 할 친구이자 인류 공동의 자산이라는 점을 기억해야 한다. <u>무분별한 개발에 대한 성찰이 필요한 때이다.</u>

➡ 이 글은 케이블카 개발로 인한 문제점에 대해 말하고 있다. '<u>무분별한 개발에 대한 성찰이 필요한 때이다.</u>'라는 내용을 통해 가온산 케이블카 개발이 반달가슴곰과 같은 야생 동물을 멸종시키고 생태계를 파괴할 것이므로 개발을 멈출 필요가 있음을 알 수 있다. 따라서 정답은 ②번이다.

38.

> 최근 파충류가 반려 동물의 한자리를 차지하는 추세이다. 일부 파충류 애호가들은 희귀한 종이나 특정 품종의 파충류를 찾기 위해 해외에서 직접 구매하기도 한다. 그러나 파충류의 수입은 질병 전파 위험, 생태계 교란 등 여러 문제를 일으키고 있다. 그래서 <u>정부에서는 파충류를 수입할 때 적절한 검역 절차를 거치도록 안내한다.</u> 파충류가 매력적인 반려 동물일 수 있지만 <u>키우는 사람은 이에 대한 책임 있는 자세를 가져야 한다.</u>

➡ 이 글은 파충류 수입 시 지켜야 할 점에 대해 말하고 있다. '<u>정부에서는 파충류를 수입할 때 적절한 검역 절차를 거치도록 안내한다.</u>', '<u>파충류를 키우는 사람은 이에 따른 책임 있는 자세를 가져야 한다.</u>'라는 내용을 통해 파충류 수입은 문제를 일으키기도 하니 꼭 필요한 검역 절차를 거쳐야 함을 알 수 있다. 따라서 정답은 ③번이다.

PART 5. TOPIK II 읽기 모의고사
❶ 모의고사 1회

1	2	3	4	5	6	7	8	9	10
②	①	②	④	②	④	③	③	③	③

11	12	13	14	15	16	17	18	19	20
③	②	①	③	①	①	③	①	③	③

21	22	23	24	25	26	27	28	29	30
②	④	②	②	①	②	④	③	②	①

31	32	33	34	35	36	37	38	39	40
②	①	②	③	④	④	②	④	③	②

41	42	43	44	45	46	47	48	49	50
③	③	①	④	④	④	②	④	③	②

1.

→ 자다 → 침대에 누웠다

침대에 누운 것은 잠을 자기 위한 〈의도, 목적〉이다. 이에 해당하는 문법은 '-(으)려고'이다. 따라서 정답은 ②번이다.

2.

→ 버스를 놓치다 → 회사에 지각하다

'회사에 지각하다'는 실제 일어나지는 않았지만 버스를 놓쳐서 회사에 지각할 〈가능성의 직전〉까지 갔음을 나타내는 말이다. 이에 호응하는 문법은 '-(으)ㄹ 뻔하다'이다. 따라서 정답은 ①번이다.

3.

→ '-도록'은 앞의 내용이 뒤에 이어지는 내용의 〈목적〉이 되는 것을 나타내는 문법이다. 음식이 상하지 않으려면 남은 음식을 냉장고에 넣어야 한다는 의미이다. 이와 유사한 문법은 '-게'이다. 따라서 정답은 ②번이다.

4.

→ '-기 마련이다'는 〈어떤 일이 당연하고 자연스러운 것〉임을 나타내는 문법이다. 처음에는 누구나 실수를 많이 한다는 의미이다. 이와 유사한 문법은 '-기 십상이다'이다. 따라서 정답은 ④번이다.

5.

이제 향기 나는 제품으로
손과 발을 깨끗하게 씻으세요!

→ 답의 근거: 향기 나는 제품, 손, 발, 씻으세요

6.

가장 아름다운 날, 추억을 남겨 보세요.
액자 구매 시 20% 할인!

→ 답의 근거: 추억을 남기다, 액자 구매, 할인

7.

나의 즐거움이 아래층에는 괴로움이 됩니다.
밤 8시 이후 실내 운동을 하지 마세요.

→ 답의 근거: 아래층, 괴로움, 밤 8시 이후, 실내 운동 하지 마세요

8.

· 어린이가 사용하기 안전한 제품입니다.
· 파손된 제품은 구매처에서 교환해 드립니다.

→ 답의 근거: '안전한 제품이다', '파손된 제품은 교환해 드립니다'로 상품에 대해 안내하는 내용이다.

9.

< 가온시 중앙 박물관 >

관람 시간	· 화요일~금요일 : 10:00~16:00 · ⓓ토요일, 일요일 : 10:00~19:00 · 휴관일: 매주 월요일
관람료	· 성인 : 3000원 (중학생 이상) · ⓒ어린이 : 무료 (중학교 입학 전 아동)

※ ⓑ중국어, 영어 안내 오디오 제공
※ ⓐ10명 이상 단체 관람 시 입장료 50% 할인

→ ① 중학생은 50% 할인을 받을 수 있다.
→ 단체 관람 시 50%이다. ⓐ

② 박물관에서 일본어 안내를 제공한다.
→ 중국어와 영어만 안내 오디오가 제공된다. ⓑ

③ 어린이는 관람료를 내지 않아도 된다. ⓒ 정답

④ 주말에는 오후 4시에 박물관 문을 닫는다.
→ 토요일, 일요일에는 오후 7시(19시)까지 문을 연다. ⓓ

10.

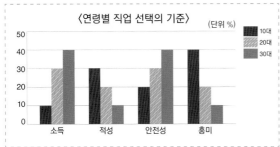

→ ① 10대는 적성보다 안정성을 더 중요하게 생각한다.

    → 10대는 적성을 30%, 안정성을 20%로 적성을 더 중요하게 생각한다.

② 소득보다 적성을 중요하게 생각하는 30대가 많다.

    → 30대는 소득(40%)을 적성(10%)보다 더 중요하게 생각한다.

③ 흥미를 중요하게 생각하는 비율은 30대보다 10대가 높다. 정답

④ 안정성이 중요하다고 생각하는 20대 응답자가 절반을 넘는다.

    → 안정성이 중요하다고 한 20대 응답자는 30%로 절반을 넘지 않는다.

11.

> 가온 도서관에서 4월 23일부터 25일까지 책 축제를 개최한다. ⑧올해 세 번째를 맞이하는 이 축제는 도서 기증 행사, ⓒ작가와의 만남 등 다양한 프로그램이 진행될 예정이다. 이 축제는 오전 9시부터 오후 5시까지 Ⓐ도서관 야외 주차장에서 진행되며, 일반 도서관 이용자들은 Ⓓ평소처럼 도서관 시설을 이용할 수 있다.

→ ① 책 축제는 도서관 안에서 진행된다.

    → 도서관 야외 주차장에서 진행된다. Ⓐ

② 책 축제는 올해 처음으로 개최된다.

    → 책 축제는 올해 세 번째를 맞이한다. ⑧

③ 책 축제에서 작가를 만나볼 수 있다. ⓒ 정답

④ 책 축제 기간에 도서관은 운영하지 않는다.

    → 평소처럼 도서관 시설을 이용할 수 있다. Ⓓ

12.

> CCTV는 Ⓐ보안을 위해 설치된 카메라 시스템으로 많은 공공장소 안에 설치되어 있다. 이 시스템은 ⓒ실시간으로 영상을 기록하고 감시할 수 있어 Ⓓ범죄를 예방하고 사건을 해결하는 데 큰 도움을 준다. 특히 교통 상황을 관리하고 ⑧사고를 조사하는 데도 중요한 역할을 한다.

→ ① CCTV는 개인의 생활을 보호해 준다.

    → 보안을 위해 설치된 카메라 시스템이다. Ⓐ

② CCTV로 교통사고를 조사할 수 있다. ⑧ 정답

③ 공공장소에서 CCTV 영상을 기록할 수 없다.

    → 실시간으로 영상을 기록한다. ⓒ

④ 범죄를 막기 위해 CCTV가 더 많이 필요하다.

    → 범죄를 예방하는 데 도움이 된다. Ⓓ

13.

→ (가)와 (나) 중 첫 번째 문장을 찾아야 한다. (가)에 '심기 전', '먼저'라는 표현이 있기 때문에 (가)가 첫 번째 문장으로 올 수 있다. 따라서 (가)가 첫 번째 문장이다. 그리고 '따라서'가 있는 (라)는 마지막 문장으로 적합하다.

'(가) 식물을 심기 전에 먼저 흙을 정리한다 → (다) 정리된 흙 위에 씨앗을 뿌리고 흙으로 덮는다 → (나) 식물이 잘 자라기 위해서 흙에 수분이 있어야 한다 → (라) 따라서 식물을 키울 때 꾸준히 물을 주는 것이 필요하다'로 내용을 구성해야 한다. 따라서 정답은 ①번이다.

14.

→ (나)와 (다) 중 첫 번째 문장을 찾아야 한다. (나)는 '다음에는'이라는 표현이 있기 때문에 첫 번째 문장으로 올 수 없다. 따라서 (다)가 첫 번째 문장이다.

'(다) 오랜만에 영화관에 영화를 보러 갔다 → (라) (그런데) 생각보다 영화가 너무 재미없었고 배우들의 연기도 별로였다 → (가) 그래서 영화를 보면서 잠이 들었다 → (나) 다음에는 집에서 드라마나 봐야겠다고 생각했다'로 내용을 구성해야 한다. 따라서 정답은 ③번이다.

15.

→ (나)와 (다) 중 첫 번째 문장을 찾아야 한다. (나)는 '장점이 많다', (다)는 '여러 책을 보관할 수 있다'로 (다)는 (나)에 있는 **장점 중의 하나**를 말하고 있다. 따라서 (나)가 첫 번째 문장이다.

'(나) 전자책은 종이책에 비해 장점이 많다 → (다) 전자책은 디지털 기기에 여러 책을 보관할 수 있다 → (라) 또한 인터넷으로 책을 쉽게 구매할 수 있고 휴대도 편리하다 → (가) 그러나 눈 건강이 나빠질 수 있다는 단점도 있다'로 내용을 구성해야 한다. 따라서 정답은 ①번이다.

16.

> 스트레스를 줄이기 위한 방법으로 요가나 명상이 인기를 끌고 있다. 이 운동들은 일상생활의 긴장을 완화하고 긍정적인 생활 태도를 갖는 데에 도움을 준다. 그러나 Ⓐ이 운동들은 하루 이틀 사이에 효과를 보기 힘들다. 따라서 (꾸준히 실천해야) ⑧정신 건강이 좋아질 수 있다.

→ 운동은 ⑧정신 건강에 좋다. 따라서 운동을 해야 하는데 운동은 Ⓐ'하루 이틀 사이에 효과를 보기 힘들다'. 다시 말하면 '꾸준히 실천해야'와 가장 비슷한 말로 정답은 ①번이다.

17.

> 서핑할 때는 반드시 서핑복을 입어야 한다. 서핑 시 생길 수 있는 **상처를 방지**하고 차가운 바닷물로부터 **체온을 유지**하는 데 중요한 역할을 하기 때문이다. Ⓐ서핑복을 착용하지 않으면 (체온이 떨어질 수 있고) Ⓑ이는 심각한 건강 문제로 이어진다. **만약 저체온증에 걸리면 쇼크로** 사망에 이를 수 있으므로 서핑복을 반드시 착용해야 한다.

➜ 서핑복은 상처를 방지하고, 체온을 유지하는 역할을 한다. 특히 Ⓐ서핑복을 착용하지 않으면 Ⓑ심각한 건강 문제로 이어질 수 있다. Ⓑ심각한 건강 문제는 '저체온증'에 걸리는 상황을 가정하고 있기 때문에 뒤의 빈칸에는 어울리는 정답은 ③번이다.

18.

> Ⓐ아무리 쉬운 일이라도 여러 사람이 한다면 Ⓑ훨씬 쉽게 할 수 있다. 이것은 한국 속담으로 '백지장도 맞들면 낫다'라고 한다. 백지장은 하얀색 종이를 한 장, 한 장을 뜻한다. 백지장은 아주 가벼워서 혼자 드는 것도 쉽다. 하지만 Ⓐ이렇게 쉬운 일도 (함께 마주 들면) Ⓑ더 쉬워진다. 이런 상황에서 사용할 수 있는 속담이 바로 '백지장도 맞들면 낫다'이다.

➜ Ⓐ아무리 쉬운 일도 **여러 사람이 한다면** Ⓑ훨씬 쉽게 할 수 있다.
= Ⓐ이렇게 쉬운 일도 (함께 마주 들면) Ⓑ더 쉬워진다. 따라서 정답은 ①번이다.

[19-20]

> 더운 여름, 개미들은 끊임없이 먹이를 찾는다. **개미들은 (서로) 협력**하여 큰 먹이를 들고 함께 운반한다. 먹이를 운반하는 과정에서 여러 개미가 동시에 힘을 합쳐 먹이를 들어 올린다. 무거운 먹이를 들어 올리는 동안 지친 개미는 잠시 쉬고 다른 개미가 그 자리를 대신한다. (이처럼) **개미들의 협력은 먹이를 더 빠르고 효율적으로 운반하는 데 큰 도움이 된다.**

19.

➜ 빈칸 앞에서는 개미들이 먹이를 운반하기 위해 서로 협력하는 과정을 설명하고 있다. 그리고 빈칸 뒤에서는 개미들의 협력의 중요성을 다시 이야기한다. 따라서 앞의 이야기를 다시 말하는 ③번 '이처럼'이 정답이다.

20.

➜ '개미들은 서로 협력하여 큰 먹이를 들고 함께 운반한다.', '개미들의 협력은 먹이를 더 빠르고 효율적으로 운반하는 데 큰 도움이 된다.'라고 말하고 있으므로 정답은 ①번이다.

[21-22]

> 지구 온난화를 예방하기 위하여 각 지자체에서 환경 보호에 (발 벗고 나섰다). 그중 가온시에서는 Ⓓ숲의 중요성을 인식하며 도시 주변의 소나무 숲을 보존하는 프로젝트를 시작했다. 이 프로젝트는 시민들 Ⓐ숲에 초대하여 나무 심기 활동을 함으로써 환경 보호에 대한 인식을 심어주고 있다. 그리고 숲을 지키기 위해 시민들 대상으로 정기적인 Ⓑ숲 청소 봉사활동을 진행하고 Ⓒ불법 캠핑 시설을 감시하는 활동도 함께 하고 있다. 이러한 노력의 결과로 가온시의 소나무 숲은 도심의 자연 공간 역할을 하고 있다.

21.

➜ 가온시는 지구 온난화를 예방하기 위하여 환경 보호 활동인 숲을 보존하는 프로젝트를 시작했다. 따라서 이러한 활동을 통해 환경 보호에 '발 벗고 나서다'는 '어떠한 일에 적극적으로 나서다'의 의미를 나타내므로 정답은 ②번이다.

22.

➜ ① 가온시 시민들은 소나무를 자가 집 정원에 심을 수 있다.
  → 숲에 초대하여 나무를 심는다. Ⓐ

② 가온시는 ~~깨끗한 소나무 숲을 위해 청소 직원을 채용했다.~~
  → 숲 청소 봉사활동을 진행했다. Ⓑ

③ 가온시는 ~~숲에 캠핑장을 설치하여 시민들을 초대하고 있다.~~
  → 불법 캠핑 시설을 감시하는 활동을 하고 있다. Ⓒ

④ 가온시의 프로젝트를 통해 시민들은 환경 보호 활동을 할 수 있다. Ⓓ 정답

[23-24]

> Ⓓ서랍장을 아무리 뒤져도 할머니의 시계가 보이지 않았다. Ⓐ할머니께서 작년에 돌아가시기 전에 선물로 주신 시계라 소중히 간직해 왔다. 그런데 Ⓒ지난주에 이사하면서 시계가 사라져 버린 것이었다. Ⓓ나는 이사한 집에 새로 들어온 서랍장을 모두 열어 봤지만, 시계는 보이지 않았다. 나는 할머니의 마지막을 지켜드리지 못한 것 같아 마음이 아팠다. 그리고 그날은 멍하니 아무것도 먹지 못하고 있었다. 다음 날 저녁, 아버지께서 내게 상자를 하나 주셨다. 상자를 열어 보니 내가 잃어버린 할머니 시계와 비슷한 시계가 들어 있었다. 그리고 그 위에는 '시간이 지나가고 물건은 없어져도 추억은 남아 있단다.'라고 적힌 카드가 있었다. Ⓑ나는 아버지께서 주신 시계와 카드를 보면서 할머니와 함께 보낸 추억이 떠올랐다. 아버지께서는 조용히 나를 안아 주셨다. 그날은 내가 지나간 시간 속에서도 소중한 것들은 언제나 우리 마음속에 남아 있다는 것을 알게 된 순간이었다.

23.

→ – 멍하니 아무것도 먹지 못하고 있었다.
돌아가신 할머니가 주신 시계를 잃어버리고 할머니의 마지막을 지켜드리지 못한 것 같아 마음이 아팠다. 그래서 밑줄 친 '멍하니'는 '정신을 차리지 못 하게 얼떨떨하다'의 의미로 할머니의 시계를 잃어버려서 얼떨떨하고, 마음이 아픈 심정이다. 따라서 정답은 ②번이다.

24.

→ ① 할머니는 지난주에 돌아가셨다.
　　→ 할머니께서 작년에 돌아가셨다. Ⓐ

② 나는 아버지에게 시계와 카드를 받았다. Ⓑ 【정답】

③ 우리 가족은 다음 주에 이사할 계획이다.
　　→ 지난주에 이사했다. Ⓒ

④ 아버지는 할머니께서 주신 시계를 잃어버렸다.
　　→ 나는 할머니께서 주신 시계를 잃어버렸다. Ⓓ

25.

> 드라마 '눈물'의 계속되는 반전, 시청률 1위

→ '반전'은 '이야기가 뒤바뀌다'라는 뜻으로 드라마 '눈물'의 내용이 계속 뒤바뀌면서 '시청률 1위'로 '사람들에게 인기를 끌고 있다'는 것을 의미한다. 따라서 정답은 ①번이다.

26.

> 세계 경기 불황, 국내 수출에도 '빨간불'

→ '불황'은 '경제 활동이 침체되는 상황'이라는 뜻이고, '빨간불'은 '위험한 또는 어려운 상태에 있음'을 알려주는 것을 말한다. 따라서 정답은 ②번이다.

27.

> 모바일 결제의 급속한 성장, 현금 '위협'

→ '급속한 성장'은 '급하고 빠르게 규모나 세력이 커지고 있다'는 것을 표현한 것이다. '위협'은 '상대방이 겁을 먹도록 하는 행동'을 말한다. 따라서 정답은 ④번이다.

28.

> 햇빛에는 해바라기에 필요한 옥신이라는 호르몬이 있다. 따라서 해바라기는 옥신을 받기 위해 아침에는 동쪽을 바라보다가 저녁이 되면 서쪽을 바라본다. 해가 동쪽에서 떠서 서쪽으로 지기 때문이다. **이처럼 해바라기는 일정 시간 동안 햇빛을 최대한 많이 받기 위해** (해가 뜨는 방향을 보고) 자라는 특성이 있다.

→ 빈칸의 내용은 해바라기가 자라는 특성에 대한 것이다. 해바라기는 옥신이라는 호르몬이 필요한데 이 옥신이라는 호르몬은 햇빛을 통해 얻을 수 있다. 따라서 정답은 ③번이다.

29.

> 전 세계에서 다양한 연령층의 사람들이 게임으로 소통한다. 사회적 소통과 교류의 한 형태로 게임의 역할이 점점 커지고 있는 셈이다. 이것은 단순한 게임을 넘어 국경을 초월한 문화 교류의 장이 되고 있다. 게임 이용자들은 온라인 공간에서 만나 협력하고 경쟁하며 (새로운 친구를 사귀거나) 여러 나라의 문화를 접하게 된다.

→ 빈칸의 내용은 게임의 역할에 대한 것이다. 이 글에서는 게임이 소통과 교류의 한 형태로 국경을 초월한 문화 교류의 장이 되고 있다고 하였다. 따라서 정답은 ②번이다.

30.

> 소비자들의 환경에 대한 관심이 높아짐에 따라 기업들은 친환경 마케팅을 강화하고 있다. 일부 기업들은 전 제품 생산을 친환경 소재로만 하겠다는 결정을 발표하기도 했다. 그러나 대부분의 친환경적 제품은 (높은 가격으로 인해) 소비자들이 쉽게 구매할 수 없다는 한계가 있다. 정부는 이러한 문제점을 해결하기 위하여 친환경 기업에 보조금을 지원하는 방법을 모색하고 있다.

→ 빈칸의 내용은 소비자들이 친환경 제품을 구매할 수 없는 이유에 대한 것이다. 이 글에서는 기업들이 환경 보호를 위해 친환경 소재로 제품을 생산하겠다고 발표하였으나 이로 인해 판매 가격이 높아지면 소비자들이 구매를 못 하게 문제가 생기게 된다. 따라서 정부가 친환경 기업에 보조금을 지원함으로써 판매 가격을 낮추고, 소비자들이 친환경 제품을 더욱 쉽게 구매할 수 있도록 하려는 것이다. 따라서 정답은 ①번이다.

31.

> 우주는 무수히 많은 별과 은하로 이루어져 있다. 별들은 자신만의 빛을 발하며 우주를 밝히고 있다. 그러나 별과 행성이 너무 가까이 있으면 강력한 중력과 방사선으로 인해 생명체가 존재하기 어렵다. 그렇다고 **별로부터 받는 에너지를 받지 못할 정도로 떨어져 있으면 생태계가 위험해진다.** (별과의 거리가 적절해야) 지구상에 생명체가 살아갈 수 있는 환경이 조성된다.

→ 빈칸의 내용은 별과 행성의 거리가 적절해야 하는 이유에 대한 것이다. 별과 행성은 너무 가까이 있어도, 떨어져 있어도 안 된다. 지구상에 생명체가 살아갈 수 있게 하기 위해서는 적절한 거리가 있어야 한다는 내용이다. 따라서 정답은 ②번이다.

32.

낙타는 물을 절약하고 오랜 기간 물 없이 버티는 능력이 뛰어나 사막에서 잘 살아갈 수 있다. ⑧낙타의 등에 있는 혹은 지방을 저장할 수 있어 긴 시간 동안 에너지를 사용할 수 있다. 그리고 ⓐ낙타의 눈에는 모래와 먼지로부터 눈을 보호할 수 있는 두꺼운 속눈썹이 있고, ⑩발바닥은 넓고 두꺼워 뜨거운 곳에서도 잘 걸을 수 있다. 이러한 신체적 특성 덕분에 ⓒ낙타는 사막에서 이동 수단으로 많이 활용된다.

➔ ① 낙타는 속눈썹으로 사막의 모래와 먼지를 막는다. ⓐ
　　정답

② 낙타는 물을 마시고 싶을 때 혹에서 물을 꺼내어 마신다.
　　→ 낙타의 혹에는 지방이 저장되어 있다. ⑧

③ 낙타의 신체는 ~~도시에서 교통수단으로 사용되기에 적합하다.~~
　　→ 낙타는 그 신체적 특성 덕분에 사막에서 이동 수단으로 활용된다. ⓒ

④ 낙타의 발바닥은 모래 위를 걸을 수 있도록 ~~뾰족하게 생겼다.~~
　　→ 낙타의 발바닥은 뜨거운 곳에서도 잘 걸을 수 있도록 넓고 두껍게 생겼다. ⑩

33.

배드민턴에 사용되는 셔틀콕은 깃털 또는 나일론으로 만들어진다. ⓐ전통적인 셔틀콕은 오리나 거위의 깃털로 제작되어 가격이 비싼 편이다. 이러한 ⑧⑩깃털 셔틀콕의 경우 속도 변화가 빠르고 날아가는 방향이 일정해서 선수들이 경기 중에 많이 사용한다. 반면에 나일론 셔틀콕은 튼튼하고 저렴해서 연습용으로 많이 사용한다. 그러나 ⓒ깃털 셔틀콕보다 무겁고 날아가는 방향이 일정하지 않아 경기용으로는 잘 사용되지 않는다.

➔ ① 깃털 셔틀콕은 천연 소재로 제작되어 ~~저렴하다.~~
　　→ 깃털 셔틀콕은 가격이 비싼 편이다. ⓐ

② 깃털 셔틀콕은 배드민턴 경기에서 많이 사용된다. ⑧
　　정답

③ 나일론 셔틀콕은 깃털 셔틀콕에 비해 ~~가벼운 편이다.~~
　　→ 나일론 셔틀콕은 깃털 셔틀콕보다 무겁다. ⓒ

④ 나일론 셔틀콕은 저렴한 대신에 ~~속도가 빨리 바뀐다.~~
　　→ 속도 변화가 빠른 것은 깃털 셔틀콕이다. ⑩

34.

뉴턴의 제1법칙에 따르면 ⓒ물체는 외부 힘이 작용하지 않는 한 현재의 운동 상태를 유지하려는 성질을 가지는데 이것을 관성이라고 한다. 즉 ⑧외부 힘이 없으면 정지해 있는 물체는 계속 정지해 있으려 하고, ⑩움직이고 있는 물체는 계속해서 같은 속도와 방향으로 운동하려고 한다는 것이다. 예를 들어 자동차가 갑작스럽게 멈출 때 몸이 앞으로 쏠리는 현상도 관성에 의한 것이다. 이처럼 일상생활에서 관성을 흔히 관찰할 수 있다.

➔ ① 자동차가 갑자기 멈추기 전에 내리는 것이 안전하다.
　　→ (글에서 알 수 없음)

② 외부 힘이 없으면 정지해 있는 물체는 움직이려고 한다.
　　→ 외부 힘이 없으면 정지해 있는 물체는 계속 정지해 있으려고 한다. ⑧

③ 관성의 법칙은 물체가 현재 상태를 유지하려고 하는 것이다. ⓒ 정답

④ 움직이고 있는 물체는 끊임없이 ~~다른 방향으로 운동하려고 한다.~~
　　→ 움직이고 있는 물체는 계속해서 같은 방향으로 운동하려고 한다. ⑩

35.

자신의 감정을 자유롭게 표현하는 것이 좋다. 하지만 일상생활을 하면서 모든 상황에서 자유롭게 감정을 표현하기는 어렵다. 다른 사람의 기분을 무시하고 나의 감정만 표현하는 사람은 원활한 인간관계를 맺을 수 없기 때문이다. 인간관계를 원활하게 하기 위해서는 자신의 감정을 자유롭게 표현하기보다 상대방을 배려해서 감정을 드러낼 수 있어야 한다.

➔ 이 글은 원활한 인간관계를 위한 감정 표현 방법에 대해 말하고 있다. '상대방을 배려해서 감정을 드러낼 수 있어야 한다.'라는 내용을 통해 상대방을 생각해서 감정을 표현해야 함을 알 수 있다. 따라서 정답은 ③번이다.

36.

　　고려 시대는 청자의 황금기라고 불릴 정도로 청자가 유행했다. 이 시기에는 공예가들이 왕실이나 귀족의 후원을 받아 청자를 만들었다. 당시 만들어진 청자는 특유의 푸른빛과 아름다운 무늬로 오늘날까지도 그 가치를 인정받고 있다. 현재 고려청자는 다양한 방식으로 재현되고 있으며 많은 사람이 이에 관한 연구와 복원에 힘쓰고 있다. 이러한 노력을 통해 고려청자의 위상은 앞으로도 계속될 것이다.

→ 이 글은 고려청자의 위상에 대해 말하고 있다. '청자는 특유의 푸른빛과 아름다운 무늬로 오늘날까지도 그 가치를 인정받고 있다.', '고려청자의 위상은 앞으로도 계속될 것이다.'라는 내용을 통해 고려청자가 중요한 문화재로 그 가치를 인정받고 있음을 알 수 있다. 따라서 정답은 ④번이다.

37.

　　공용 자전거는 도시의 교통 문제뿐만 아니라 환경 문제를 해결할 수 있고 시민들의 건강에도 도움을 줄 수 있다. 그러나 이러한 장점에도 불구하고 자전거를 안전하게 탈 수 있는 자전거 전용 도로가 부족하다는 문제점이 대두되고 있다. 공용 자전거의 활성화를 위하여 먼저 도시에 자전거 도로가 갖추어지기를 희망한다.

→ 이 글은 공용 자전거의 활성화 방법에 대해 말하고 있다. '자전거 전용 도로가 부족하다', '공용 자전거의 활성화를 위하여 먼저 도시에 자전거 도로가 갖추어지기를 희망한다.'를 통해 자전거 전용 도로가 있어야 공용 자전거 이용이 많아질 수 있음을 알 수 있다. 따라서 정답은 ②번이다.

38.

　　반도체는 현대 전자기기의 핵심 부품으로 컴퓨터, 스마트폰, 자동차 등에 필수적이다. 그러나 최근 반도체 수요가 급증하면서 공급 부족 현상이 발생하고 있다. 이는 전 세계적인 경제 불황과 맞물려 반도체 생산 공장의 가동률이 떨어지고 공급망 문제가 발생한 결과이다. 반도체 부족은 다양한 산업에 영향을 미치며 제품 생산 지연과 가격 상승을 초래하고 있다. 반도체 생산을 확대하기 위해서는 국제적인 협력과 투자가 필요하다.

→ 이 글은 반도체 공급 부족의 문제점과 생산 확대 방안에 대해 말하고 있다. '반도체 생산을 확대하기 위해서는 국제적인 협력과 투자가 필요하다.'를 통해 반도체 공급 부족으로 발생한 문제들은 결국 반도체 생산 확대로 해결할 수 있으며 이는 국제적인 노력이 필요한 부분임을 알 수 있다. 따라서 정답은 ④번이다.

39.

　　이후 도시로 퍼져 나가면서 한국 문화를 대표하는 예술로 자리 잡았다.

　　사물놀이는 꽹과리, 장구, 북, 징을 사용하여 신나는 음악을 만들어 내는 예술이다. (㉠) 이 예술은 서로 다른 악기들이 조화롭게 어우러져 강렬한 음악을 만드는 것이 특징이다. (㉡) 사물놀이는 과거 농촌 사회에서 풍년을 기원하기 위해 시작되었다. (㉢) 현재 사물놀이는 현대 음악과 더불어 새로운 장르를 만들며 국내외 공연이나 축제에 등장하고 있다. (㉣)

→ ㉢앞의 문장에는 사물놀이의 기원에 관한 내용이 나온다. 〈보기〉는 '이후 도시로 퍼져 나갔다'라는 내용으로 사물놀이의 발전 과정을 설명하고 있다. 또한, ㉢뒤의 문장은 〈보기〉의 '한국 문화를 대표하는 예술로 자리 잡았다'는 내용을 보충 설명하고 있다. 따라서 정답은 ③번이다.

40.

　　이 부분에서 독자들은 각 요리가 지역 사회 내에서 어떤 의미를 지니는지 이해하게 된다.

　　박지원의 『맛의 고향』은 세계 각지의 음식과 문화를 탐색하는 책이다. (㉠) 이 책의 앞부분에서는 세계 여러 나라의 대표적인 전통 요리들을 소개하면서 그 요리가 탄생하게 된 역사적 배경과 지역적 특색을 설명한다. (㉡) 책의 뒷부분에서는 전통 요리가 현대의 변화된 맛의 기준에 어떻게 적응해 가고 있는지를 알려준다. (㉢) 이를 통해 독자들은 과거와 현재의 다른 음식 문화를 간접적으로 경험할 수 있다. (㉣)

→ ㉡앞의 문장에는 책의 앞부분에서 세계 전통 요리의 지역적 특색을 설명한다는 내용이 나온다. 〈보기〉의 문장처럼 '각 요리가 지역 사회 내에서 어떤 의미를 지니는지 이해할 수 있'으려면 책의 앞부분을 읽어야 할 것이다. 즉, 〈보기〉의 '이 부분'은 책의 앞부분을 가리킨다고 볼 수 있다. 따라서 정답은 ②번이다.

41.

> 퇴행성 관절염 초기에는 운동 후 가벼운 관절 통증으로 나타나며 적절한 체중 관리로 치료할 수 있다.

> 연골은 관절을 보호하고 뼈가 부드럽게 움직일 수 있도록 도와주는 역할을 한다. (㉠) 퇴행성 관절염은 이러한 연골이 손상되면서 발생하는 염증과 통증을 동반하는 질환이다. (㉡) 중년 이후의 사람들에게서 자주 관찰되며 주요 원인으로 노화를 꼽고 있다. (㉢) 그러나 쉬는 중에도 통증이 지속되고 일상생활의 움직임에도 제한이 있다면 병원을 방문해야 한다. (㉣)

→ ㉢뒤의 문장에서 '쉬는 중에도 통증이 계속되고 움직이기 어렵다면 병원에 가야 한다'는 내용은 '관절염이 진행된 이후'의 결과이다. 〈보기〉의 문장은 '관절염 초기'에 해당하는 내용으로 ㉢뒤의 문장과 선후 관계에 있다고 볼 수 있다. 따라서 정답은 ③번이다.

[42-43]

> 도청 소재지에는 남녀 고등학교 문예반에서 한두 명씩 뽑혀 나와 만들어진 문학동인회가 있었고, 마침내 나도 거기에 가입하게 되었다. 일주일에 한 번 만나서 서로 작품을 돌려 읽고 평을 하는 식의 모임이었는데, 신입 회원으로 첫인사를 하던 때의 기억을 나는 아직도 잊지 않고 있다. 아무리 무기를 지니고 단단히 무장을 했다고 해도 역시 어린 나이였다. ④나에 대한 호기심으로 반짝이는 눈들을 대하는 순간 나는 또다시 얼굴이 붉게 달아오르는 것을 느꼈다.
> '지금 저 아이들은 혹시 내 치부를 보고 있는지도 모른다.'
> 그러자 어쩔 수 없이 온몸이 후들후들 떨려 왔고, 그것을 숨기기 위하여 나는 이를 악문 채 고개를 빳빳이 세웠다. 당시의 나에게, 적어도 ⑩그들만큼은 세상을 속이는 나와는 달리 올바르게 문학을 하는 셈이었고, 무엇보다도 그들은 정상적인 가정에서 정상적으로 자란 아이들이었다. 바로 그들에게 내 치부를 들킨 것이었다. 그런 나를 누군가가 구해 주었다.
> ⓒ"댁의 명성은 잘 알고 있으니까 그만 목에 힘 빼세요."
> ⑧얼굴이 달걀처럼 갸름한 여학생이었다. 여학생의 말에 모두 기다렸다는 듯이 크게 입을 벌려 웃었다. 그 순간 나는 정말로 온몸에서 힘이 빠져나가는 것을 느꼈다.

42.

→ – '나'는 문학동인회의 신입 회원으로 모임에 첫인사를 하러 갔다.
 – 문학동인회 회원들은 처음 온 나를 호기심 어린 눈으로 쳐다보았다.
 – '나'는 그런 회원들을 마주하며 얼굴이 붉게 달아올랐다.

 드러내고 싶지 않은 나의 부끄러운 부분을 문학동인회 회원들에게 들켰을지도 모른다는 생각에 '나'는 불안함을 느낀다. 따라서 정답은 ③번이다.

43.

→ ① 문학동인회 회원들은 나를 궁금해했다. ④ **정답**

 ② 여학생은 나를 문예반 신입 회원으로 추천했다.
  → 여학생은 나에 대해 들은 적이 있으나 만난 적은 처음이다. ⑧

 ③ 나는 문학동인회에서 여학생에게 먼저 말을 걸었다.
  → 여학생은 긴장하고 불안해 보이는 나에게 먼저 말을 걸었다. ⓒ

 ④ 나는 정상적인 가정에서 올바르게 문학을 하고 있었다.
  → 문학동인회의 아이들은 정상적인 가정에서 올바르게 문학을 하고 있었다. ⑩

[44-45]

> 3D 프린팅 기술은 디지털 모델을 기반으로 재료를 층층이 쌓아 올려 물체를 형성하는 방식이다. 이 기술은 (복잡한 형태의 물체를 신속하게) 제작할 수 있는 장점이 있어 전통적인 제조 방식과는 큰 차이를 보인다. 이처럼 제조업에 혁신을 가져온 3D 프린팅은 최근 들어 자동차, 항공, 의료 등 다양한 산업 분야에서 활용되고 있다. 예를 들어 복잡한 자동차 부품을 3D 프린팅으로 제작하면 생산 시간을 단축하고 비용을 절감할 수 있다. 그리고 의료 분야에서는 환자 맞춤형 임플란트와 보형물을 제작하는 데 사용되며 환자의 치료 효과를 극대화하는 데 기여하고 있다. 그러나 3D 프린팅 기술의 발전은 윤리적 문제와 안전성에 대한 논란을 초래하기도 한다. 예를 들어 불법 제품을 제작하는 데 악용될 가능성도 있어 이러한 문제들을 충분히 고려하여 신중하게 접근해야 한다는 목소리가 커지고 있다.

44.

→ 3D 프린팅 기술은 혁신적인 제조 방식으로 자동차, 의료 분야 등에서 다양하게 활용된다. 특히 자동차의 부품과 같은 (복잡한 형태의 물체를 신속하게) 제작할 수 있다는 장점이 있다. 이를 통해 생산 시간 단축과 비용 절감이 가능하다. 따라서 정답은 ④번이다.

45.

→ 이 글에서 '3D 프린팅 기술의 발전은 윤리적 문제와 안전성에 대한 논란을 초래하기도 한다.'며 그 악용 가능성에 대해 우려하고 있다. 그러면서 '이러한 문제들을 충분히 고려하여 신중하게 접근해야 한다'는 목소리에 대해 언급하고 있다. 따라서 정답은 ④번이다.

[46-47]

Ⓑ사람들은 때로 자신의 선입견이나 믿음에 부합하는 정보만을 선택하여 믿는 경향이 있다. 이를 심리학 용어로 확증 편향이라고 한다. 사람들은 다양한 매체에서 많은 정보를 얻을 수 있지만 그중 자신이 믿고 싶은 정보만을 골라 보게 되면서 편협한 사고를 가지게 된다. 예를 들어 어떤 사람은 Ⓐ자신이 지지하는 정치인에 대한 긍정적인 기사만을 찾아 읽고 비판적인 기사는 무시하는 경향이 있다. 이로 인해 Ⓓ정치적 논쟁에서 각자가 가진 정보가 서로 달라 대화가 어려워지기도 한다. 확증 편향은 자신도 모르게 균형 잡힌 시각을 잃고 일방적인 견해에 더 깊이 빠질 위험이 있다. 그리고 우리가 정보를 받아들이는 방식에 영향을 미쳐 객관적인 판단을 방해하고 Ⓒ결국에 사회 전체의 이해와 의사소통에 걸림돌이 될 수 있다.

46.

➔ '확증 편향은 자신도 모르게 균형 잡힌 시각을 잃고 일방적인 견해에 더 깊이 빠질 위험이 있다.', '결국에 사회 전체의 이해와 의사소통에 걸림돌이 될 수 있다.'라는 내용을 통해 확증 편향이 개인과 사회에 문제가 될 수 있음을 우려하고 있다. 따라서 정답은 ④번이다.

47.

➔ ① 정치인들은 객관적으로 정보를 잘 전달하지 못한다.
→ 확증 편향은 정치인들에 대한 객관적인 판단을 방해한다. Ⓐ

② 사람들은 선입견으로 정보를 선택하는 경향이 있다. Ⓑ
정답

③ 긍정적인 기사가 많을수록 사회적 소통이 원활해진다.
→ 확증 편향으로 사회 전체의 의사소통이 어려워질 수 있다. Ⓒ

④ 정치적 논쟁에서는 개인의 의견보다 정보가 우선시된다.
→ 확증 편향에 따라 정치적 논쟁 시 대화가 어려워질 수 있다. Ⓓ

[48-50]

Ⓑ범죄율 감소를 위해 지역 사회 차원에서 다양한 예방책이 제시되고 있다. 한 연구에 따르면 지역 사회 내에서 교육의 질을 높이고 (문화 활동을 확대할수록) 범죄율은 감소 추세를 보였으며, 오랜 시간에 걸쳐 실행된 체계적인 범죄 예방 프로그램과 규정이 범죄율을 낮추는 데 기여하는 것으로 분석됐다. 한 지역 사회의 경우, 청소년을 대상으로 음악, 미술 등의 예술 프로그램과 문화 체험을 널리 시행함으로써 청소년 범죄 참여율이 줄어든 것으로 나타났다. 그리고 다양한 연령층의 주민들을 위해 개설된 Ⓐ직업 훈련 프로그램이 많을수록 범죄 관련 사고들이 감소한다는 것을 증명했다. 이에 비해 Ⓓ단기간에 집중된 범죄 단속이나 막대한 예산을 투입한 Ⓒ강경한 법 집행은 범죄율 감소에 효과적이지 않은 것으로 드러났다. 이는 범죄율 감소를 위해 체계적인 범죄 예방 정책과 사회 환경 개선이 장기적으로 이루어져야 함을 보여준다.

48.

➔ 이 글의 목적은 범죄율 감소를 위해 지역 사회에서 시행하고 있는 다양한 예방책을 소개하기 위해서이다. 글의 마지막 부분에 나온 '범죄율 감소를 위해 체계적인 범죄 예방 정책과 사회 환경 개선이 장기적으로 이루어져야 함을 보여준다.'라는 문장을 통해 체계적이고 장기적인 범죄율 감소 예방책을 설명하고 있음을 알 수 있다. 따라서 정답은 ④번이다.

49.

➔ '청소년을 대상으로 음악, 미술 등의 예술 프로그램과 문화 체험을 널리 시행함으로써 청소년 범죄 참여율이 줄어든 것으로 나타났다.'라는 내용을 통해 문화 활동을 확대함으로써 범죄율이 감소 추세를 보인다는 사실을 알 수 있다. 따라서 정답은 ③번이다.

50.

➔ ① 직업 훈련 프로그램과 범죄율에는 상관성이 없다.
→ 직업 훈련 프로그램이 많을수록 범죄율이 감소한다. Ⓐ

② 지역에서 범죄율을 줄이기 위해 다양한 노력을 하고 있다. Ⓑ 정답

③ 강력한 법 집행은 범죄율을 낮출 수 있는 가장 좋은 방법어다.
→ 강경한 법 집행은 범죄율 감소에 효과적이지 않다. Ⓒ

④ 짧은 시간 시행되는 범죄 단속은 장가적으로 범죄율을 낮춘다.
→ 단기간에 집중된 범죄 단속은 범죄율 감소에 효과적이지 않다. Ⓓ

1	2	3	4	5	6	7	8	9	10
③	④	④	①	②	③	④	④	④	③

11	12	13	14	15	16	17	18	19	20
④	③	④	①	③	②	③	④	④	②

21	22	23	24	25	26	27	28	29	30
④	③	①	④	④	③	④	④	①	①

31	32	33	34	35	36	37	38	39	40
③	①	③	①	④	④	②	④	③	①

41	42	43	44	45	46	47	48	49	50
②	①	③	②	①	④	③	②	①	④

1.

➜ 이번 여름휴가 → 여행하다

이번 여름휴가에 여행을 할 〈의도, 목적〉을 나타내고 있다. 이에 해당하는 문법은 '-(으)려고 하다'이다. 따라서 정답은 ③번이다.

2.

➜ 운동하다 → 커피를 마시다

'운동하다' 뒤 '커피를 마시다'는 앞의 행위를 마치고 뒤의 행위를 하는 〈순서〉를 나타낸다. 이에 해당하는 문법은 '-고 나서'이다. 따라서 정답은 ④번이다.

3.

➜ '-든지'는 〈여러 사실 중에 어느 것을 선택해도 상관이 없음〉을 나타내는 문법이다. 모든 일을 할 때 열심히 하는 것이 중요하다는 의미이다. 이와 유사한 문법은 '-더라도'이다. 따라서 정답은 ④번이다.

4.

➜ '-(으)ㄴ/는 거나 마찬가지이다'는 〈앞에 오는 말과 뒤에 오는 말이 상황이나 형편이 결국 같음〉을 나타내는 문법이다. 일주일에 영화를 다섯 번 보는 것은 결국 매일 영화를 보는 것과 같다는 의미이다. 이와 유사한 문법은 '-(으)ㄴ/는 셈이다'이다. 따라서 정답은 ①번이다.

5.

> **편안한 잠자리를 위한 선택,**
> **하루의 피로를 풀어 보세요!**

➜ 답의 근거: 잠자리, 피로, 풀어 보세요

6.

> **당신의 공간을 아름답게 꾸며 보세요.**
> **첫 구매 시 화분 증정!**

➜ 답의 근거: 공간, 꾸며 보세요, 구매, 화분

7.

> **외출 시 난방 끄기! 사용하지 않는 불 끄기!**
> 우리들의 작은 실천이 지구를 지킵니다.

➜ 답의 근거: 난방 끄기, 불 끄기, 실천, 지구를 지킵니다

8.

> • 미술관 안에서는 사진 촬영을 금지합니다.
> • 손으로 만지지 말고 눈으로만 보십시오.

➜ 답의 근거: '사진 촬영을 금지합니다', '손으로 만지지 말고'는 미술관에서 지켜야 할 관람 규칙에 대한 내용이다.

9.

> **가온시 가을 음악회 안내**
> 아름다운 음악과 함께 하는 가을 밤의 휴식 시간
> • 장소 : ⓓ가온시립콘서트홀
> • 일시 : ⓐ10월 15일(목) 19:00~21:00
> • 요금 : ⓑ성인 2,000원 / 학생 1,000원 (7세 이하 무료)
> • 예매 방법 : 홈페이지(www.gaon-culuter.com)에서 ⓒ하루 전까지 예매

➜ ① 음악회는 주말마다 열린다.
  → 음악회는 10월 15일 목요일에 열린다. ⓐ
② 요금은 성인과 학생이 동일하다.
  → 성인과 학생의 요금은 다르다. ⓑ
③ 예약 없어 음악회를 감상할 수 있다.
  → 하루 전까지 예매해야 볼 수 있다. ⓒ
④ 음악회는 가온시립콘서트홀에서 한다. ⓓ 정답

10.

한국어 공부 목적

〈조사 대상: 외국인 10,000명〉

취미 14%
기타 4%
결혼 6%
취직 21%
학업 55%

→ ① 결혼 목적은 취미 목적보다 두 배 이상 많다.
→ 결혼 목적은 취미 목적보다 두 배 이상 적다.

② 한국어 공부 목적 중 취직의 비율이 가장 낮다.
→ 한국어 공부 목적 중 기타의 비율이 가장 낮다.

③ 외국인 절반 이상이 학업을 목적으로 한국어를 공부한다.
정답

④ 외국인들은 취미를 목적으로 한국어를 가장 많이 공부한다.
→ 외국인들은 학업을 목적으로 한국어를 가장 많이 공부한다.

11.

> 국립과학관에서는 Ⓐ9월 12일부터 14일까지 과학 박람회가 열린다. 이번 박람회는 다양한 과학 실험, 강연 등 여러 프로그램이 준비되어 있다. 박람회는 Ⓑ오전 9시부터 오후 5시까지 Ⓒ국립과학관 대강당과 소회의실에서 진행된다. Ⓓ 박람회 기간에 일반 관람객들은 국립과학관에 입장할 수 없다.

→ ① 과학 박람회는 일주일 동안 진행된다.
→ 과학 박람회는 3일 동안 진행된다. Ⓐ

② 과학 박람회는 오후 네 시부터 시작된다.
→ 과학 박람회는 오전 아홉 시부터 시작된다. Ⓑ

③ 과학 박람회는 국립과학관 야와 전시장에서 열린다.
→ 과학 박람회는 대강당과 소회의실에서 진행된다. Ⓒ

④ 일반 관람객들은 9월 15일부터 국립과학관에 갈 수 있다.
Ⓓ 정답

12.

> Ⓐ전라도는 매운맛이 강한 음식으로 유명하며 전주비빔밥과 김치찌개가 대표적이다. Ⓐ경상도는 간이 센 음식이 많고 Ⓑ밀면과 돼지국밥이 유명하다. Ⓓ강원도는 산지에서 나는 재료를 활용한 음식이 많아 감자떡과 메밀국수가 대표적이다. 이처럼 Ⓒ한식은 각 지역의 문화적 배경과 자연환경에 따라 차이가 있다.

→ ① 경상도에는 매운 음식이 많다.
→ 경상도에는 간이 센 음식이 많다. Ⓐ

② 밀면은 전라도의 대표적인 음식이다.
→ 밀면은 경상도의 대표적인 음식이다. Ⓑ

③ 지역마다 유명한 한식과 맛이 다르다. Ⓒ 정답

④ 한식은 강원도 지역에서 처음 발달했다.
→ 강원도의 대표적인 음식만 이야기하고 있다. Ⓓ

13.

→ (가)와 (나) 중 첫 번째 문장을 찾아야 한다. (나)에서 '몇 가지 습관을 기르는 것이 필요하다'고 하고 (가), (다), (라)에서 건강한 생활을 위한 습관의 예를 들고 있기 때문에 (나)가 첫 번째 문장이다. 그리고 '먼저'가 나타나는 (가)가 다음 문장으로 적합하다.

'(나) 건강한 생활을 위해서는 몇 가지 습관을 기르는 것이 필요하다 → (가) 먼저 아침 식사를 챙겨 먹는 것이 중요하다 → (다) 충분한 숙면을 하는 것도 건강에 매우 중요하다 → (라) 뿐만 아니라 긍정적으로 생각하는 것이 좋다'로 내용을 구성해야 한다. 따라서 정답은 ④번이다.

14.

→ (나)와 (다) 중 첫 번째 문장을 찾아야 한다. (나)에서는 '여행을 다녀왔다'고 하고 (가), (다), (라)에서는 여행 중에 여러 나라의 친구를 사귄 경험을 이야기하고 있기 때문에 (나)가 첫 번째 문장이다.

'(나) 지난 방학에 프랑스로 해외여행을 다녀왔다 → (다) 프랑스 곳곳을 여행하다가 여러 나라의 친구들을 만났다 → (가) 처음에는 언어 때문에 친해질 수 있을까 걱정했다 → (라) 그러나 여행을 같이 하면서 우리들은 친한 친구가 되었다'로 내용을 구성해야 한다. 따라서 정답은 ①번이다.

15.

→ (가)와 (다) 중 첫 번째 문장을 찾아야 한다. (다)에서는 '정보 접근이 쉬워졌다'고 하고 (가)에서는 (다)의 구체적 내용을 '이제는 클릭 몇 번으로'라고 밝히고 있으므로 (다)가 첫 번째 문장이다.

'(다) 인터넷의 발달로 정보 접근이 매우 쉬워졌다 → (가) 이제는 클릭 몇 번으로 원하는 정보를 찾을 수 있다 → (라) 그래서 많은 사람들이 필요한 정보를 빨리 얻을 수 있게 되었다 → (나) 그러나 개인정보 유출 문제가 발생하고 있다'로 내용을 구성해야 한다. 따라서 정답은 ③번이다.

16.

> 사람은 코와 입을 통해 공기 중의 산소를 들이마시고 호흡한다. 그러나 Ⓐ물고기는 아가미를 통해 Ⓑ물속에 있는 산소를 들이마시며 바닷속에서 호흡한다. 물고기는 (아가미로 호흡하기) 때문에 Ⓑ물 밖에서는 산소를 흡수하지 못하고 숨을 쉴 수 없다. 반면에 사람은 아가미가 없기 때문에 물속에서는 숨을 쉬기 어렵다.

→ 물고기는 Ⓐ'아가미를 통해' Ⓑ'물속에 있는 산소를 들이마시며 바닷속에서 호흡'하기 때문에 Ⓑ'물 밖에서는 산소를 흡수하지 못하고 숨을 쉴 수 없다.' 따라서 정답은 ②번이다.

17.

> 재능 기부는 개인이나 단체가 자신들의 전문적인 지식이나 기술을 ⓐ무료로 제공하는 것이다. 재능 기부를 통해 배우는 사람들은 새로운 능력을 얻을 수 있다. 그리고 ⓑ재능 기부자는 자신이 가진 (재능을 나눔으로써) 보람을 느낄 수 있고 경험을 쌓을 수 있다. 이처럼 재능 기부는 개인과 공동체 모두에게 의미 있는 활동이 될 수 있다.

➔ 재능 기부는 자신의 ⓐ'재능을 무료로 제공'하는 것이다. 그리고 ⓑ'재능 기부자는' ⓐ'재능을 무료로 제공'함으로써 ⓑ'보람을 느끼고 경험을 쌓을 수 있다.' 따라서 ⓐ'재능을 무료로 제공'한다는 것과 가장 비슷한 의미를 지닌 ③번이 정답이다.

18.

> 자동차의 타이어는 일정 주기마다 점검하고 새 타이어로 바꿔줘야 한다. ⓐ타이어를 오래 사용하면 마모가 심해지는데 마모된 타이어는 제동력이 크게 떨어지기 때문이다. 특히 ⓑ마모된 타이어는 눈길이나 빙판길과 같은 미끄러운 도로에서 제동력이 급격히 떨어져 위험할 수 있다. 그러므로 ⓒ겨울철에는 자동차 타이어의 마모 상태를 확인하고 (마모된 타이어는 교체하여) ⓒ사고를 예방해야 한다.

➔ ⓐ'타이어를 오래 사용하면 마모가 심해지는데' ⓑ(겨울철) '눈길이나 빙판길과 같은 미끄러운 도로'에서는 특히 위험하다. 그러므로 ⓒ'겨울철' '사고를 예방'하기 위해서는 타이어 상태를 확인해서 마모된 타이어는 새 타이어로 바꿔줘야 한다. 따라서 정답은 ④번이다.

[19-20]

> 성공한 사람들의 이야기를 들어보면 실패는 성공으로 가는 중요한 단계라고 한다. 그리고 실패를 인정할 때 성공을 할 수 있다고 말한다. 그러나 우리 사회에서는 사회적 압박과 두려움 때문에 실패를 인정하기 쉽지 않다. 실패한 사람은 자신의 경험을 부끄러워하기 때문이다. 실패를 두려워하지 않고 도전하는 것이 진정한 용기이다. (그러므로) 우리는 실패로부터 배우려는 태도를 가져야 한다.

19.

➔ 빈칸 앞에서는 우리가 실패로부터 배우려는 자세를 가져야 하는 이유 및 근거를 말하고 있다. 실패는 성공으로 가는 중요한 단계이므로 실패를 인정하고 계속 도전하는 용기를 가지라고 말하고 있다. 따라서 앞의 내용이 뒤의 내용에 대한 이유 및 근거가 될 때 사용하는 문법인 ④번 '그러므로'가 정답이다.

20.

➔ '성공한 사람들의 이야기를 들어보면 실패는 성공으로 가는 중요한 단계라고 한다. 그리고 실패를 인정할 때 성공을 할 수 있다고 말한다.', '우리는 실패로부터 배우려는 태도를 가져야 한다.'라고 말하고 있으므로 정답은 ②번이다.

[21-22]

> ⓑ최근 공공 미술 프로젝트가 도시 환경을 개선하고 시민들의 문화적 경험을 풍부하게 하는 데 기여하고 있다. 그러나 일부 프로젝트는 ⓐ예산 낭비와 관리 소홀로 인해 시민들의 불만을 사고 있다. ⓒ몇몇 작품은 설치 후 유지와 관리가 제대로 이루어지지 않아 훼손된 상태로 방치되기도 한다. ⓓ전문가들은 이러한 문제가 공공 미술의 (   ) 수 있다고 경고한다. 시민들이 공공 미술에 대한 신뢰를 잃을 수 있기 때문이다.

21.

➔ 공공 미술 프로젝트가 도시 환경을 개선하고 시민들의 문화적 경험을 풍부하게 하는 데 기여하고 있지만 일부 프로젝트는 예산 낭비와 관리 소홀로 시민들의 불만을 사고 있다. 따라서 이러한 문제가 공공 미술이 '앞으로 발전하지 못하도록 막다'는 의미를 나타내는 '앞길을 막다'가 적합하다. 따라서 정답은 ④이다.

22.

➔ ① 공공 미술 프로젝트는 예산이 풍부하다.
> → 공공 미술 프로젝트의 예산이 낭비되고 있다. ⓐ
② 최근 공공 미술 프로젝트가 감소하고 있다.
> → 최근 공공 미술 프로젝트가 감소하고 있다는 내용은 없다. ⓑ
③ 일부 공공 미술 작품은 유지가 잘되지 않는다. ⓒ 정답
④ 전문가들은 공공 미술에 대해 긍정적으로 생각한다.
> → 전문가들은 공공 미술에 대해 경고하고 있다. ⓓ

[23-24]

> 퇴근 후 집에 돌아와 ⓑ오랜만에 옷장을 정리하기 시작했다. 옷들이 어지럽게 쌓여 있어서 먼지가 많이 쌓여 있었다. 그런데 옷장 한쪽 구석에서 오래된 스웨터가 있는 게 아닌가. <u>이건 언제 적 옷인가 싶어 고개를 갸우뚱했다.</u> 먼지가 붙은 스웨터를 꺼내보니, 그 옷은 바로 내가 대학 시절에 자주 입던 옷이었다. 스웨터를 보면서 나는 그때의 추억에 잠겼다. 시간이 지나면서 많은 부분을 잊고 살았지만, 이 스웨터를 입고 대학 수업을 들었던 기억, ⓒ친구들과 동아리 활동을 했던 기억들은 여전히 내 마음속에 남아 있었다. ⓐ오래되고 낡은 스웨터를 다시 입어 보니, 따뜻한 감촉이 그대로 느껴졌다. 어느 날, ⓓ스웨터를 입고 친구들의 모임에 나가니, 친구들 모두가 내가 대학 시절에 입던 스웨터를 기억

하고 있었다. 우리는 그 시절의 추억을 다시 한번 느끼며 긴 시간 이야기를 나누었다. 그 순간, 나는 오래된 물건이 우리에게 줄 수 있는 추억들이 얼마나 소중한지 알게 되었다.

23.
→ – 고개를 갸우뚱했다.
옷장 한쪽 구석에서 오래된 스웨터를 발견하고 자신이 언제 입었던 옷인지 생각하고 있다. 이 때 '고개를 갸우뚱했다'는 '보통 의아하거나 이해하지 못할 때 고개를 기울이는 행동'을 의미하므로 기억이 잘 나지 않아 궁금하게 생각하고 있는 심정이다. 따라서 정답은 ①번이다.

24.
→ ① 나는 오래되고 낡은 스웨터를 버렸다.
　　→ 오래되고 낡은 스웨터를 다시 입어 봤다. Ⓐ
② 나는 옷장을 자주 정리하고 청소하는 편이다.
　　→ 오랜만에 옷장을 정리하기 시작했다. Ⓑ
③ 나는 대학 시절에 동아리 활동을 하지 못했다.
　　→ 친구들과 동아리 활동을 했던 기억이 마음속에 남아 있다. Ⓒ
④ 나는 스웨터를 입고 친구들과의 모임에 나갔다. Ⓓ 정답

25.
해외여행 수요 증가, 국내 관광지 '썰렁'
→ '증가'는 '양이나 수치가 늚'이라는 뜻이고 '썰렁'은 '차갑고 서늘한 분위기'라는 뜻이다. '해외여행'을 가는 사람이 많아지면서 '국내 여행'을 가는 사람은 적어졌다는 의미이다. 따라서 정답은 ④번이다.

26.
전자상거래 성장, 물류 산업 '호황'
→ '성장'은 '규모나 세력이 점점 커짐'이라는 뜻이고, '호황'은 '경기(경제 활동 상태)가 좋음'이라는 뜻이다. '전자상거래'의 규모가 커져서 물류 산업의 매매나 거래 상태가 좋다는 의미이다. 따라서 정답은 ④번이다.

27.
심각한 저출산, 사회 안전망까지 '휘청'
→ '휘청'은 '휘어지면서 흔들리는 모양'으로 저출산 문제가 심각해지면서 사회 안전망까지 불안정해진 것을 표현한 것이다. 따라서 정답은 ③번이다.

28.
자동차 번호판이 처음 도입되었을 때는 단순한 숫자와 문자의 조합으로만 구성되었다. 그러나 차량의 수가 급격히 증가하면서 번호판의 식별이 어려워졌다. 이를 해결하기 위해 번호판에 색상과 반사 재질을 추가하게 되었다. (번호판이 빛을 반사하도록 만든) 덕분에 밤에도 번호판을 쉽게 식별할 수 있게 되었다. 그리고 멀리서도 번호판을 쉽게 확인할 수 있게 되었다.

→ 빈칸의 내용은 밤에도 쉽게 식별할 수 있도록 만든 자동차 번호판에 대한 것이다. 자동차 번호판에 반사 재질을 추가한 덕분에 밤에도 쉽게 식별할 수 있게 되었다. 따라서 정답은 ④번이다.

29.
독서는 지식과 교양을 쌓는 중요한 방법 중 하나이다. 책을 읽으면서 우리는 다양한 정보를 얻고 새로운 시각을 가지게 된다. 특히 문학 작품은 우리의 감정을 자극하고 상상력을 풍부하게 해준다. 예를 들어, 소설을 읽으면서 우리는 주인공의 상황에 공감하고 (그들의 경험을 통해) 새로운 교훈을 얻는다. 주인공 덕분에 우리는 직접 겪을 수 없는 부분을 간접적으로 체험하게 되고 이는 우리의 삶에 깊은 영향을 미친다.

→ 빈칸의 내용은 소설을 읽으면서 교훈을 얻게 되는 과정에 대한 것이다. 이 글에서는 주인공 덕분에 직접 겪을 수 없는 부분을 간접적으로 체험하게 되고 이것이 우리의 삶에 깊은 영향을 미친다고 하였다. 따라서 정답은 ①번이다.

30.
정보 격차는 특정 계층이나 지역이 다른 계층이나 지역에 비해 정보 접근성이 떨어지는 것이다. 인터넷 사용이 익숙하지 않은 노년층, 저소득층, 농어촌 지역 주민들은 새로운 기술에 접근하기 어렵고 (정보를 쉽게 얻기) 힘들다. 이러한 정보 격차를 해소하지 않으면 특정 계층은 새로운 정보에서 멀어지게 되고 사회적 격차가 더욱 커질 것이다.

→ 빈칸의 내용은 정보 격차에 대한 설명이다. 이 글에서는 인터넷 사용이 익숙하지 않은 계층과 지역이 새로운 정보와 기술에 접근하기 어렵고 힘들다는 것을 말하고 있다. 따라서 정답은 ①번이다.

31.

> 재생 가능 에너지는 환경을 보호하는 중요한 수단이다. 태양광, 풍력, 수력 등 다양한 재생 가능 에너지원이 개발되고 있다. 이는 화석 연료 사용을 줄이고 온실가스 배출을 감소시키는 데 큰 역할을 한다. 그러나 전문가들은 (재생 가능 에너지의 효율성을 높이는) 방법을 찾아야 한다고 말한다. 재생 가능 에너지를 한번 생산할 때 많은 에너지를 발생시킬 수 있어야 지속 가능한 에너지 발전이 가능하기 때문이다.

➜ 빈칸의 내용은 재생 가능 에너지에 대한 전문가들의 조언에 대한 것이다. 전문가들의 조언은 재생 가능 에너지를 한번 생산할 때 많은 에너지를 발생시킬 수 있어야 지속 가능한 에너지 발전이 가능하다는 것과 관련이 있다. 따라서 정답은 ③번이다.

32.

> ⓒ선인장은 건조한 환경에 잘 적응하는 식물로 물을 거의 필요로 하지 않는다. 선인장은 두꺼운 줄기와 가시를 가지고 있으며 ⓓ줄기는 물을 저장하기 위해 두꺼운 모양을 하고 있다. ⓑ가시는 잎이 변형된 것으로 물의 증발을 줄이고 동물로부터 자신을 방어하는 역할을 한다. 이러한 특징 때문에 ⓐ선인장은 극한의 환경에서도 생존할 수 있으며 주로 건조한 사막 지역에서 자라는 것으로 알려져 있다.

➜ ① 선인장은 어려운 환경에서도 잘 자란다. ⓐ 정답

② 선인장의 가시는 줄기에서 변형된 것이다.
  → 선인장의 가시는 잎이 변형된 것이다. ⓑ

③ 선인장이 잘 자라려면 물을 매일 줘야 한다.
  → 선인장은 물을 거의 필요로 하지 않는다. ⓒ

④ 선인장의 줄기는 물의 증발을 막기 위해 두꺼워졌다.
  → 선인장의 줄기는 물을 저장하기 위해 두꺼운 모양을 하고 있다. ⓓ

33.

> ⓐ『삼국사기』는 고려 시대 김부식이 쓴 역사서이다. ⓓ이 책은 고구려, 백제, 신라 삼국의 역사를 다루고 있으며 1145년에 완성되었다. ⓒ김부식은 이 책을 쓰면서 다양한 기록과 자료를 참고하였고 책 안에 삼국의 역사와 문화를 상세히 기록하였다. 『삼국사기』는 조선 시대에도 중요한 역사서로 인정받았으며 ⓑ오늘날에도 한국 고대사의 이해에 중요한 자료로 활용되어 귀중한 사료로 평가받고 있다.

➜ ① 이 책은 고려 시대 이전에 출판된 역사 소설이다.
  → 이 책은 고려 시대 김부식이 쓴 역사서이다. ⓐ

② 이 책은 현재 한국사 연구에서는 거의 활용되지 않는다.
  → 이 책은 오늘날에도 한국 고대사의 이해에 중요한 자료로 활용되고 있다. ⓑ

③ 이 책은 김부식이 다양한 기록과 자료를 보고 만들었다. ⓒ 정답

④ 이 책은 주로 신라의 역사를 다루고 있어 역사적 가치가 크지 않다.
  → 이 책은 고구려, 백제, 신라 삼국의 역사를 다루고 있어 역사적 가치가 크다. ⓓ

34.

> ⓑ보리가 완전히 익기 전 녹색일 때 수확해서 가공한 '녹색 보리'는 일반 보리보다 많은 영양소를 가지고 있다. 그리고 ⓒ일반 보리가 도정 과정에서 영양소를 많이 잃는 것에 비해 녹색 보리는 겨층, 배아, 배유 등이 거의 손상되지 않아 보다 풍부한 영양소를 가지고 있다. 또한 ⓐ식이섬유를 비롯해 단백질, 안토시아닌 등이 풍부하여 소비자들에게 큰 사랑을 받고 있다. 그러나 ⓓ몸이 차가운 체질의 사람들이 섭취하면 설사나 복통을 유발할 수 있어 주의해야 한다.

➜ ① 녹색 보리는 식이섬유가 풍부한 편이다. ⓐ 정답

② 일반 보리가 다 익으면 초록색으로 변한다.
  → 보리가 다 익기 전 녹색일 때 수확해서 가공한 것이 녹색 보리이다. ⓑ

③ 도정 과정에서 녹색 보리는 영양소를 많이 잃는다.
  → 녹색 보리는 겨층, 배아, 배유 등이 거의 손상되지 않아 영양소가 풍부하다. ⓒ

④ 몸이 따뜻한 사람들은 녹색 보리를 먹으면 안 된다.
  → 몸이 차가운 체질의 사람들이 섭취하면 설사나 복통을 유발할 수 있다. ⓓ

35.

> 한국의 전통 무용 중 하나인 태평무는 조선 시대부터 전해져 내려온 춤이다. 태평무는 화려한 의상과 우아한 동작이 특징이며 과거에 궁중에서 주로 공연되었다. 오늘날에는 전통 예술 공연에서 볼 수 있다. 태평무는 한국의 전통문화를 대표하는 예술 중 하나로 지금도 많은 사람들에게 감동을 주고 있다.

➜ 이 글은 태평무에 대해 말하고 있다. '한국의 전통 무용 중 하나인 태평무는 조선 시대부터 전해져 내려온 춤이다.'라는 내용과 '태평무는 한국의 전통문화를 대표하는 예술 중 하나이다.'를 통해 태평무는 한국의 전통문화를 보여주는 중요한 무용임을 알 수 있다. 따라서 정답은 ④번이다.

36.

> 미세먼지는 대기 중에 떠다니는 작은 입자로 건강에 심각한 영향을 미칠 수 있다. 미세먼지는 호흡기 질환, 심혈관 질환 등을 발생시키는데 특히 노약자와 어린이에게 더욱 위험하다. 이를 해결하기 위해 정부는 자동차 배출가스 규제 강화, 공장 배출물 관리, 대중교통 이용 장려 등 다양한 대책을 시행해야 한다. 그리고 개인도 미세먼지 경보 시 외출을 자제하고 마스크를 착용하는 등의 주의가 필요하다.

→ 이 글은 미세먼지에 대해 말하고 있다. '미세먼지 문제를 해결하기 위해 정부는 자동차 배출가스 규제 강화, 공장 배출물 관리, 대중교통 이용 장려 등 다양한 대책을 시행해야 한다.'라는 내용과 '개인도 미세먼지 경보 시 외출을 자제하고 마스크를 착용하는 등의 주의가 필요하다.'를 통해 미세먼지 해결을 위해 정부와 개인의 노력이 필요함을 알 수 있다. 따라서 정답은 ④번이다.

37.

> 최근 많은 직장인들이 일과 생활의 균형을 추구하면서 유연 근무제의 중요성이 커지고 있다. 유연 근무제는 직원들이 근무 시간과 장소를 선택할 수 있어 개인의 생활에 맞춰 업무가 가능하다. 그러나 업무와 사적인 시간의 경계가 모호해지는 문제도 발생하고 있다. 이러한 명확하지 않은 경계 때문에 일과 생활 사이의 균형을 잃고 오히려 스트레스를 받는 사람들도 늘고 있다.

→ 이 글은 유연 근무제에 대해 말하고 있다. '유연 근무제는 직원들이 근무 시간과 장소를 선택할 수 있어 개인의 생활에 맞춰 업무가 가능하다.'는 장점이 있고 '그러나 업무와 사적인 시간의 경계가 모호해지는 문제가 발생해 스트레스를 받는다.'는 단점도 있다. 따라서 정답은 ②번이다.

38.

> 한국의 사법제도는 헌법에 따라 독립적으로 운영되며 법원의 판결은 법치주의 원칙으로 이루어진다. 한국의 법원은 크게 대법원, 고등법원, 지방법원으로 구성되어 있고 각 법원은 다양한 사건에 대해 판결한다. 한편 '국민의 형사재판 참여에 관한 법률'이 제정되어 2008년 1월부터 국민이 배심원으로 참여하는 국민참여재판 제도가 도입되었다. 이처럼 사회적 변화에 따라 사법제도도 발전을 거듭하고 있으며 이를 통해 법률의 공정성을 높이고 있다.

→ 이 글은 한국의 사법제도에 대해 말하고 있다. '이처럼 사회적 변화에 따라 사법제도도 발전을 거듭하고 있으며 이를 통해 법률의 공정성을 높이고 있다.'는 내용을 통해 사법제도는 국민참여재판의 도입과 같이 사회적 변화를 따르고 법적 공정성에 기여함을 알 수 있다. 따라서 정답은 ④번이다.

39.

> 단점을 보완하기 위해 온라인 교육 플랫폼은 실시간 토론 기능을 제공하고 있다.

> 온라인 교육은 인터넷을 통해 이루어지는 학습 형태로 전 세계적으로 인기를 끌고 있다. (㉠) 학생들은 시간과 장소에 구애받지 않고 원하는 강의를 들을 수 있고 다양한 멀티미디어 자료를 활용하여 학습 내용을 더욱 쉽게 이해할 수 있다. (㉡) 그러나 온라인 교육은 대면 수업에서 느낄 수 있는 사회적 상호작용이 부족할 수 있다. (㉢) 이러한 기능을 효율적으로 사용하면 온라인 교육의 효과를 보다 높일 수 있다. (㉣)

→ ㉢ 앞의 문장에서 온라인 교육은 사회적 상호작용이 부족할 수 있다는 내용이 나온다. 주어진 문장은 이러한 단점을 보완하기 위해 온라인 교육 플랫폼은 실시간 토론 기능을 제공하고 있다는 내용이 나와야 한다. 이 글은 '온라인 교육의 장점-단점-보완-효과'의 순서로 제시되었다. 따라서 정답은 ③번이다.

40.

> 발효 과정에서 유산균이 생성되어 장 건강을 개선하기 때문이다.

> 발효 식품은 미생물의 발효 작용을 통해 만들어진 식품으로 건강에 유익하다. (㉠) 이는 면역력을 강화하는 데 도움을 줄 뿐만 아니라 영양소 흡수율도 높여준다. (㉡) 이러한 이유로 많은 사람이 발효 식품을 선호하고 꾸준히 먹고 있다. (㉢) 대표적인 발효 식품으로는 김치, 된장, 요구르트 등이 있으며 최근에는 발효차를 만들어 마시기도 한다. (㉣)

→ ㉠ 앞의 문장에서는 발효 식품이 미생물의 발효 작용을 통해 만들어진 식품으로 건강에 유익하다는 내용이 나온다. 주어진 문장에는 '발효 과정에서 유산균이 생성되어 장 건강을 개선하기 때문이다'가 나온다. 즉 순서상 앞 문장에서 발효 식품이 건강에 유익함을 말하고 있고 뒤 문장에서는 건강에 유익한 이유가 나온다. 따라서 정답은 ①번이다.

41.

> 그중에서도 특히 고대 유적지의 건축물들이 독자들의 관심을 끌고 있다.

> 최근 건축학자 박지훈 씨가 『역사의 흔적을 담은 건축물』을 출간했다. (㉠) 이 책은 세계 각국의 다양한 시대와 문화에서 유래한 역사적 건축물들을 분석하고 있다. (㉡) 이집트의 피라미드, 이탈리아의 콜로세움 등을 통해 고대 건축물이 보여주는 시대의 역사와 문화를 설명한다. (㉢) 작가가 이 건축물들을 시대를 초월한 예술 작품으로 비유하는 것이 인상적이다. (㉣)

➡ ㉡ 앞에서는 이 책이 세계 각국의 역사적 건축물을 분석하고 있다는 내용이 나온다. 주어진 문장은 특히 고대 유적지의 건축물이 독자들의 관심을 끌고 있다는 내용이다. 즉 역사적 건축물이 먼저 나오고 다음에 특별한 고대 유적지 건축물이 나오며 그 뒤를 이어 이집트의 피라미드 등의 예가 순서대로 나온다. 따라서 정답은 ②번이다.

[42-43]

> ㉰동네가 재개발이 된다고 해서 속없이 좋아라 한 지 일 년도 안 돼 철수와 영희는 자신들의 생활 터전이던 재개발 구역에서 쫓겨나고 말았다. 건물 주인이 세입자들도 모르게 벌써 개발업자에게 건물을 팔아버렸다는 사실은 다 쫓겨나게 되어서야 알았다. 유일한 생계 수단이었던 가게가 철거되고 개업할 때 물고 들어온 권리금과 시설 투자금은 그대로 날리고 숱한 대거리질과 욕설과 싸움과 하소연 끝에 손에 받아쥔 보상금은 말 그대로 이사비용에 불과했다. (중략)
> ㉯그렇게 해서 철수와 영희는 그들의 소망대로 이곳 진평리에 돈 안 주고도 살 수 있는 거처를 마련하게 되었다. 철수의 대구탕집이 철수하자, ㉰끝까지 투쟁하겠다고 머리띠를 두르고 모여 앉아 있던 순댓국집, 떡볶이집, 수예점, 빵집들이, "이름이 철수라 철수하는 거여, 뭐여. 철수 가니 영희도 가는 거고이." 하는데, 부부는 뒷덜미가 붉어져서 뭐라고 할 말이 없었다. 그 전날 누나가 와서, "버텨봤자 소용 없더라. 한푼이라도 더 준다고 할 때 빠져나오는 것이 그나마 현명하지." 서울 살 때 두 번이나 철거민이 되어본 경험이 있는 누나의 조언이 헛말은 아니다 싶어 ㉱다른 사람들보다 이사비용에 위로금 조로 몇백을 더 얹어 준다고 할 때 빠져나오기로 결심했던 게 아무래도 잘한 일 같다고 생각하려 애쓰며, 철수는 난생처음 본 남의 빈집 마루에 누워 안도감에서 나오는지 속이 상해서 나오는지 알 수 없는 긴 한숨을 내쉬었다.

42.

➡ 철수와 영희의 대구탕집은 끝까지 투쟁하지 않고 먼저 철수했다. 이를 보고 순대국집, 떡볶이집, 수예점, 빵집들이 '이름이 철수라 철수하는 거여, 철수 가니 영희도 가는 거고.'라고 비난조로 말했다. 이러한 말을 들은 부부는 끝까지 투쟁하지 않고 먼저 도망한 것 같아 창피한 감정이 들었을 것이다. '뒷덜미가 붉어져서'라는 표현은 창피할 때 얼굴이 빨개지는 것을 떠올릴 수 있다. 따라서 정답은 ①번이다.

43.

➡ ① 철수와 영희는 계속해서 대구탕집을 운영했다.
 → 철수의 대구탕집이 철수했다. ㉯
 ② 철수와 영희는 다른 가게와 함께 끝까지 투쟁했다.
 → 철수는 먼저 철수하고 다른 가게들은 끝까지 투쟁했다. ㉰
 ③ 철수와 영희는 보상금을 받고 다른 지역으로 떠났다. ㉱
 정답
 ④ 철수와 영희는 처음부터 동네 재개발을 싫어해서 반대했다.
 → 동네가 재개발이 된다고 해서 처음에는 좋아했다. ㉲

[44-45]

> 언어는 사회적 상호작용의 기본적인 도구이면서 문화와 정체성을 형성하는 수단이다. 개개인의 언어 사용은 사회적, 문화적 배경과 밀접한 연관성을 지니며, 이는 곧 사회 구성원들 간의 관계를 설정하고 유지하는 데 영향을 미친다. 따라서 언어는 단순한 의사소통의 수단을 넘어서 사회적 가치와 규범을 반영하고 전달하는 중요한 매개체라 할 수 있다. 우리는 일상에서 지역 방언, 전문 용어, 젊은이들의 신조어 등 다양한 언어의 형태를 접하게 된다. 이러한 다양한 언어의 사용은 특정 집단의 소속감을 강화하거나 사회적 신분과 역할을 드러내는 기능을 수행한다. 반면에 언어는 어휘 선택, 문법적 정확성, 발음 등으로 교육 수준이나 지위를 반영하기도 한다. 또한 언어는 해당 언어를 사용하지 않는 사람에 대해서 배타성을 가지고 있어 (사회적인 소속을 구분하는) 수단이 되기도 한다.

44.

➡ 언어는 어휘 선택, 문법적 정확성, 발음 등으로 교육 수준이나 지위를 반영하기도 한다고 말한다. 또한 언어는 해당 언어를 사용하지 않는 사람에 대해서 배타성을 가지고 있다고 한다. '배타성'은 '남을 배척하는 성질'을 말하며, 이는 언어가 사회적인 소속을 구분하여 수준을 나누는 수단이 됨을 의미한다. 따라서 정답은 ②번이다.

45.

→ 이 글은 언어가 사회적 상호작용의 도구이면서 사회 구성원들 간의 관계를 설정하고 유지하는 데 영향을 미친다고 말한다. 또한 사회적 가치와 규범을 반영하고 사회적 신분과 역할을 드러내는 기능을 수행한다고 한다. 이를 통해 언어는 사회적으로 중요한 영향을 미친다는 사실을 알 수 있다. 따라서 정답은 ①번이다.

[46-47]

금융 위기는 사람들에게 직접적인 물리적 피해를 주지 않는다고 여기기 때문에 그 심각성을 간과하기 쉽다. 그러나 Ⓐ금융 위기의 원인은 점점 복잡해지고 있고 그 결과로 인해 사회에 미치는 영향도 막대하다. 최근 한 나라에서 발생한 금융 위기는 수많은 사람들이 직업을 잃고 기업들이 파산하는 사태를 야기했다. 이러한 ⒸGRACE금융 위기는 개인의 경제적 손실을 넘어 국가 경제 전체에 심각한 타격을 줄 수 있다. 따라서 금융 위기를 가볍게 여겨서는 안 되며 철저히 대비하고 관리해야 한다. '위기를 기회로'라는 생각으로 지금까지 소홀히 다루었던 금융 교육도 적극적으로 실시하여 개인과 기업이 금융 위기에 잘 대응할 수 있도록 해야 할 것이다. 그리고 ⒷGRACE금융 기관의 투명성을 높이고 ⒹGRACE정부와 금융 기관이 금융 위기의 재발을 막기 위해 더 강력한 정책을 시행해야 한다.

46.

→ 이 글은 금융 위기에 대해서 설명하면서 개인과 기업이 금융 위기에 잘 대응할 것을 말하고 있다. 그리고 금융 기관의 투명성을 높이고 정부와 금융 기관이 더욱 강력한 금융 위기의 재발을 막기 위한 정책을 시행해야 할 것을 촉구하고 있다. 따라서 정답은 ④번이다.

47.

→ ① 금융 위기의 원인은 과거에 비해 ~~단순해지고 있다.~~
  → 금융 위기의 원인은 점점 복잡해지고 있다. Ⓐ

② 금융 기관의 투명성은 금융 위기와 ~~큰 관련이 없다.~~
  → 금융 위기를 막기 위해 금융 기관의 투명성을 높여야 한다. Ⓑ

③ 금융 위기는 국가 경제에 좋지 않은 영향을 미칠 수 있다.
  Ⓒ **정답**

④ 금융 위기를 막기 위해서는 ~~정부보다 개인의 노력이 중요하다.~~
  → 정부와 금융 기관이 금융 위기의 재발을 막기 위해 강력한 정책을 펴야 한다. Ⓓ

[48-50]

조선 후기는 여러 사회적 변화가 일어나는 시기였다. 특히 실학이 발달하여 농업, 상업, 수공업 등 다양한 분야에서 개혁이 시도되었다. 실학자들은 현실 사회의 문제를 해결하기 위해 실질적이고 실용적인 지식을 강조하였다. 그 중에서도 정약용은 대표적인 조선 후기 실학자로, 그의 저서인 ⒸGRACE'목민심서'는 지방 관리들이 지켜야 할 윤리와 행정 내용을 담고 있다. 정약용은 이뿐만 아니라 ⒹGRACE'경세유표' 책에서 조선의 정치, 경제, 사회 제도를 체계적으로 분석하고 개선 방안을 제시하였다. 다른 실학자들도 다양한 분야에서 활동하며 실학의 발전에 기여했다. 예를 들어 ⒷGRACE박지원은 '열하일기'를 통해 청나라의 문물을 소개하고 조선의 산업 발전에 대한 견해를 제시하였다. 그러나 ⒶGRACE실학은 당시의 보수적인 양반층의 반발을 사기도 했다. 양반층은 (   ) 실학자들의 개혁 시도에 강하게 반대하며 옛 사상을 지키려고 하였다. 그럼에도 불구하고 실학자들의 노력은 근대 한국의 발전에 중요한 토대를 제공하였고 실학은 조선 후기의 사회적, 경제적 변화를 이끄는 중요한 원동력이 되었다.

48.

→ 이 글은 실학자들의 노력으로 근대 한국의 발전에 중요한 토대를 제공하였고 실학은 조선 후기의 사회적, 경제적 변화를 이끄는 중요한 원동력이 되었음을 말하고 있다. 따라서 이 글의 목적은 실학자들이 중요한 역할을 했고 업적이 많음을 설명하고 있으므로 정답은 ②번이다.

49.

→ 실학은 당시의 보수적인 양반층의 반발을 사기도 했다는 문장 뒤에 양반층은 실학자들의 개혁 시도에 강하게 반대하며 옛 사상을 지키려고 하였다는 내용이 나온다. 양반층은 '보수적이다', '실학자들의 개혁 시도에 강하게 반대한다.' 등의 내용을 통해 양반층은 기존의 질서를 유지하고자 한다는 것을 알 수 있다. 따라서 정답은 ①번이다.

50.

→ ① 실학의 발전은 당시 양반층의 ~~강력한 지지를 받았다.~~
  → 실학은 당시 양반층의 반발을 사기도 했다. Ⓐ

② 박지원은 '열하일기'에서 조선의 ~~정치 제도를 비판하였다.~~
  → 박지원은 '열하일기'에서 조선의 산업 발전에 대한 견해를 제시하였다. Ⓑ

③ 정약용은 '목민심서'에서 주로 ~~경제적 개혁 방안을 제시하였다.~~
  → 정약용은 '목민심서'에서 지방 관리들이 지켜야 할 윤리와 행정을 제시하였다. Ⓒ

④ 정약용은 '경세유표'에서 조선의 정치, 경제, 사회 제도를 분석하였다. Ⓓ **정답**

❷ 어휘 목록

한국어	영어	중국어	일본어	베트남어	몽골어	우즈베키스탄어
가상	imagination	虚拟	仮想	ảo	виртуал	virtual
가치	value	价值	価値	giá trị	үнэ цэнэ	qiymat
가치관	values	价值观	価値観	quan điểm giá trị	үнэ цэнийн үзэл	qiymat nuqtai nazari
간결하다	concise	简洁	簡潔だ	ngắn gọn	товч	qisqacha
간접	indirect	间接	間接	gián tiếp	шууд бус	bilvosita
감상하다	appreciate/enjoy	欣赏	鑑賞する	thưởng thức	таашаах	bahramand bo'lish
감정	emotion	情感	感情	cảm xúc	сэтгэл хөдлөл	his-tuyg'u
개관	opening	开馆	開館	khai trương	нээлт	ochilish
개발	exploitation	开发	開発	phát triển	хөгжүүлэлт	rivojlanish
개인	person	个人	個人	cá nhân	хувийн	shaxsiy
개최하다	host/hold	举办	開催する	tổ chức	зохион байгуулах	o'tkazish
객관적	objective	客观	客観的	khách quan	обьектив	obyektiv
검색하다	search	搜索	検索する	tìm kiếm	хайх	qidirish
검역	quarantine	检疫	検疫	kiểm dịch	хорио цээр	karantin
격차	gap	差距	格差	khoảng cách	зөрүү	farq
경쟁하다	compete	竞争	競争する	cạnh tranh	өрсөлдөх	raqobatlashish
경제	economy	经济	経済	kinh tế	эдийн засаг	iqtisodiyot
경제 성장	economic growth	经济增长	経済成長	tăng trưởng kinh tế	эдийн засгийн өсөлт	iqtisodiy o'sish
계발	development	开发	啓発	phát triển	хөгжүүлэлт	rivojlantirish
고물가	high prices	物价高	高物価	giá cao	өндөр үнэ	yuqori narx
고유	uniqueness	独特	固有	độc đáo	өвөрмөц	o'ziga xos
공공	public	公共	公共	công cộng	нийтийн	ommaviy
공급	supply	供应	供給	cung cấp	нийлүүлэлт	ta'minot
공동체	community	共同体	共同体	cộng đồng	хамт олон	hamjamiyat
관람하다	watch	观看	観覧する	xem	үзэх	tomosha qilish
관련되다	be related	有关	関連する	liên quan	холбогдох	bog'liq bo'lish
광합성	photosynthesis	光合作用	光合成	quang hợp	фотосинтез	fotosintez
교육	education	教育	教育	giáo dục	боловсрол	ta'lim
교환	exchange	交换	交換	trao đổi	солилцоо	almashinuv
교훈	lesson	教训	教訓	bài học	сургамж	saboq
구매	purchase	购买	購入	mua	худалдан авах	sotib olish
구분하다	divide	区分	区分する	phân chia	ялгах	ajratish
궁궐	palace	宫殿	宮殿	cung điện	ордон	saroy
규칙	rule	规则	規則	quy tắc	дүрэм	qoidalar

한국어	영어	중국어	일본어	베트남어	몽골어	우즈베키스탄어
그림자	shadow	影子	影	bóng	сүүдэр	soya
극복하다	overcome	克服	克服する	vượt qua	даван туулах	yengib o'tish
근거	basis	根据	根拠	căn cứ	үндэслэл	asos
금리	interest rate	利率	金利	lãi suất	хүү	stavka foizi
긍정적	positive	积极	肯定的	tích cực	эерэг	ijobiy
기록하다	record	记录	記録する	ghi chép	тэмдэглэх	yozish
기상	weather	气象	気象	thời tiết	цаг агаар	ob-havo
기술	technology	技术	技術	kỹ thuật	технологи	texnologiya
기업	company	企业	企業	doanh nghiệp	аж ахуйн нэгж	korxona
기여하다	contribute	贡献	寄与する	đóng góp	хувь нэмэр оруулах	hissa qo'shish
기원	origin	起源	起源	nguồn gốc	гарал үүсэл	paydo bo'lish
기준	standard	标准	基準	tiêu chuẩn	стандарт	standart
기호	symbol	符号	記号	ký hiệu	тэмдэг	belgi
기후	climate	气候	気候	khí hậu	уур амьсгал	iqlim
김장	kimchi-making for the winter	腌制泡菜	キムチ漬け	làm kim chi	кимчи хийх	kimchi tayyorlash
눈치보다	to study someone's feeling or attitude	看脸色	顔色をうかがう	xem xét tâm trạng	хэн нэгний сэтгэлийг харж байх	borovning reaksiyasidan ta'sir olish
능동적	active	能动	能動的	chủ động	идэвхтэй	faol
다양성	diversity	多样性	多様性	đa dạng	олон янз байдал	har xillik
다양하다	diverse	多样	多様だ	đa dạng	олон янз	har xil bo'lmoq
담다	contain/ include	包含	入れる	chứa	агуулах	to'ldirish
담기다	be put into	装载	盛り込む	được chứa	агуулах	to'ldirilgan
(김장을) 담그다	make (kimchi-making for the winter)	腌制泡菜	キムチを漬ける	muối kim chi	кимчи хийх	kimchi tayyorlash
대기	atmosphere	大气	大気	khí quyển	агаар	atmosfera
대중 매체	mass media	大众媒体	大衆メディア	phương tiện truyền thông đại chúng	олон нийтийн мэдээллийн хэрэгсэл	ommaviy axborot vositalari
독자	reader	读者	読者	độc giả	уншигч	kitobxon
독특하다	unique	独特	独特だ	độc đáo	өвөрмөц	o'ziga xos
동기	motivation	动机	動機	động cơ	урам зориг	motivatsiya
동양	the Orient	东方	東洋	phương Đông	Дорнод	Sharq

한국어	영어	중국어	일본어	베트남어	몽골어	우즈베키스탄어
마련하다	prepare	准备	準備する	chuẩn bị	бэлтгэх	tayyorlash
마케팅	marketing	营销	マーケティング	tiếp thị	маркетинг	marketing
멸종	extinction	灭绝	絶滅	tuyệt chủng	устгал	halokat, yo'q bo'lmoq
무역	trade	贸易	貿易	thương mại	худалдаа	savdo
문자	letter	文字	文字	chữ	үсэг	harf
문학	literature	文学	文学	văn học	утга зохиол	adabiyot
문화	culture	文化	文化	văn hóa	соёл	madaniyat
문화재	cultural assets	文化遗产	文化財	di sản văn hóa	соёлын өв	madaniy meros
미디어	media	媒体	メディア	phương tiện truyền thông	медиа	media
미생물	microorganism	微生物	微生物	vi sinh vật	бичил биетэн	mikroorganizmlar
미세 먼지	fine dust	微尘	微細ほこり	bụi mịn	нарийн ширхэгт тоос	mayda chang
바람직하다	desirable	理想	望ましい	đáng mong đợi	хүсүүштэй	maqsadga muvofiq
바이러스	virus	病毒	ウイルス	vi rút	вирус	virus
발달	development	发达	発達	phát triển	хөгжил	rivojlanish
발음	pronunciation	发音	発音	phát âm	дуудлага	talaffuz
배경	setting	背景	背景	bối cảnh	үндэслэл	fon
배제하다	exclude	排除	排除する	loại trừ	хасах	istisno qilish
배출하다	emit	排放	排出する	thải ra	ялгаруулах	chiqarish
버릇	habit	习惯	癖	thói quen	зуршил	yomon odat
번역	translation	翻译	翻訳	dịch	орчуулга	tarjima
보존되다	be preserved	保存	保存される	được bảo tồn	хадгалагдах	saqlanadi
보존하다	preserve	保留	保存する	bảo tồn	хадгалах	saqlash
보호하다	protect	保护	保護する	bảo vệ	хамгаалах	himoya qilish
부작용	side effect	副作用	副作用	tác dụng phụ	гаж нөлөө	nojo'ya ta'sirlar
부정적	negative	否定	否定的だ	tiêu cực	сөрөг	salbiy
분배	allocation	分配	分配	phân phối	хуваарилалт	taqsimlash
분석하다	analyze	分析	分析する	phân tích	дүн шинжилгээ хийх	tahlil qilish
분해하다	decomposition	分解	分解する	phân giải	задлах	parchalanish
불안	anxiety	不安	不安	bất an	түгшүүр	bezovtalik
비대면	Non-face-to-face	非面对面	非対面	không gặp mặt	нүүр тулж уулзахгүй	yuzma yuz bo'lmagan holat(online)
비율	rate	比率	比率	tỷ lệ	харьцаа	nisbat

한국어	영어	중국어	일본어	베트남어	몽골어	우즈베키스탄어
비판	criticism	批判	批判	phê phán	шүүмжлэл	tanqid
빅데이터	big data	大数据	ビッグデータ	dữ liệu lớn	том хэмжээний мэдээлэл	katta ma'lumotlar
빈부 격차	rich poor gap / wealth gap	贫富差距	貧富の差	khoảng cách giàu nghèo	баян ядуугийн ялгаа	boy va kambag'al farqi
사투리	dialect	方言	方言	phương ngữ	нутгийн аялгуу	sheva, lahja
삶 / 인생	life	生活/人生	人生	cuộc sống	амьдрал	hayot
상징	symbol	象征	象徴	biểu tượng	бэлгэдэл	ramz
생명체	living organism	生物	生命体	sinh vật sống	амьд биет	tirik organizm
생물	living thing	生物	生物	sinh vật	амьд биет	tirik mavjudot
생소하다	unfamiliar	生疏	なじみがない	lạ lẫm	танил бус	notanish, yangi
생존하다	survive	生存	生存する	tồn tại	амьдрах	tirik qolish
생태계	ecosystem	生态系统	生態系	hệ sinh thái	экосистем	ekotizim
생활 양식	lifestyle	生活方式	生活様式	phong cách sống	амьдралын хэв маяг	hayot tarzi
서민	ordinary people	庶民	庶民	dân thường	энгийн иргэн	oddiy odamlar
석유	oil	石油	石油	dầu mỏ	нефть	neft
석탄	coal	煤炭	石炭	than đá	нүүрс	ko'mir
섭취하다	ingest	摄取	摂取する	hấp thụ	шингээх	iste'mol qilish
성장하다	grow/develop	成长	成長する	trưởng thành	өсөх	o'sish
성취/업적	achievement	成就	成就	thành tựu	амжилт	erishilgan yutuqlar
세계화	globalization	全球化	グローバル化	toàn cầu hóa	глобалчлал	globallashuv
세균	bacteria	细菌	細菌	vi khuẩn	бактери	bakteriya
세금	tax	税	税金	thuế	татвар	soliq
소득	income	收入	所得	thu nhập	орлого	daromad
소비하다	consume	消费	消費する	tiêu dùng	хэрэглэх	iste'mol qilish
소설	novel	小说	小説	tiểu thuyết	роман	roman
소속감	sense of belonging	归属感	所属感	cảm giác thuộc về	харьяаллын мэдрэмж	tegishlilik hissi
소외감	sense of alienation	疏离感	疎外感	cảm giác bị cô lập	тусгаарлагдсан мэдрэмж	begonalik hissi
소통	communication	沟通	疎通	giao tiếp	харилцаа	aloqa
소통하다	communicate	沟通	疎通する	giao tiếp	харилцах	aloqa qilish
소홀히	negligently	疏忽	粗末に	lơ là	үл тоомсорлох	e'tiborsizlik
습득	acquisition	习得	習得	thu nhận	суралцах	egallash

한국어	영어	중국어	일본어	베트남어	몽골어	우즈베키스탄어
습지	wetland	湿地	湿地	đầm lầy	намаг	botqoqlik
시	poem	诗	詩	thơ	шүлэг	she'r
시대	period	时代	時代	thời đại	эрин үе	davr
식물	plant	植物	植物	thực vật	ургамал	o'simlik
신뢰	trust	信任	信頼	tin tưởng	итгэл	ishonch
신체	body/physical	身体	身体	cơ thể	бие	tana
실천하다	practice	实践	実践する	thực hành	хэрэгжүүлэх	amaliyotga oshirish
심각하다	serious	严重	深刻だ	nghiêm trọng	ноцтой	jiddiy
심리	psychology	心理	心理	tâm lý	сэтгэл зүй	psixologiya
씨앗	seed	种子	種子	hạt giống	үр	urug'
알레르기	allergy	过敏	アレルギー	dị ứng	харшил	allergiya
야생	wildness	野生	野生	hoang dã	зэрлэг	yovvoyi
어려움	difficulty/hardship	困难	困難	khó khăn	бэрхшээл	qiyinchilik
어우러지다	be in harmony	融合	調和する	hòa hợp	нийцэх	mos kelish
억양	intonation	语调	抑揚	ngữ điệu	аялгуу	intonatsiya
언어	language	语言	言語	ngôn ngữ	хэл	til
역량	capability	能力	力量	năng lực	чадамж	imkoniyat
역사관	view of history	历史观	歴史観	quan điểm lịch sử	түүхийн үзэл	tarixiy nuqtai nazar
역할	role	角色	役割	vai trò	үүрэг	rol
연료	fuel	燃料	燃料	nhiên liệu	түлш	yoqilg'i
연예인	celebrity	演艺人	芸能人	nghệ sĩ	урлагийн од	san'atkor
영양분	nourishment	营养	栄養分	chất dinh dưỡng	тэжээллэг бодис	oziqlanish moddalari
영양소	nutrient	营养素	栄養素	dưỡng chất	шим тэжээл	ozuqaviy moddalar
영향	influence/impact	影响	影響	ảnh hưởng	нөлөө	ta'sir
예방하다	prevent	预防	予防する	phòng ngừa	урьдчилан сэргийлэх	oldini olish
예술가	artist	艺术家	芸術家	nghệ sĩ	уран бүтээлч	san'atkor
오염	pollution	污染	汚染	ô nhiễm	бохирдол	ifloslanish
오케스트라	orchestra	管弦乐队	オーケストラ	dàn nhạc	найрал хөгжим	orkestr
온돌	Korean floor heating system	温突	オンドル	hệ thống sưởi sàn	шалны халаалт	pol isitish tizimi

한국어	영어	중국어	일본어	베트남어	몽골어	우즈베키스탄어
올림픽	Olympics	奥林匹克	オリンピック	Thế vận hội	олимп	olimpiadalar
왜곡하다	distort	歪曲	歪曲する	bóp méo	гажуудуулах	xato ko'rsatish
외국어	foreign language	外语	外国語	ngoại ngữ	гадаад хэл	chet tili
외래어	loanword	外来词	外来語	từ ngoại lai	гадаад үг	o'zlashma so'z
우울증	the blues; mental depression	抑郁症	うつ病	trầm cảm	сэтгэл гутрал	depressiya
원작	original (work)	原作	原作	nguyên tác	эх зохиол	asl asar
위기	crisis	危机	危機	khủng hoảng	хямрал	inqiroz
위법	illegality	违法	違法	vi phạm pháp luật	хууль бус	qonun buzilishi
위협하다	threat	威胁	脅かす	đe dọa	заналхийлэх	tahdid qilish
유전자	gene	基因	遺伝子	gen	ген	gen
유지하다	maintain	维持	維持する	duy trì	хадгалах	saqlab qolish
음성	voice	声音	音声	âm thanh	дуу хоолой	ovoz
의사소통	communication	沟通	意思疎通	giao tiếp	харилцаа	aloqa
의식	consciousness	意识	意識	ý thức	ухамсар	ong
이변	something unusual	异变	異変	biến cố	гэнэтийн үйл явдал	kutilmagan o'zgarish
인공 지능	artificial intelligence(AI)	人工智能	人工知能	trí tuệ nhân tạo	хиймэл оюун ухаан	sun'iy intellekt
인류	humanity	人类	人類	nhân loại	хүн төрөлхтөн	insoniyat
인물	character	人物	人物	nhân vật	хүн	shaxs
인식	perception/ recognition	认识	認識	nhận thức	ухамсар	tushuncha
자랑하다	boast	自豪	自慢する	tự hào	бахархах	faxrlanmoq
자원	resources	资源	資源	tài nguyên	нөөц	resurslar
작가	writer	作家	作家	nhà văn	зохиолч	yozuvchi
작품	work/ artwork	作品	作品	tác phẩm	бүтээл	asar
재교육	retraining	再教育	再教育	tái giáo dục	дахин боловсрол	qayta ta'lim
재능	talent	才能	才能	tài năng	авьяас	iste'dod
재현하다	reconstruct	再现	再現する	tái hiện	сэргээх	qayta yaratish
재활용하다	recycle	回收	再活用する	tái chế	дахин боловсруулах	qayta ishlash
적응하다	adapt	适应	適応する	thích ứng	дасах	moslashish

한국어	영어	중국어	일본어	베트남어	몽골어	우즈베키스탄어
전달하다	deliver/ convey	传达	伝達する	truyền đạt	дамжуулах	yetkazish
전시하다	exhibit	展示	展示する	trưng bày	үзүүлэх	ko'rgazma
전통	tradition	传统	伝統	truyền thống	уламжлал	an'ana
정	affection	情感	情	tình cảm	сэтгэл	his-tuyg'u
정교하다	elaborate	精巧	精巧だ	tinh xảo	нарийн	puxta, bexato
정리하다	organize	整理	整理する	sắp xếp	эмхлэх	tartibga solish
정서	emotion	情绪	情緒	cảm xúc	сэтгэл хөдлөл	his-tuyg'ular
정직하다	honest	诚实	正直だ	trung thực	үнэнч байх	halol(insofli)
정체성	identity	身份	アイデンティティ	bản sắc	өөрийн үнэмлэхүй	shaxsiyat
제공	offer	提供	提供	cung cấp	хангах	taqdim etish
제품	product	产品	製品	sản phẩm	бүтээгдэхүүн	mahsulot
조기	early phase	早期	早期	giai đoạn đầu	эрт үе	boshlang'ich bosqich
조절하다	control	调节	調節する	điều chỉnh	тохируулах	moslash, boshqarish
조화	harmony	协调	調和	hài hòa	зохицол	uyg'unlik
존중	respect	尊重	尊重	tôn trọng	хүндэтгэл	hurmat
주관적	subjective	主观	主観的	chủ quan	субъектив	sub'ektiv
주목	attention	引人注目	注目される	được chú ý	анхаарал татах	e'tibor qozonish
주식	stock	股票	株式	cổ phiếu	хувьцаа	aksiya
줄거리	plot	情节	あらすじ	cốt truyện	утга агуулга	syujet
중독	addiction	中毒	中毒	nghiện	дон	o'rganib qolish, qaramlik
즉석(의)	instant	瞬间	即席	ngay lập tức	шууд	tezkor
증가	increase	增加	増加	gia tăng	өсөлт	ko'payish
지구 온난화	global warming	全球变暖	地球温暖化	nóng lên toàn cầu	дэлхийн дулаарал	global isish
지원하다	support	支援	支援する	hỗ trợ	дэмжих	qo'llab-quvvatlash
직장 상사	one's boss at the office	上司	上司	sếp	ажлын дарга	rahbar
직접	direct	直接	直接	trực tiếp	шууд	to'g'ridan-to'g'ri
참가하다	participate/ enter	参加	参加する	tham gia	оролцох	qatnashish
창의적	creative	创造性	創造的	sáng tạo	бүтээлч	ijodiy
창작하다	create	创作	創作する	sáng tác	зохиох	yaratish
창출	creation	创出	創出	tạo ra	бүтээх	yaratish

한국어	영어	중국어	일본어	베트남어	몽골어	우즈베키스탄어
책임감	sense of responsibility	责任感	責任感	trách nhiệm	хариуцлага	mas'uliyat
체력	physical strength	体力	体力	thể lực	биеийн хүч	chidamlilik, jismoniy qobiliyat
충동구매	impulsive buying	冲动购买	衝動買い	mua sắm bốc đồng	түр зуурын худалдан авалт	impulsiv xarid
캠핑장	camping ground	露营地	キャンプ場	khu cắm trại	кемпийн газар	lager
콘텐츠	content	内容	コンテンツ	nội dung	контент	kontent
타인	others	他人	他人	người khác	бусад хүн	boshqalar
파괴하다	destroy	破坏	破壊する	phá hủy	сүйтгэх	buzish
판매	sales	销售	販売	bán hàng	борлуулалт	sotish
팬클럽	fan club	粉丝俱乐部	ファンクラブ	câu lạc bộ người hâm mộ	фэн клуб	muxlislar klubi
폐교	closed school	废校	廃校	trường học bị đóng cửa	хаагдсан сургууль	yopilgan maktab
폭염	heat wave	酷暑	酷暑	nắng nóng	аагим халуун	issiqlik to'lqini
표현하다	express	表现	表現する	biểu hiện	илэрхийлэх	ifoda etish
학습	learning	学习	学習	học tập	суралцах	o'rganish
한강	Hangang River	汉江	漢江	sông Hàn	Хан мөрөн	Han daryosi
한국은행	the Bank of Korea	韩国银行	韓国銀行	Ngân hàng Hàn Quốc	Солонгосын төв банк	Koreya banki
한식	Korean food	韩食	韓国料理	ẩm thực Hàn Quốc	солонгос хоол	Koreya taomlari
한자어	Chinese characters	汉字词	漢字語	từ Hán-Hàn	ханз үг	ieroglof so'zlar
해석하다	interpret	解释	解釈する	giải thích	тайлбарлах	tushuntirish
협동심	team spirit	协同精神	協同精神	tinh thần hợp tác	хамтын сэтгэл	hamkorlik ruhiyati
협력하다	cooperate	合作	協力する	hợp tác	хамтран ажиллах	hamkorlik qilish
협약	convention	协议	協約	hiệp định	хэлэлцээр	kelishuv
확대하다	expand	扩大	拡大する	mở rộng	өргөжүүлэх	kengaytirish
확산	spread	扩散	拡散	lan rộng	тархалт	tarqalish
환경	environment	环境	環境	môi trường	хүрээлэн буй орчин	atrof-muhit
환율	exchange rate	汇率	為替	tỷ giá hối đoái	валютын ханш	valyuta kursi
활용하다	use	利用	活用する	sử dụng	ашиглах	foydalanish
회식	company dinner	聚餐	会食	liên hoan	хамтын хоол	korporotiv o'tirish

한국어	영어	중국어	일본어	베트남어	몽골어	우즈베키스탄어
흉내	imitation	模仿	真似	bắt chước	дуурайлгах	taqlid qilish
흡수하다	absorb	吸收	吸収する	hấp thụ	шингээх	singimoq, so'rib olmoq

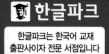
유니
토픽 II
읽기

✳

Univ. TOPIK II
Reading

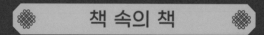

책 속의 책